Sophie Christina Aichinger

Ungewollt

Biografischer Roman

Ungewollt
Sophie Christina Aichinger

2. Auflage
August 2016

© 2016 by Sophie Christina Aichinger

Korrektorat und Satz: Petra Schmidt, www.lektorat-ps.com
Covererstellung: Henry Damaschke, www.sheep-black.com
Umschlagbilder: Tressi Davis / Shutterstock; Juhku / Adobe Stock
Herstellung und Verlag: BoD – Books on Demand, Norderstedt

Bibliografische Information der Deutschen Nationalbibliothek:
Die Deutsche Nationalbibliothek verzeichnet diese Publikation
in der Deutschen Nationalbibliografie; detaillierte bibliografische
Daten sind im Internet über http://dnb.d-nb.de abrufbar.

ISBN: 978-3-83701-502-7

Für meinen Mann,
meine Kinder
und meinen Enkelsohn

Über das Buch

Sophie ist ein Kuckuckskind. Nach einer von Kälte, Ablehnung und Gewalt geprägten Kindheit erfährt sie erst im Alter von 35 Jahren, dass ihr Vater nicht ihr Vater ist. Erneut tief verletzt von den Lügen ihrer Jugend und der Erkenntnis, dass sie sich jahrelang um die Liebe und Zuneigung des falschen Mannes bemüht hat, begibt sie sich auf die Suche nach der Wahrheit. Ein jahrelanger, dramatischer Kampf um die Ermittlung ihres tatsächlichen Vaters beginnt. Bence, ihr ungarischer Erzeuger, setzt Himmel und Hölle in Bewegung, um die amtliche Feststellung seiner Vaterschaft zu verhindern. Der Unternehmer geht dazu bis zum Bundesverfassungsgericht. Dabei übersieht er jedoch etwas Entscheidendes: Seine Tochter hat nicht nur seine Augen geerbt, sondern auch seine Beharrlichkeit. Weder das jahrelange Warten auf Gerichtsbeschlüsse noch die unzähligen persönlichen Angriffe aus der Familie ihres vermeintlichen Vaters oder der Verlust des gerade erst gewonnenen Halbbruders, der sich von ihr abwendet, können sie von ihrem Weg abbringen.

Die Entscheidung der Autorin, ein Buch über ihre Erfahrungen als sogenanntes Kuckuckskind zu schreiben, ist quasi ein Nebeneffekt des Versuchs, mit den emotionalen Auswirkungen eines jahrelangen Kampfes um die eigene Herkunft umzugehen.

Aus dem Drang, sich vorwiegend belastende, aber auch erfreuliche Gedanken und Emotionen im Zusammenhang mit besagter Suche von der Seele zu schreiben, sowie dem Kennenlernen vieler weiterer Betroffener ist der Wunsch gewachsen, ihre Geschichte in Buchform in die Öffentlichkeit zu tragen. Namen und Handlungsorte wurden aus Personenschutzgründen verändert.

Inhalt

Prolog

»Das schaffst du nie! Dazu fehlt dir der Biss, und der Grips sowieso«, hatte mein Vater immer gesagt. Und nun war es so weit; ich konnte es kaum erwarten. Ein paar Wochen noch, und ich würde meinen Traum verwirklichen. Mein lang ersehnter Wunsch, für den ich so hart gearbeitet hatte, würde in Erfüllung gehen.

Die letzten Jahre waren kraft- und nervenaufreibend gewesen. Meine Ehe war nicht so verlaufen, wie ich mir das vorgestellt hatte. Stefan hatte sich viele Kinder gewünscht und eine Partnerin, die in ihrer Aufgabe als Hausfrau und Mutter völlig aufging. Doch ich hatte schon immer eine andere Vorstellung von meinem Leben gehabt. Wir heirateten jung, und er hatte Jonas, meinen Sohn aus einer früheren Beziehung, als sein Kind angenommen. Ich liebte Stefan, doch zum Ende hin stritten wir nur noch miteinander. Er war nicht damit einverstanden, dass ich die Abendschule besuchte, um den ersehnten Realschulabschluss zu erlangen, die Voraussetzung für den Beruf Krankenschwester.

Sicher hätte ich klein beigeben können, aber ich setzte mich über seine Wünsche hinweg, um meinem eigenen Ziel näherzukommen. Doch auch wenn unsere Ehe nicht hielt, aus ihr waren noch zwei weitere tolle Kinder entstanden, und somit hatte ich die drei besten Söhne, die man sich nur vorstellen konnte. Nun musste ich mich eben alleine um die drei kümmern. Ich hielt trotz aller Schwierigkeiten an meinem Traum fest, auch wenn ich ihn um ein paar Jahre nach hinten hatte verschieben müssen.

Im Sommer 1995 erhielt ich schließlich die Zusage für meine Ausbildung. Sicher würde auch das nicht einfach werden – und wie so oft in der Vergangenheit beschlichen mich Zweifel. Aber immer wenn diese Gedanken hochkamen, erinnerte ich mich an meinen sehnlichsten Wunsch, meinen Kindern und mir aus eigener Kraft ein besseres Leben zu ermöglichen. Dieses Ziel gab mir den Antrieb und die Entschlossenheit, meinen Weg weiterzugehen.

Für meinen Ausbildungsbetrieb, ein Krankenhaus in Bremen, benötigte ich nur noch meine Abstammungsurkunde, die ich beim Standesamt besorgen musste. Kleinkram, dachte ich, aber da täuschte ich mich.

Diese Kleinigkeit, eigentlich nur ein unwichtiges Stück Papier, sollte dafür sorgen, dass für mich nichts mehr so sein würde, wie es einmal gewesen war.

1

Eine Lebenslüge fliegt auf

Die Kringel, die ich mit dem Qualm meiner Zigarette in den klaren Himmel blies, waren perfekt. Kreisrund und gleichmäßig, ein unmissverständliches Zeichen dafür, dass es mir gut ging. Wie das kam, wusste ich gar nicht. Aber wer mich kannte, war tatsächlich in der Lage, anhand meiner Rauchkringel meine aktuelle Stimmung zu erraten.

Als ich den inarisilberfarbenen Golf II startete, dachte ich kurz darüber nach, warum man die Farbe nicht einfach Grünmetallic genannt hatte, und drehte das Radio an. Zu meiner Freude lief La Bouche mit ihrem Hit ›Be My Lover‹, und ich trällerte mit. Es war ein wundervoller Tag und ich konnte meine Aufregung fast greifen. Ein letzter Gang zum Standesamt – dann wäre es geschafft. Das Amt lag genau in der Stadtmitte von Bremen, in der Hollerallee, an die auch der Bürgerpark mit seinen zwei Seen angrenzte. Ganz in der Nähe waren der Bahnhof und das Messegelände. Eine beliebte und stark frequentierte Gegend also. Es glich einem Sechser im Lotto, hier einen Parkplatz zu bekommen, von dem aus man keinen gefühlten Halbmarathon bis zum Ziel zurücklegen musste. Aber heute schien so etwas wie mein Glückstag zu sein; ich erspähte tatsächlich einen Platz genau vor dem Eingang. *Meiner*, dachte ich und lenkte meinen kleinen Flitzer in die Lücke, bevor ich meinen Blick über den Bau schweifen ließ. Das unter Denkmalschutz stehende Gebäude im neubarocken Stil des 19. Jahrhunderts schaffte es immer wieder, mich zu beeindrucken.

Ich hastete die wenigen Treppenstufen hinauf, die zur großen Eingangshalle führten, und öffnete die schwere Eichentür. Es überraschte mich, wie viel sich seit meinem letzten Besuch hier verändert hatte. Die gewaltige Treppe, die ins Obergeschoss führte, war genauso restauriert worden wie die alten Türen aus Eichenholz, die zwar alt belassen worden waren, aber nun eindrucksvoll wieder in ihrer alten

Pracht erstrahlten. Ich betrat den Raum, in dem sich die Regale mit den Geburtsregistern befanden, die teilweise älter zu sein schienen als das Gebäude selbst.

Ich stellte mich auf eine längere Wartezeit ein. Doch schneller als erwartet wurde ich zu der zuständigen Sachbearbeiterin, einer älteren Dame, gerufen, die mir freundlich lächelnd meine Abstammungsurkunde aushändigte. Ich warf einen flüchtigen Blick auf das Dokument, ging zur Kasse und bezahlte die Gebühr. Ich war bereits auf dem Weg nach draußen, als ich hinter mir die Stimme der Standesbeamtin hörte. Sie bat mich, noch einmal kurz bei ihr Platz zu nehmen.

»Haben Sie noch eine Minute Zeit, Frau Schulze? Möchten Sie sich setzen?«, fragte sie. Ich war etwas verwundert, folgte aber der Bitte der Dame. »Frau Schulze, als ich eben sah, dass Sie Ihre Abstammungsurkunde lediglich flüchtig angeschaut haben, war ich mir nicht sicher, ob Sie wissen, was dort drinsteht. Deshalb habe ich ein wenig gezögert und jetzt möchte ich mich für meine Indiskretion entschuldigen, halte es aber für meine Pflicht als Standesbeamtin, Ihnen mitzuteilen, was mir aufgefallen ist.«

»Was ist Ihnen denn aufgefallen? Stimmt etwas nicht?«

»Es kann sein, dass es vielleicht gar nicht so wichtig ist, aber mir ist ins Auge gefallen, dass Ihre Eltern schon geschieden waren, bevor Sie geboren wurden. Vermutlich wissen Sie das längst, aber ich dachte, ich sollte vielleicht sichergehen.«

»Wie bitte? Nein, davon wusste ich überhaupt nichts. Meine Eltern waren geschieden, als ich noch nicht auf der Welt war? Habe ich das richtig verstanden?«

»Ja, wie gesagt, ich hielt es für meine Pflicht, Sie darauf hinzuweisen. Heute mag das nicht mehr so eng gesehen werden, aber damals galt so etwas noch als besonderer Umstand. Es tut mir sehr leid, dass Sie das auf diese Weise erfahren mussten.«

Das war in der Tat seltsam. Ende der Fünfzigerjahre hatte es noch eine strikte Rollenverteilung gegeben. Sich scheiden zu lassen, während ein Kind unterwegs war, galt als gesellschaftliches No-Go. Aber warum hatte mir das bis jetzt niemand gesagt? Ich wusste natürlich aus den Erzählungen meiner Großmutter, bei der ich aufgewachsen war, dass meine Eltern sich nicht mehr gut verstanden hatten. Dass die beiden schon vor meiner Geburt die Scheidung eingereicht hatten, war mir indes vollkommen neu.

Zerstreut bedankte ich mich und verließ den Raum. Wie sollte ich nun mit dieser Information umgehen?

Im Auto las ich die Urkunde aufmerksam durch. Tatsächlich war dort zu lesen, dass meine Eltern im Sommer 1959 geschieden worden waren. Ich selbst war jedoch erst im Dezember des gleichen Jahres zur Welt gekommen. Die Standesbeamtin hatte recht. Da stimmte irgendetwas nicht! Mein Magen begann zu rebellieren und ich konnte spüren, dass mir übel wurde. War ich vielleicht am Ende sogar der Grund für die Scheidung gewesen? Fragen über Fragen schwirrten in meinem Kopf umher und ich schluckte den sauren Magensaft hinunter.

Ich kannte die Erklärungsversuche meiner Großmutter väterlicherseits, denn natürlich hatte ich auch als Kind schon wissen wollen, warum ich bei ihr und meinem Vater und nicht bei meiner Mutter aufwuchs. Glaubte man meiner Oma, so hatte meine Mutter Regine einen ziemlich liederlichen Lebenswandel geführt. Bereits mit siebzehn Jahren hatte sie ihren ersten Sohn Ralf bekommen: ein uneheliches Kind, damals eine große Schande. Regine wollte ihr Kind von Anfang an nicht. Daher gab sie Ralf zu ihrer Mutter, meiner anderen Großmutter, die den Jungen schließlich großzog.

Einige Zeit später lernte Regine Werner kennen, meinen Vater. Die Ehe lief schlecht und die Scheidung war am Ende nur die Konsequenz des ewigen Auf und Ab in der Beziehung. Mal lebten Regine und Werner getrennt, dann wieder zusammen. Waren sie gerade wieder zusammengekommen, trennten sie sich erneut, nur um sich wenig später wieder zu versöhnen. Bereits nach der Geburt meines zweiten Bruders Martin im Jahr 1958 hatten sie von Trennung gesprochen. Doch es sollte noch ein wenig dauern, bis die beiden endgültig auseinandergingen und Martin in die Obhut eines Kinderheims kam.

Später erhielt Werner das Sorgerecht für Martin. Nach meiner Geburt und einem mehrwöchigen Krankenhausaufenthalt brachte man mich ebenfalls im Kinderheim unter, da meiner Mutter auch für mich das Sorgerecht aberkannt worden war.

Mit eineinhalb Jahren holten mein Vater Werner und dessen Mutter Hedwig mich wieder aus dem Kinderheim. Werner hatte nun auch das Sorgerecht für mich erhalten – obwohl die Fürsorge sich dagegen ausgesprochen hatte. Er galt als mein rechtlicher Vater. Also musste er für die Kosten meiner Unterbringung im Kinderheim aufkommen. Das war vermutlich auch der Grund dafür, mich bei sich aufzunehmen: einfach die billigere Lösung.

Kurz nach der Scheidung von Werner hatte Regine wieder geheiratet und zwei weitere Kinder bekommen, Nadine und Agnes. Beide gingen schon früh ihren eigenen Weg. Agnes zog zu ihrer Großmutter väterlicherseits, Nadine geriet auf die schiefe Bahn und wurde drogenabhängig. Zu Ralf bestand kein Kontakt, und auch Nadine und Agnes lernte ich erst mit achtzehn kennen. Wir hatten kaum etwas miteinander zu tun. Ich wusste lediglich, dass Regine den Vater von Nadine und Agnes zweimal geheiratet hatte. Nach allem, was ich mit Regine erlebt hatte, konnte ich diese Frau nicht Mutter nennen. Sie war eine Fremde für mich.

Gedankenverloren kramte ich meine Zigaretten aus der Handtasche und steckte eine an; dabei verstieß ich gegen meine eigene Regel, nicht im Auto zu rauchen. Die Kringel, die ich nun vor mich hin paffte, hatten nichts mehr von der Anmut der vorhergehenden und passten exakt zu meiner aktuellen Stimmung. Aufgewühlt fragte ich mich, was ich jetzt tun sollte.

Da fiel mir Karla ein, die Schwägerin meines Vaters. Sie war die Einzige aus meiner Familie, zu der ich ein gutes Verhältnis hatte. Karla war ein warmherziger Mensch und hatte mir oft die Geborgenheit gegeben, die ich zuhause bei meinem Vater und meiner Großmutter nie kennengelernt hatte. Karla, eine typische Bremerin, die über den ›spitzen Stein stolperte‹, wenn sie sprach, war eine großgewachsene, hübsche, blonde, moderne Frau um die Fünfzig, die mittlerweile verwitwet war, sich aber gut mit ihrer Situation arrangiert hatte. Ich hatte mir damals immer eine Mutter gewünscht, die so war wie sie, und im Stillen meine Cousine oftmals um ihre Mutter beneidet.

Ich fädelte mich in den Verkehr ein. Dass ich völlig neben mir stand, wurde mir durch das wütende Hupen meines Hintermanns bestätigt. Blinker vergessen – klar! Die Musik aus dem Radio registrierte ich nicht mehr, nach Singen war mir nicht mehr zumute. Während der gesamten Fahrt hämmerten die offenen Fragen durch meinen Kopf. Was passierte hier mit mir? Mit einem sonderbaren Gefühl im Bauch bog ich schließlich in die Straße ein, in der meine Tante wohnte.

***

Karla lebte noch immer in dem makellosen Mehrfamilienhaus in gutbürgerlicher Umgebung, und schon an der Haustür nahm ich den Geruch der Putzmittel wahr, mit denen das Treppenhaus gereinigt wurde. Ich atmete noch einmal tief durch und ließ meinen Blick über das Gebäude wandern, bevor ich auf die Klingel drückte. Als Karla mit einer Tasche in der Hand die Wohnungstür öffnete und mich sah, erhellte sich ihre Miene und ich konnte sehen, dass sie sich über meinen Besuch freute.

»Sophie, das ist aber schön, dass du mich besuchst! Ich wollte eigentlich gerade einkaufen, aber das kann warten. Komm doch herein!«

Sie führte mich ins Wohnzimmer, setzte sich auf das Sofa und bot mir den gegenüberstehenden Sessel an.

Ich betrachtete das Foto von Heiner, Karlas verstorbenem Mann, der mich nie gemocht hatte und nun mit einem strengen Blick auf mich herabsah. Bei jedem Besuch, den er seiner Mutter, meiner Großmutter, abgestattet hatte, hatte ich abfällige Bemerkungen über mich ergehen lassen müssen. Er war ein erfolgreicher Boxer gewesen und der erklärte Lieblingssohn meiner Großmutter.

»Karla«, begann ich, »hast du mitbekommen, dass ich meinen Realschulabschluss nachgeholt und jetzt einen Ausbildungsplatz zur Krankenschwester habe?«

»Aber ja! Ich habe mich sehr für dich gefreut, als ich das hörte. Du hast ja schon als Kind immer die Puppen verbunden«, erwiderte sie lachend.

»Deshalb bin ich gewissermaßen auch hier. Für meinen Ausbildungsvertrag brauchte ich noch meine Abstammungsurkunde, und die habe ich vorhin auf dem Standesamt abgeholt.«

»Und was war damit? Stimmte etwas nicht?«

»Ich weiß nicht, wie ich es dir sagen soll, aber laut Urkunde waren Papa und Regine bereits geschieden, als ich geboren wurde. Warum weiß ich nichts davon? Warum hat man mir das nie erzählt? Was war da los?«

Die Farbe wich aus Karlas Gesicht. Sie strich sich fahrig durchs Haar und versuchte sich zu sammeln. Sie antwortete mit leiser Stimme.

»Ja, das stimmt, Regine und Werner waren bereits geschieden, als du auf die Welt kamst. Aber ich war davon ausgegangen, du wüsstest das mittlerweile.«

»Nein, Karla, ich wusste überhaupt nichts davon. Ich bin vorhin von der Standesbeamtin absolut kalt erwischt worden. Oma hat mir nie etwas diesbezüglich erzählt. Du weißt ja, wie sie war. Über meine Eltern hat sie nur gesprochen, wenn sie über Regine herzog und sich über deren Benehmen beschwerte. Ich weiß lediglich, dass Werner und Regine sich immer wieder neu getrennt und versöhnt haben und dass es permanent Streitereien um meinen Bruder Martin gab. Mehr Informationen waren aus Oma nie herauszubekommen, und wenn ich mal nachgehakt habe, ist sie meinen Fragen immer ausgewichen oder hat vom Thema abgelenkt. Irgendwann hat sie mir mit den Worten ›Man soll die Vergangenheit ruhen lassen!‹ sogar verboten, weiter nachzubohren.«

»Dann wird es wohl Zeit, dass du endlich die ganze Wahrheit erfährst«, seufzte meine Tante. »Deine Oma lebt nicht mehr, und meiner Ansicht nach hätte sie oder Werner es dir längst sagen müssen.«

Karla faltete die Hände, als wolle sie zum Gebet ansetzen. Ich beugte mich nach vorne, stützte die Ellbogen auf die Oberschenkel und sah sie erwartungsvoll an.

»Was hätten sie mir sagen sollen? Nun sag schon!«

»Ach Sophie, das ist nicht so einfach, und ich weiß nicht, wie ich es dir beibringen soll.« Nervös rutschte Karla an die Sofakante; ihren Kopf hielt sie gesenkt und nur zaghaft kamen ihr die Worte über die Lippen. »Werner …, also, er …«, stotterte sie und neigte ihren Kopf noch tiefer, »… er soll nicht dein Vater sein.«

Sichtbar erleichtert darüber, dass das Geheimnis nun keines mehr war, lehnte sich Karla zurück und spielte verlegen mit ihren Fingern. Gleichzeitig rechnete sie damit, dass ich, die bekanntermaßen temperamentvolle Nichte, gleich explodieren würde. Doch alles, was ich zustande brachte, war:

»Was?«

Danach beherrschte eine unheimliche Stille den Raum. Ich ließ mich gegen die Sessellehne fallen und starrte meine Tante an. Bis ich das, was sie mir gerade gesagt hatte, verstand, verging eine halbe Ewigkeit, und es löste unbeschreibliche Gefühle in mir aus. Eiskalte Schauer liefen mir über den Rücken. Mein Hals schnürte sich zusammen und ich versuchte vergeblich, den dicken Kloß hinunterzuschlucken. Nur flüsternd brachte ich ein paar Worte über die Lippen.

»Werner ist nicht mein Vater? Ja, aber wieso? Warum soll er nicht mein Vater sein? Wie kommst du darauf?«

Ruckartig stand ich auf und drehte meiner Tante den Rücken zu. Ich stellte mich vor das Fenster und zog die perfekt arrangierte Gardine beiseite, um die Balkontür zu öffnen. Ein seltsamer Schmerz breitete sich in meiner Brust aus und nahm mir fast die Luft zum Atmen. Innerlich war auf einmal alles leer. Nach einem Augenblick drehte ich mich wieder um und schaute Karla eindringlich an.

»Warum hat mir keiner etwas gesagt, auch du nicht?«

»Bitte, Sophie, ich durfte doch nichts sagen! Du weißt doch, wie Heiner war. Er hätte mir die Leviten gelesen, und deine Großmutter erst recht. Ich hatte in der Familie doch nie etwas zu sagen. Du musst mir glauben, ich habe mehrmals gefordert, dass man dir die Wahrheit sagt. Aber letztlich musste ich mich fügen, so war das eben damals. Aber was ich überhaupt nicht verstehe, ist, dass man es dir nicht einmal gesagt hat, als du schließlich erwachsen warst.«

Beschämt senkte Karla wieder den Kopf und in ihren Augen glitzerte es verdächtig. Sie atmete tief ein, aber ehe sie weitererzählen konnte, fiel ich ihr ins Wort.

»Wer ist es? Wer ist mein Vater?« Der Schmerz hatte sich nun mit Wucht vom Magen bis in die kleinste Ecke meines Gehirns vorangearbeitet und nahm mir erneut fast die Luft zum Atmen. »Ich bin eine Fremde!«, schoss es aus mir heraus. »Wer verdammt noch mal bin ich und woher komme ich?«

»Setz dich, sonst fällst du mir noch um«, forderte Karla mich auf.
»Ich erzähle dir, was ich weiß.«

Wie sollte ich mich jetzt setzen können? Unruhig lief ich auf und ab und wandte mich erneut an Karla.

»Sag es einfach, mach nicht so ein Drama daraus. Wer ist es?«
Karla nestelte derweil in ihren Haaren herum. Ihr Gesicht war hochrot, und es schien, als bliebe nun auch ihr die Luft weg. Ihr großer Busen bewegte sich mit jedem Atemzug deutlich auf und ab.

»Dein Vater soll Bence Horváth sein«, sagte sie leise. Sie hob den Kopf und blickte beinahe flehend in meine Richtung.

»Bence Horváth?«, fragte ich und sank im selben Moment auf den Sessel. »Wer bitte ist Bence Horváth?«

»Bence hat bei uns in der Straße gewohnt«, setzte Karla an. »Er hat drei Kinder, Glora, Pypa und Roman. Seine Frau und ich hatten Kontakt zueinander und haben uns häufig unterhalten, wenn wir uns irgendwo trafen.« Karla wischte sich den Schweiß von der Stirn. »Deine Mutter hat ihn damals im Sorgerechtsverfahren als deinen Vater angegeben«, fügte sie hastig hinzu, während sie mich genau beobachtete.

Ein Sorgerechtsverfahren, grübelte ich. Und dieser Mann hatte drei Kinder? Wild kreisten meine Gedanken umher.

»Aber Karla«, unterbrach ich sie, »die Kinder, das wären ja dann meine Halbgeschwister!«

Ich schüttelte den Kopf. Ich war fassungslos. Meine langen dunklen Haare hatte ich zu einem Zopf zusammengebunden, der nun hin und her schwang. Eine erste dicke Träne kullerte mir über die Wange und schließlich ließ sich der Tränenschwall nicht mehr zurückhalten. So hatte Karla mich wohl noch nie gesehen. Sie kannte mich als starke Persönlichkeit, die ihr Leben im Griff hatte und einen festen Willen besaß. Doch nun saß ich – ihre Nichte, die sonst nichts erschüttern konnte – vor ihr wie ein Häufchen Elend.

Lügen, dachte ich, *alles Lügen.* Wie lange hatte es gedauert? Fünf Minuten? Zehn Minuten? Karlas Offenbarung hatte innerhalb kürzester Zeit mein komplettes Leben auf den Kopf gestellt und das Vertrauen in meine Großmutter restlos zerstört. Ich fühlte mich, als sei mein ganzes bisheriges Leben von Lügen, Einsamkeit und Verrat geprägt gewesen.

»Ich erinnere mich, dass ich, wenn wir euch besucht haben, mit den Kindern aus eurer Nachbarschaft gespielt habe. Und ihr habt das zugelassen, obwohl ihr wusstet, dass sich auch meine möglichen Halbgeschwister darunter befanden?« Meine Niedergeschlagenheit verwandelte sich schlagartig in Zorn.

Karla erschrak.

»Ja, Sophie, du warst oft bei uns, und es war unvermeidbar, dass du auch zu Bences Kindern Kontakt hattest. Aber bitte trage es mir nicht nach. Ich hätte es dir wirklich viel früher erzählt. Aber mir wurde verboten, mit dir darüber zu sprechen.«

Karlas Worte verfehlten ihre Wirkung nicht und meine Wut verflog so schnell, wie sie gekommen war. Ich schnäuzte mir die Nase, wischte mir die Tränen aus den Augen und nahm meine Tante in den Arm.

»Nein«, stammelte ich, »ich trage es dir nicht nach. Ich war eben nur so erschrocken. Bitte entschuldige meinen Wutausbruch.«

Schlagartig wich die Anspannung aus Karlas Gesicht.

»Ich verstehe dich, Kind. Und ich bin froh, dass du nun die Wahrheit kennst.«

Krampfhaft versuchte ich, all die wirren Gedanken und Gefühle, die in Kopf und Bauch um die Wette tobten, zu ordnen und bat Karla:

»Erzähl mir mehr. Wer ist dieser Bence? Was macht er? Wohnt er noch hier?«

»Bence war ein äußerst attraktiver Mann. Er hatte dunkle Haare und tiefbraune Augen. Sein dunkler Teint war auffällig unter den Menschen hier im Norden. Er sah sehr gut aus.« Karla konnte sich ein vieldeutiges Grinsen nicht verkneifen. »Die Frauen waren scharenweise hinter ihm her. Und dass deine Mutter auf ihn stand, war auch nicht zu übersehen. Aber wie ihr Verhältnis sich damals entwickelte, kann ich dir leider nicht genau sagen. Es war, als sei einfach ein Mantel des Schweigens über die Sache geworfen worden. Gerade in Anwesenheit deiner Großmutter durfte man nicht darüber sprechen.«

Bence war in jungen Jahren aus Ungarn nach Deutschland gekommen, um hier Karriere zu machen. Daran konnte sich Karla noch erinnern. Sie vermutete, dass er nach seiner Ankunft in Deutschland zunächst in den Baracken untergebracht war, die sich ganz in der Nähe der Wohnung meines Vaters und meiner Großmutter befanden. Dort hatte auch meine Mutter gelebt, und vermutlich hatten sich die beiden so kennengelernt. Er war zunächst alleine nach Deutschland gekommen, hatte seine Frau erst später nachgeholt und war dann mit ihr zusammen in die Straße, in der meine Tante wohnte, gezogen. Meine Mutter erzählte ihr damals unter dem Mantel der Verschwiegenheit, dass der neue Nachbar der Vater ihrer Tochter sei. Später war er mit seiner Familie in einen anderen Stadtteil verzogen, und sie hatte nie wieder etwas von ihm gehört.

»Warum waren sie nicht fähig, den Mund aufzumachen, Karla? Ich verstehe es nicht. Oma und Papa haben mich ein Leben lang belogen. Sie haben mich bei sich wohnen lassen, obwohl ich für sie ein fremdes Kind war!«, brach es aus mir heraus. »Und dass er ganz in der Nähe gewohnt hat, grenzt schon an Wahnsinn. Mein Schulweg führte direkt an den Baracken vorbei, und jetzt stehen dort die Häuser, wo ich wohne! Werner war so brutal und unberechenbar. Er ging lieber in die Kneipe, als sich mit uns Kindern abzugeben und für unser Essen zu sorgen. So oft hatten wir Hunger, Karla, und wenn, dann gab es nur das Einfachste. ›Arme-Leute-Essen‹ würde man heute wohl sagen. Oma hatte reichlich Mühe, uns mit ihren bescheidenen Mitteln satt zu bekommen. Und ich war nur geduldet, er hat mich gehasst und gedemütigt!« Weinend sackte ich zusammen.

»Beruhige dich, Kind. Du bist trotz allem ehelich geboren: Wenn ein Kind innerhalb von dreihundert Tagen, glaube ich, nach der Scheidung geboren wurde, so wurde es immer noch als ehelich angesehen. Und somit war Werner rechtlich dein Vater. Ich glaube, er hat damals sogar versucht, die Vaterschaft aberkennen zu lassen, nachdem deine Mutter ihm später offenbarte, dass du nicht seine Tochter bist. Aber genau kann ich mich nicht mehr erinnern.«

Sie strich mir übers Haar und reichte mir ein Taschentuch.

»Karla, wenn du wüsstest, was ich alles erlebt habe. Diese Familie ist nicht meine Familie. Ich habe immer gespürt und auch zu spüren bekommen, dass ich nicht dazugehöre. Ich fühlte so eine unbestimmte Fremdheit in mir und konnte nie verstehen, warum.«

»Ja, ich weiß. Ich hatte keine Chance, Sophie, ich durfte nichts sagen.«

Die Zeit war rasch vergangen; ich schaute auf die Uhr und erschrak.

»Die Kinder kommen bald, ich muss nach Hause.« Ich nahm meine Tante in den Arm und drückte sie an mich. »Du weißt nicht, wie froh ich bin, dass du den Mut besessen hast, mir endlich die Wahrheit zu sagen. Aber ich bin auch traurig darüber, dass Oma mir nichts erzählt hat. Ich kann nicht verstehen, warum. Aber dass ich nicht zu dieser, entschuldige bitte, Sippe gehöre, bestätigt doch mein Gefühl, das ich immer hatte, dass hier nämlich irgendetwas nicht gestimmt hat. Ich bin froh, wenn dem so ist, dass ich da nicht dazugehöre!«

Karla wischte sich verlegen einige Tränen weg und erwiderte meine Umarmung.

»Ich bin auch froh, dass es jetzt raus ist, und ich unterstütze dich so gut ich kann, deinen Vater zu finden, falls du das möchtest.«

Liebevoll verabschiedeten wir uns. Karla stand in der Haustür und ich konnte im Rückspiegel sehen, dass sie mir hinterherwinkte. Aber ich fuhr nicht weit. Ich war überhaupt nicht fähig, ein Auto zu lenken. Erneut kullerten mir die Tränen die Wangen hinunter. Immer wieder fragte ich mich, warum ich über meine wahre Herkunft getäuscht worden war. Schmerzhaft wurde mir bewusst, dass der Mann, der mich erzogen oder es vielmehr versucht hatte, nicht mein Vater war. So verharrte ich noch eine Weile in meinen traurigen Gedanken, bis ich mich plötzlich daran erinnerte, dass nur noch wenig Zeit blieb, bis die Kids aus dem Hort kommen würden.

***

Ich eilte in meine Wohnung, die ich gemeinsam mit meinen Kindern im Dachgeschoss eines Mehrfamilienhauses bewohnte. Jedes meiner drei Kinder hatte ein eigenes Zimmer, und ich hatte das Wohnzimmer in Beschlag genommen. Unsere Küche war der Lebensmittelpunkt. Abends saßen wir dort oft bei Kerzenlicht zusammen, knabberten alle möglichen Leckereien und erzählten uns, was der Tag gebracht hatte. Erst rückblickend wurde mir bewusst, dass dieser Ort für mich das erste richtige Zuhause überhaupt gewesen war – und das galt trotz oder vielleicht sogar *wegen* der Scheidung auch für meine Kinder.

Zuhause waren Schmerz und Hilflosigkeit wie verflogen; sie hatten einem unkontrollierten Zorn Platz gemacht. Ich rannte wütend ins Wohnzimmer, holte meine alte Fotokiste heraus und kramte ein Bild meines Vaters aus dem abgegriffenen Karton hervor. Intensiv betrachtete ich den Mann, der mit offenem Hemd – das weiße feingerippte Unterhemd war zu sehen – auf einem Sofa sitzend fotografiert worden war. Er blickte ohne jeglichen Glanz in seinen blauen Augen ausdruckslos in die Kamera. Verzweifelt suchte ich nach Ähnlichkeiten zu ihm. Auch wenn er kein netter Mensch war, hatte das Alter es gut mit ihm gemeint. Seine braunen Haare waren grau geworden, doch er gehörte zu den glücklichen Männern, denen das Haar erhalten blieb. Sein eckiges Gesicht saß auf einem viel zu kurzen Hals, was ihn ein wenig gedrungen aussehen ließ. Ich fühlte nichts. Gar nichts. Mit Wucht warf ich das Foto zurück in den Karton und verbannte diesen in die hinterste Ecke des Wohnzimmerschranks. Erst jetzt merkte ich, wie aufgewühlt ich wirklich war. *Du musst dich beruhigen!*, sagte ich mir, ging ins Badezimmer und stellte mich vor den Spiegel.

Wer bin ich bloß?

Angestrengt starrte ich in meine braunen Augen und strich mir durchs Haar. Ich hatte festes, dunkles langes Haar, um das ich immer beneidet worden war. *Eine Fremde! Du bist eine Fremde!*, stellte die Stimme in meinem Kopf mit unbarmherziger Klarheit fest. *Wer ist mein Vater? Wie sieht er aus? Hat er mein Gesicht, meine Hände?* Tausend Gedanken schossen mir gleichzeitig durch den Kopf.

Ich hatte nun keinen Zweifel mehr: Ich war jahrelang konsequent belogen worden. Mit tiefer Verunsicherung setzte ich mich in die

Küche. Erinnerungen an meine Kindheit, die keine war, krochen in mir empor.

Schon immer hatte ich mich irgendwie fremd gefühlt. Waren es die äußeren Merkmale oder die Erfahrungen, die ich gemacht hatte? Eine Mischung aus beidem vermutlich. Als braunäugiges, südländisch wirkendes Kind stach ich aus meiner hellhäutigen Familie deutlich heraus. Sogar meinen Klassenkameraden schien das aufzufallen, denn nicht nur einmal hatte ich sie den ungeliebten Namen ›Fatma‹ hinter mir herrufen hören. Dass ich anders aussah als meine norddeutschen Klassenkameraden, war unbestreitbar.

Auch bei meiner Großmutter hatte mein dunkler Hautton schon zu Irritationen geführt. Ich erinnerte mich genau an den Tag. Oma hatte sich einen Waschlappen genommen und meinen Hals damit ziemlich unsanft geschrubbt – die ganze Zeit in der Annahme, ich habe ihn mir nicht gewaschen. Es dauerte eine Weile, bis sie begriff, dass das, was sie für Schmutz gehalten hatte, nichts anderes war als mein natürlicher Teint.

Wenn ich es mir recht überlegte, war ich in meiner Familie eigentlich nie wirklich zuhause gewesen, bestenfalls übergeben zur Verwahrung. Werner, mein gesetzlicher Vater, ein herrschsüchtiger, rechthaberischer und egoistischer Mann, hatte sich nie um mich gekümmert. War eine wichtige Entscheidung zu treffen, wurde die Großmutter vorgeschickt. Werner begleitete mich nicht einmal zu meiner Einschulung.

Als meine Großmutter mich bei sich aufnahm, war sie um die fünfzig Jahre alt. Sie war vorzeitig gealtert und relativ unbeweglich, doch Hedwig wurde mein Mutter- und Vaterersatz. Sie gab wahrscheinlich ihr Bestes, um mich – das kleine, fremde Kind – und meinen Bruder Martin großzuziehen. Doch Liebe und Zuneigung hatten wir beide nicht erfahren.

Verzweifelt hatte ich um die Liebe meines Vaters gekämpft. Jeden Wunsch las ich ihm von den Augen ab. Ich brachte ihm abends sein Bier und die Hausschuhe. Und ja, ich holte ihn sogar aus den Kneipen ab, wenn er wieder einmal nicht nach Hause kam und meine Großmutter mich losschickte. Ich malte meinem Vater Bilder, die er keines Blickes würdigte. Pure Ablehnung statt der Liebe, die ich mir so sehr gewünscht hatte. Nun kannte ich endlich den Grund. *Er hat mich gedemütigt, verprügelt und bestraft, weil ich das Kind eines anderen war.* Bei diesen Gedanken zog sich mein Hals eng zusammen. Unvermittelt musste ich an einen besonders schlimmen Tag in meinem Leben zurückdenken.

Meine Großmutter hatte für ihr Leben gern Graupensuppe gekocht. Noch heute wird mir übel, wenn ich daran auch nur denke.

Ich hatte den glibberigen Eintopf gehasst und Mühe gehabt, ihn hinunterzuwürgen. Bis zum Mittagessen war es eigentlich gar kein so schlechter Tag gewesen, doch wie immer an Graupensuppe-Tagen stocherte ich lange in meinem Teller herum. Mein Ekel vor den kleinen aufgeschwemmten Gerstenkörnchen, die nicht weniger zu werden schienen, war unermesslich. Während ich angewidert vor dem Teller hockte und mein Bestes gab, fluchte meine Oma ununterbrochen und ermahnte mich, meinen Teller leer zu essen. Obwohl sie natürlich sah, wie ich mich mit der längst kalten Suppe quälte, musste ich jedes Mal so lange sitzen bleiben, bis der Teller leer war.

So war es auch an diesem Nachmittag. Ich saß vor meinem Teller und kämpfte gegen meinen Ekel an. Als mein Vater von der Arbeit kam und mich betrübt am Küchentisch sitzen sah, geriet er außer sich vor Wut. Er flößte mir die kalte Suppe so lange gewaltsam ein, bis ich nicht anders konnte, als mich zu übergeben. Das wiederum machte ihn nur noch rasender. Er packte mich, nahm mein Erbrochenes und schaufelte es mir so lange wieder in den Mund, bis ich in meiner Verzweiflung lautstark schrie und um mich trat. Ein Benehmen, das Werner auf keinen Fall hinnehmen konnte. Ich kann mich noch heute deutlich an die Schläge erinnern, die dann auf mich einprasselten. Und ich erinnere mich daran, dass ich anschließend ohne ein tröstendes Wort einfach ins Bett geschickt worden war.

Keine Seltenheit, denn für Dummheiten jedweder Art wurde ich immer sofort ins Bett gesteckt. Doch auch dort konnte ich nicht aufatmen, denn ein eigenes Zimmer hatte ich nicht. Wir wohnten damals in einer Gegend, die man heute zu Recht als asozial bezeichnen würde, und hatten lediglich eine Zweizimmerwohnung, in der ein Raum für meinen Bruder und der andere für meine Großmutter und mich bestimmt war, während mein Vater auf einem Sofa in der Wohnküche schlief. Einzig die Wand neben meinem Bett gehörte allein mir. Die Wand mit den Strichen. Für jede neue Strafe einen neuen Strich. Ich malte viele Striche.

Werner hatte sich mir gegenüber als Tyrann erwiesen. Doch auch als ich längst eine junge Frau war, hatte ich mich immer um die Liebe meines Vaters bemüht – allerdings vergeblich, wie mir auch in diesem Moment wieder schmerzhaft bewusst wurde. So schmerzhaft wie das Ereignis, welches mir damals endgültig klarmachte, was für ein Mensch der Mann war, den ich bis heute für meinen leiblichen Vater gehalten hatte: Werner war wieder verheiratet und lebte mit seiner zweiten Frau Margarete nur zwei Hauseingänge entfernt. Die beiden schienen füreinander geschaffen zu sein. Während er seinen mittlerweile enormen Bierbauch stolz zur Schau trug, gehörte Margarete zu der Sorte Frau, die ihre grau gewordenen Haare pechschwarz färbte und dazu fragwürdige Outfits kombinierte, die nur allzu leicht Rückschlüsse auf ihren sozialen Status zuließen. All das wäre noch kein Grund gewesen, Margarete zu verurteilen, doch sie war darüber hinaus ein überaus kaltherziger Mensch und zeigte mir immer ausgesprochen deutlich, dass sie mich nicht ausstehen konnte. Abfällige Bemerkungen standen auf der Tagesordnung, wobei sie natürlich nie vergaß, ihre eigenen fünf Kinder, die sie mit in die Ehe gebracht hatte, lobend in den Vordergrund zu stellen.

An diesem Tag hatte ich meinen Vater besuchen wollen, doch statt Werner riss Margarete die Tür auf.

»Was willst du hier?«, schrie sie mich augenblicklich an. Was dann geschah, konnte ich auch nach so vielen Jahren nicht begreifen. Im selben Atemzug und noch ehe ich mich versah, packte Margarete meinen Pferdeschwanz und drückte meinen Kopf nach unten. Ich stürzte zu Boden und Margarete schlug immer wieder auf mich ein, während sie wie eine Furie unablässig den gleichen Satz wiederholte: »Du Bastard, was willst du hier?«

Bastard? Hätte ich damals schon etwas ahnen können? Margaretes Wut verlieh ihr so viel Kraft, dass sie mich an den Füßen die steile Treppe zu ihrer Wohnung herunterzerrte. Auf jeder Treppenstufe knallte mein Kopf mit solcher Wucht auf, dass mir übel wurde und ich dachte, ich würde gleich in Ohnmacht fallen. Meine Hilfeschreie »Papa, Papa, Hilfe, Papa hilf mir!« verhallten. Mein Vater, der sich die Szene aus der Ferne besah, blieb in der Wohnungstür stehen und regte sich nicht. Er schaute teilnahmslos zu, wie Margarete auf mich einprügelte. Für mich dauerte es eine gefühlte Ewigkeit, bis sie endlich von mir abließ und schimpfend in der Wohnung verschwand. Von draußen konnte ich hören, wie sie nun meinen Vater anbrüllte.

»Dieses Miststück, dieser Bastard! Ich will nicht, dass sie hier andauernd auftaucht. Sorg dafür, dass sie hier nie wieder klingelt, Werner – und zwar sofort! Ich kann dieses Balg nicht ausstehen!«

Wimmernd vor Schmerzen lag ich in der Ecke des Hauseingangs. Meine Kehle war wie zugeschnürt und ich brachte keinen Ton heraus. Margaretes Worte trafen mich tief und überlagerten sogar den stechenden Schmerz in den Rippen, der mir das Atmen erschwerte. Doch das Schlimmste war, dass mein Vater noch nicht einmal versucht hatte, seine Frau zurückzuhalten. *Ich muss hier weg*, dachte ich verzweifelt.

Gerade als ich mich mühsam aufgerappelt hatte und in Richtung Hauseingang wankte, begegnete ich einem Nachbarn, der damit beschäftigt war, seine Einkäufe in die Wohnung zu tragen. Als er mich sah, ließ er seine vollen Taschen einfach fallen und eilte mir zu Hilfe. Ich wurde sofort ins Krankenhaus gebracht.

Viele, eindeutig zu viele schlechte Erinnerungen an meine Vergangenheit – und nun kannte ich wohl endlich den Grund dafür.

Den Kopf in beide Hände gestützt, saß ich da; meine Tränen hatten sich zu einer beachtlichen Pfütze auf dem Tisch entwickelt. Erschöpft wischte ich die nasse Stelle mit einem Tuch auf, trank meinen kalt gewordenen Kaffee und zündete mir eine Zigarette an. Die Kringel sahen nicht schöner aus als die, die ich produziert hatte, als ich den ersten aufmerksamen Blick in meine Abstammungsurkunde warf. Trotzdem hatte das Nikotin eine einigermaßen beruhigende Wirkung und ich war bald wieder in der Lage, einige klare Gedanken zu fassen. Nein, man kann es drehen und wenden, wie man will, dieser Mann, den ich Papa genannt hatte, war kein guter Vater gewesen und alles andere als ein guter Mensch.

Und vielleicht war ja mein echter Vater ein netter Kerl.

2

Auf den Spuren der Vergangenheit

*D*as kalte Wasser linderte die Schwellung meiner Augen und half mir, wieder einen klaren Kopf zu bekommen. Ich nahm das Handtuch vom Halter, trocknete mir das Gesicht ab und band meine Haare zum Zopf. Ich warf einen Blick in den Spiegel. *Nicht gut, aber besser,* dachte ich. Es wurde Zeit, das Essen auf den Tisch zu bringen, denn jeden Moment kämen die Kinder. Ich würde ihnen alles erzählen müssen. Auch wenn sie bei Weitem noch nicht erwachsen waren, so waren sie doch immerhin in einem Alter, in dem sie vieles verstehen konnten.

Jonas, mein ältester Sohn, war dreizehn Jahre alt, Noah zehn und Finn neun Jahre. Jonas war bereits ziemlich groß, hatte dunkle Haare und braune Augen, die seine große Sensibilität widerspiegelten. Noah war ebenfalls ein dunkler Typ und mein Ebenbild, manchmal jähzornig, aber gleichfalls sehr sensibel. Finn war mit seinen blauen Augen und den blonden Haaren seinem Vater wie aus dem Gesicht geschnitten, und hochintelligent war er auch. Sie waren die drei wichtigsten Menschen in meinem Leben und sie hatten ein Recht, die Wahrheit auch über ihre Abstammung zu erfahren. Keine weiteren Lügen mehr! Davon hatte es weiß Gott schon zu viele gegeben. Doch wie sollte ich es ihnen schonend beibringen, dass ihr Großvater nicht der Mann war, für den sie ihn immer gehalten hatten?

Ich machte mich an die Vorbereitungen für das Abendessen und wartete darauf, dass die Kinder nach Hause kamen.

Die drei schienen zu spüren, dass etwas nicht stimmte. Während die Jungen normalerweise recht pflegeleicht waren, waren sie heute außer Rand und Band, ganz so, als wollten sie unbedingt mit besonderer Vehemenz ihre Grenzen austesten. *Bleib ruhig, Sophie, jetzt ist kein guter Zeitpunkt, sie anzuschreien und aufs Zimmer zu schicken.*

Ich zählte in meinem Kopf bis zehn, atmete tief ein und aus und wandte mich schließlich mit Bestimmtheit an sie:

»Schluss jetzt! Bitte setzt euch, ich habe euch etwas Wichtiges zu sagen!«

Offenbar war der Tonfall doch schärfer gewesen, als ich beabsichtigt hatte, denn augenblicklich kehrte Ruhe ein und drei Paar erschrockene Kinderaugen schauten mich an. Nervös ging ich in der Küche auf und ab, öffnete das Fenster und strich mir mehrmals durchs Haar, während ich nach den richtigen Worten suchte.

»Ich habe heute etwas erfahren, das mich traurig macht«, setzte ich an, wurde jedoch gleich von Jonas unterbrochen, der mich prüfend ansah.

»Mama, was ist denn mit dir? Hast du geweint?«

Mist, dachte ich, dabei hatte ich mir so fest vorgenommen, stark und ruhig zu sein, aber schon diese einfache Frage meines Sohnes brachte mich aus der Fassung. Meine Kehle schnürte sich wieder zu.

»Ihr wisst ja«, begann ich, »dass ich nie einen guten Kontakt zu Opa hatte.«

Jonas fiel mir erneut ins Wort:

»Der mit dem Holzbein?«

»Ja, genau der«, erwiderte ich.

Werner hatte vor Jahren einen schweren Unfall gehabt, bei dem er seinen rechten Oberschenkel verlor. *Es spricht schon Bände*, dachte ich, *dass den Kindern zuerst Werners körperliches Erkennungsmerkmal statt seines Namens in den Sinn kommt.* Auch meine Kinder hatten keinerlei Bezug zu dem Mann, den ich bis heute für meinen Vater gehalten hatte. So wenig er sich schon um mich gekümmert hatte, noch weniger Interesse – falls das überhaupt möglich war – hatte Werner an seinen Enkelkindern gezeigt. Besucht hatte er sie nie, zahlreiche Einladungen unbeantwortet verstreichen lassen, und selbst zu Weihnachten war Werner nie zu uns gekommen, um uns ein frohes Fest zu wünschen. Es hatte Geschenke gegeben, aber während die meisten Menschen gerade zu Weihnachten versuchen, ihren Lieben einen lang ersehnten Wunsch zu erfüllen, beschränkten sich Werners Geschenke für die Kinder auf das, was der Anstand verlangte: eben irgendetwas völlig Fantasieloses, innerhalb weniger Minuten in irgendeinem Großkaufhaus zusammengeworfen. Und da er es selbst zu diesem Anlass nicht für nötig hielt, persönlich vorbeizukommen, stand einer seiner Stiefsöhne pünktlich zu Weihnachten mit einer Plastiktüte in der Hand vor unserer Haustür und leierte dazu den in jedem Jahr gleichen Satz herunter: »Frohe Weihnachten und Gruß von Werner.«

»Werner«, stotterte ich nun an die Kinder gewandt, »soll nicht mein Vater sein.«

Nun war es also raus. Erwartungsvoll blickte ich zu meinen Jungs hinüber. Doch die regten sich nicht. Sie saßen auf ihren Stühlen, als seien sie dort festgewachsen. Waren sie zu geschockt oder hatten sie nicht verstanden, was ich ihnen da gerade erzählt hatte? Ich beschloss, nicht auf eine Reaktion zu warten, und begann stattdessen zu erzählen, was am Vormittag vorgefallen war. Als ich fertig war, setzte sich Finn zu mir auf den Schoß und wischte mir liebevoll die Tränen aus dem Gesicht. Er kuschelte sich an mich und sah mich mit großen Augen an.

»Dann ist Opa Holzbein nicht mein Opa?«

Überrascht von seiner schnellen Auffassungsgabe sah ich meinen Filius an und strich ihm dabei über seinen blonden Schopf.

»Ja, wenn das stimmt, was man mir erzählt hat, dann habt ihr einen anderen Opa.« Aufgewühlt berichtete ich den Kindern von Bence und dass dieser fremde Mann aus Ungarn mein Vater sein sollte.

»Dann haben wir ungarische Wurzeln?« Jonas war erstaunt.

»Ja, dann haben wir ungarische Wurzeln.« Ich nahm Jonas, Finn und Noah in den Arm und drückte sie fest an mich.

Noah stellte treffend fest:

»Und darum habe ich so braune Augen und dunkle Haut.«

Auch wenn sie noch so klein sind, haben Kinder ein untrügliches Gefühl dafür, wie sie ihren Eltern eine Stütze sein können. Instinktiv tun sie das Richtige. Die bedingungslose Liebe meiner Kinder tat mir unendlich gut. Wir redeten an diesem Abend noch lange über Bence, Werner und Tante Karla, bevor ich mich erschöpft, aber auf seltsame Weise auch erleichtert in mein Bett fallen ließ und in einen unruhigen Schlaf fiel.

Gerädert schlug ich am nächsten Morgen die Augen auf. Der Blick in den Badezimmerspiegel verriet mir, dass die Ereignisse des gestrigen Tages deutliche Spuren in meinem Gesicht hinterlassen hatten. Rasch sprang ich unter die Dusche und ließ das kalte Wasser über meinen Körper laufen. Eine Wohltat, die mir neue Kraft gab. Dann weckte ich die Jungs und machte ihnen das Frühstück und die Pausenbrote für die Schule fertig, war aber nicht ganz bei der Sache. Meine Gedanken drehten sich um Bence. Es musste doch möglich sein, etwas mehr über ihn herauszufinden, vielleicht sogar mit ihm zu sprechen.

Nachdem die Kinder das Haus verlassen hatten, schnappte ich mir ein Telefonbuch und suchte nach ›Horváth‹, fand den Namen jedoch nicht. Ich hatte zwar nicht daran geglaubt, dass es so einfach werden würde, aber schön gewesen wäre es schon. Ich war fest entschlossen, nichts unversucht zu lassen, und fuhr zum Einwohnermeldeamt.

Dort teilte man mir mit, dass man eine Adresse von Bences Tochter Glora habe, die offenbar in Süddeutschland lebte. Wie sie wohl reagieren würde, wenn ich sie einfach anriefe? Während ich nach Hause fuhr, drehte sich mein Gedankenkarussell. Sollte ich anrufen oder wäre das zu forsch? Würde sie von der Neuigkeit geschockt sein oder wusste sie vielleicht schon Bescheid, dass sie womöglich eine Halbschwester hatte? Doch was hatte ich zu verlieren? Ich griff zum Telefonhörer. Mit schweißfeuchten Fingern drückte ich die Tasten, wählte Gloras Nummer und horchte gespannt. Fast hätte ich bereits wieder aufgelegt, doch dann hörte ich eine Stimme.

»Horváth.« Es klang freundlich.

»Guten Tag, Frau Horváth«, stotterte ich, »entschuldigen Sie bitte die Störung. Ich bin auf der Suche nach Herrn Bence Horváth. Können Sie mir bitte sagen, wo ich ihn finde?«

Irgendwie seltsam, dachte ich, *ich sieze sie, obwohl sie vermutlich meine Halbschwester ist.*

»Wieso?«, fragte Glora erstaunt. »Was wollen Sie von ihm?« Ihre Stimme, die eben noch freundlich geklungen hatte, schlug plötzlich in eine härtere Tonart um.

»Nun ja«, stammelte ich unbeholfen weiter, »ich möchte gern etwas Persönliches mit ihm besprechen.«

»Da kann ich Ihnen nicht weiterhelfen!«

Aus Angst, dass Glora im nächsten Moment den Hörer auf die Gabel legen würde, sagte ich sehr laut:

»Er soll mein Vater sein!«

Stille.

Nach einiger Zeit räusperte sich Glora und erklärte mir kühl, dass ihr Vater sich darum kümmern würde, wenn dem so sei. Dann war es wieder still in der Leitung. Sie hatte aufgelegt.

So hatte ich mir den Verlauf des Telefonats eindeutig nicht vorgestellt. Niedergeschlagen ging ich zurück zum Küchentisch. Natürlich war ich darauf vorbereitet, nicht mit offenen Armen empfangen zu werden, doch mit Gloras kalter Distanziertheit hatte ich nicht gerechnet. Aber so einfach würde ich mich von ihrer abweisenden Reaktion nicht unterkriegen lassen. Ich würde nicht einfach nur da sitzen und darauf warten, dass sich etwas tat.

Ich fuhr noch einmal zurück zum Einwohnermeldeamt. Ich hatte Glück; eine freundliche Mitarbeiterin teilte mir mit, dass Bence zwar nicht mehr in Deutschland lebe und auch keine Auslandsadresse von ihm verzeichnet sei, dass sie dafür jedoch die Adresse eines gewissen Pypa Horváth im Verzeichnis gefunden habe. Erleichtert und mit Pypas Adresse bewaffnet verließ ich das Einwohnermeldeamt, etwas verwundert darüber, dass man den nicht bereits bei der ersten Suche entdeckt hatte.

Zu Hause ließ ich mich auf die schwarze Ledercouch plumpsen und nahm den Hörer in die Hand. Kurz hielt ich inne und sammelte mich. Diesmal würde ich selbstbewusster auftreten und mich nicht wieder abwimmeln lassen. Entschlossen wählte ich Pypas Nummer.

»Horváth.« Auch diese Stimme klang sanft und ruhig.

»Guten Tag, Pypa, hier ist Sophie!« Ich versuchte, meiner Stimme den nötigen Nachdruck zu verleihen. »Ich möchte Bence Horváth sprechen. Kannst du mir bitte sagen, wo ich ihn finde?«

Das war doch schon mal gar nicht so schlecht, dachte ich stolz, atmete erleichtert aus und holte noch einmal Luft, um weiterzusprechen. Der erste Satz ist ja bekanntlich immer der schwerste. Doch ehe ich fortfahren konnte, fragte Pypa bereits, was genau ich denn von Bence wolle.

»Ich möchte mit ihm sprechen. Ich habe ihm etwas Wichtiges mitzuteilen, kann ihn aber leider nicht ausfindig machen.«

Da könne ja jeder kommen, erwiderte er. Nein, er würde mir auf keinen Fall seine Adresse geben. Pypas veränderte Stimmlage erwischte mich eiskalt und ließ mich wütend werden. Nur mit Mühe gelang es mir, ruhig zu bleiben.

»Ich habe auch schon mit deiner Schwester Glora telefoniert, und ich wundere mich über euer Verhalten. Aber du kannst es gern noch einmal von mir hören. Bence soll mein Vater sein, das habe ich vor ein paar Tagen erfahren, und ich möchte mit ihm darüber sprechen. Wo liegt das Problem? Warum könnt ihr mir seine Adresse nicht geben oder wenigstens eine Nummer, unter der ich ihn erreichen kann?«

»Dazu kann ich nichts sagen, aber ich denke, dass er sich bei dir melden wird, wenn dem so ist. Auf Wiederhören.«

Die Leitung war getrennt.

»Unfassbar! Er reagiert genauso wie Glora, das kann doch nicht wahr sein«, murmelte ich vor mich hin. Ob die beiden sich abgesprochen hatten? Warum verhielten sie sich so? Was in Gottes Namen sollte das? Sicher, ich verstand, dass man nicht dem erstbesten Anrufer gleich willig Auskunft über die Adressen der Familie gab, aber die beiden waren noch nicht einmal bereit gewesen, kurz mit mir zu sprechen. Ich hätte gern erklärt, wie sich alles zugetragen und was ich in den letzten Stunden in Erfahrung gebracht hatte, sie hätten einfach nur fragen müssen.

Ratlos fuhr ich mir mit den Fingern durchs Haar. Wie sollte ich meinen mutmaßlichen Vater finden, wenn ich nicht einmal die Chance bekam, mit seinen Angehörigen zu sprechen? Es war, als ob man gegen eine Wand anrannte. Doch warum nur? Gab es etwas, das die beiden vor mir verbargen? Glaubten sie mir nicht oder waren sie einfach nur extrem herzlos? Ich ging in die Küche, trank einen Schluck Kaffee und dachte angestrengt nach.

Eigentlich müsste ich die ungarischen Behörden um Hilfe bitten, ging es mir durch den Kopf. *Wenn er nicht mehr in Deutschland lebt, wird er sicherlich wieder in Ungarn wohnen.* Die Geschichte meiner Abstammung ließ mir einfach keine Ruhe mehr. Wie sollte ich ich sein, wenn ich nicht einmal wusste, wer mein Vater war?

Ich schlug die Gelben Seiten auf, suchte mir eine Dolmetscherin für ungarisch und wählte im nächsten Moment deren Nummer. Eine freundliche Dame nahm das Gespräch entgegen und hörte mir interessiert zu, während ich ihr die ganze Geschichte in Kurzform erklärte und sie bat, für mich einen Brief an die ungarischen Behörden aufzusetzen.

Die Antwort ließ überraschenderweise nur wenige Tage auf sich warten. In dem Schreiben teilte man mir mit, dass man mir in Bezug auf meinen Vater nicht helfen könne. Es gebe keinen Bence Horváth in Ungarn. Doch dafür gab man mir die Adresse einer vermeintlichen Verwandten in Ungarn. Wenigstens ein kleiner Lichtblick, dachte ich.

Ich rief die Auslandsauskunft an.

»Guten Tag, was kann ich für Sie tun?«, fragte eine Frauenstimme am anderen Ende der Leitung.

»Ich hätte gern eine Nummer in Ungarn.«

»Natürlich, kein Problem. Sagen Sie mir bitte Namen und Adresse, und ich schaue nach, was ich für Sie tun kann.«

Ich wartete einen Moment und hörte ein klackendes Geräusch im Hintergrund, als die Dame die Informationen in ihre Suchmaske tippte. Ich hatte Glück, die Nummer war vorhanden, doch wer auch immer bei meinem darauffolgenden Anruf das Telefon in der ungarischen Kleinstadt abhob, ich kam auch hier nicht weiter. Die Frau, die das Gespräch entgegennahm, verstand kein Wort deutsch und ich im Gegenzug kein Wort ungarisch. Das Telefonat war vergebens gewesen. Kontakt zu meinem Vater zu bekommen, würde nicht so einfach werden, wie ich gehofft hatte.

***

Tage und Wochen vergingen, und ich war immer noch keinen Schritt weitergekommen. Tagsüber musste ich mich um die Kinder und den Haushalt kümmern und am ersten September 1995 hatte ich auch endlich meine lang ersehnte Ausbildung zur Krankenschwester begonnen, die mich gehörig forderte. Doch obwohl ich abends oft kaum noch wusste, wo mir der Kopf stand, begann der Wunsch, meinen Vater zu finden, langsam aber sicher an meinen Nerven zu zehren. Immer wieder überlegte ich, was ich noch würde unternehmen können. Mir blieb wohl nichts anderes übrig, als noch einmal bei Pypa anzurufen.

Samstagvormittag, mein freies Wochenende. Die Kinder beschäftigten sich in ihren Zimmern, weil das Wetter wieder einmal verrückt spielte; ich saß am Küchentisch und starrte aus dem großen Fenster hinunter auf die menschenleere Straße. Ich ging ins Wohnzimmer, wählte, ohne groß nachzudenken, Pypas Nummer und hoffte, er würde zuhause sein. Lange brauchte ich nicht zu warten, bis sich eine Kinderstimme meldete.

»Hallo?«

»Hallo«, erwiderte ich rasch. »Ich möchte Pypa Horváth sprechen.«

»Der schläft noch.«

»Dann kannst *du* mir bestimmt helfen. Ich suche Bence Horváth. Weißt du vielleicht, wo ich ihn finden kann?«

»Der Opa ist in Hagen.«

Bence war also nicht in Ungarn, er war in Deutschland, und das Beste war, der genannte Ort lag gar nicht so weit entfernt von meinem Wohnort.

»Danke«, antwortete ich schnell. »Kann ich ihn da auch heute finden?«

»Ja, Opa ist jeden Tag da«, sagte die Kinderstimme.

Mir war bewusst, dass es eigentlich nicht in Ordnung war, das Kind zu belügen, aber ich hatte keine andere Wahl, wenn ich wissen wollte, wo Bence sich aufhielt. Daher schaltete ich blitzschnell um und tat so, als hätte ich die Adresse gerade nicht zur Hand.

»Sag mal, ich glaube, ich habe die Adresse verlegt. Wie heißt die Straße noch mal?«, fragte ich ein wenig scheinheilig.

»Zum See«, gab mein junger Gesprächspartner bereitwillig Auskunft.

Ich bedankte mich bei dem Kind und legte den Hörer zurück auf die Gabel. Mein schlechtes Gewissen rückte in den Hintergrund. Endlich hatte ich einen Anhaltspunkt für meine Suche. Dieses Kind hatte mir die Möglichkeit eröffnet, meinen Vater zu finden.

Ein Zufall?

Ein Glücksfall!

Was nun?, dachte ich. Die Kinder wollte ich zu dieser ersten Begegnung nicht mitnehmen. Also rief ich meine Nachbarin an, die schon häufiger auf sie aufgepasst hatte. Glücklicherweise hatte sie nichts vor und freute sich, die Kinder am Nachmittag um sich zu haben. Nachdem ich ihr die Jungs gebracht hatte, eilte ich noch einmal in die Wohnung zurück. Typisch Frau, aber wer würde nicht gut aussehen wollen, wenn er das erste Mal auf seinen Vater trifft?

Nachdem es mir schließlich gelungen war, etwas Passendes aus den Tiefen meines Kleiderschrankes zu fischen, machte ich mich auf den Weg. Ich wusste, es war kindisch, aber trotzdem kam ich nicht umhin, mir das erste Treffen mit Bence in meiner Fantasie auszumalen. Würde er mich mit offenen Armen empfangen? Würde er sich freuen, mich zu sehen? Oder wäre er vielleicht ebenso abweisend und kalt wie seine Kinder? Ich musste es wissen. Auch wenn er mich nicht wollte, musste ich es wissen. *Die Ungewissheit ist schlimmer als alles, was tatsächlich passieren könnte*, redete ich mir selbst gut zu. *Du schaffst das schon, Sophie. Du hast bis jetzt immer alles geschafft, und jetzt hör auf zu grübeln und konzentriere dich auf die Straße, damit du sicher ankommst.*

Mit gemischten Gefühlen fuhr ich von der Autobahn ab. Das war also Hagen im Bremischen. Zwischen Bremen und Bremerhaven gelegen, konnte man die nahe Nordseeküste mit ihren attraktiven Urlaubszielen praktisch riechen. Fast schon malerisch lagen die Häuser vereinzelt in den kleinen Senken, die sich durch den Ort zogen. Dort irgendwo würde ich Bence finden.

In der Ortsmitte entdeckte ich eine Informationstafel. Ich stoppte den Wagen und stieg aus, um nachzuschauen, wo die Straße ›Am See‹ zu finden war. Ich fand die Straße, besser gesagt den kleinen Pfad, schließlich in einem Wald- und Wochenendgebiet.

Langsam rollte mein Auto durch den schmalen Weg. Um die Namensschilder besser lesen zu können, hatte ich die linke Fensterscheibe heruntergelassen. Plötzlich erspähte ich im Vorbeirollen den Namen ›Bence Horváth‹ an einer Gartenpforte. Ich bremste und stoppte den Wagen, entschloss mich aber dann, bis zum Ende des Weges weiterzufahren. Vielleicht wäre es besser, wenn ich nicht gleich gesehen würde.

Am Ende des Wegs stieg ich aus. Meine Hände zitterten. Ich atmete schwer, doch auf seltsame Weise beruhigte mich die klare Waldluft, die ich in kräftigen Zügen einatmete. Nun stand ich also da, nur einige Meter von dem Haus des Mannes entfernt, der mein Vater sein sollte. Tat ich etwas Verbotenes? Je näher ich dem Wochenendhaus kam, desto unruhiger wurde ich. Vor der Pforte blieb ich stehen und betrachtete den Garten. Er war sehr gepflegt und schien dem Besitzer am Herzen zu liegen. Das Gras war ordentlich geschnitten und die Blumen neigten ihre perfekten Blütenblätter im leichten Wind. So wie der ganze Ort war auch dieser Garten ein idyllischer Platz, fast schon wie aus einem kitschigen Werbeprospekt. Auf dem hinteren Teil des Grundstücks befand sich ein gemauertes Gebäude. Große Tannen versperrten die weitere Sicht. Auf der vorderen Seite schlängelte sich ein kleiner Weg, der vermutlich bis zum Haus reichte.

Ich holte tief Luft, trocknete meine verschwitzten Hände an der Hose ab und presste den Zeigefinger auf die Klingel. Eigentlich wäre ich am liebsten gleich wieder weggelaufen. Aber so kurz vor dem Ziel wollte ich auf keinen Fall einen Rückzieher machen. Ich konnte fühlen, wie mir das Blut in den Kopf schoss und mein Hals sich zuschnürte. Von Weitem sah ich eine elegant gekleidete Dame auf mich zukommen. Ihr modischer, blonder Kurzhaarschnitt unterstrich die stilvolle Erscheinung, die gar nicht so richtig in dieses Wochenendgebiet zu passen schien. Unruhig trat ich von einem Bein aufs andere. *Das ist bestimmt Bences Ehefrau.* Mir wurde etwas unbehaglich. *Was wird sie wohl denken? Plötzlich und ohne Vorwarnung steht eine fremde Frau vor der Tür und will ihren Mann sprechen.* Dabei konnte ich ja noch nicht ahnen, dass sie möglicherweise sofort die Ähnlichkeit erkannt hatte. Die Dame näherte sich, dabei schaute sie mich prüfend und, wie ich fand, fast schon etwas abfällig an. *Reiß dich zusammen!*, schärfte ich mir ein.

»Guten Tag, ich möchte zu Herrn Bence Horváth.«

Noch ehe ich weitersprechen konnte, zischte sie mich barsch an.

»Sie brauchen nichts zu sagen, ich weiß bereits, wer Sie sind. Er spielt Tennis und hat nicht das Bedürfnis, Sie zu sehen. Verlassen Sie sofort unser Grundstück!«

»Wann kann ich ihn erreichen?«, erwiderte ich und versuchte dabei unbeeindruckt zu wirken.

»Gar nicht«, gab sie schmallippig zurück, »er möchte nicht mit Ihnen sprechen. Verlassen Sie sofort unser Grundstück!«

»Aber es ist wichtig, ich muss ihn sprechen!« Ich sah sie erwartungsvoll an. »Warum soll ich das Grundstück verlassen? Ich stehe nicht auf Ihrem Grundstück. Ich möchte doch nur Herrn Horváth sprechen!«

»Ich sagte schon einmal, er ist nicht da – und nun gehen Sie.«

Erhobenen Hauptes wandte sie sich ab und ging, ohne sich umzudrehen, zurück ins Haus. Regungslos stand ich da und blickte ihr hinterher, bis ich mich schließlich dazu durchringen konnte, zurück zu meinem Wagen zu gehen. Fahrig steckte ich den Schlüssel ins Türschloss, riss die Autotür auf und ließ mich in den Sitz fallen. Woher wusste diese Frau, wer ich bin? Warum wollte er nicht mit mir sprechen? Bestimmt hatten Glora und Pypa ihm berichtet, dass ich angerufen hatte. Vielleicht hatten sie ihn vorgewarnt? Meine Gedanken rasten. Vor Wut und Enttäuschung schossen mir die Tränen in die Augen. Das war alles so verdammt unfair! Warum hatte jeder das Recht, glücklich zu sein und eine Familie zu haben, deren Mitglieder sich umeinander sorgten, nur ich nicht? Hatte ich zu laut *Hier!* gerufen, als es darum ging, wie viele Päckchen man im Leben zu tragen hat? Oder warum traf es immer mich mit voller Wucht? Nie funktionierte etwas auf dem leichten Weg. Für jedes bisschen

Glücklichsein musste ich kämpfen, und dann war es schneller wieder verschwunden, als ich mich umdrehen konnte.

Am liebsten hätte ich in diesem Moment einen ganzen Berg Porzellan auf dem Boden zertrümmert. Am besten das dieser eingebildeten Schnepfe. Was fiel dieser Person bloß ein? Behandelte man so einen verzweifelten Menschen?

Noch lange saß ich grübelnd und verletzt da, bevor ich in der Lage war, den Zündschlüssel umzudrehen und nach Hause zu fahren. Meine Kinder warteten schon auf mich und bombardierten mich mit allen erdenklichen Fragen. Aber ich musste sie enttäuschen, denn es gab keinen Opa, über den ich etwas Nettes hätte berichten können.

***

So kam ich also nicht weiter. Bence Horváth war einfach nicht in die Finger zu bekommen, zumindest nicht auf diesem Weg. *Aber gut, wenn ihr es so haben wollt, dann bekommt ihr es auch so.* Auch wenn ich alles lieber auf der persönlichen Ebene geklärt hätte, ich war es so unendlich leid, ständig auf Ablehnung zu stoßen. Sollte sich jemand anders mit der Familie auseinandersetzen. Einfach so aufgeben würde ich zumindest nicht.

Die junge, dynamische Frau im klassischen Anwaltslook empfing mich freundlich. *Sieht so aus, als hätte ich eine gute Wahl getroffen,* lobte ich mich insgeheim selbst. Diese Frau schien nur so vor Energie zu strotzen und war gleichzeitig höflich als auch bestimmt. *Diese Anwältin wird sich von Familie Horváth nicht so leicht abwimmeln lassen,* dachte ich, bevor ich ihr berichtete, was sich bislang ereignet hatte. Frau Rose hörte mit wachem Blick zu.

»In Ordnung, Frau Schulze«, sagte sie. »Das muss alles sehr belastend für Sie sein. Aus rechtlicher Sicht haben wir zwar einige Möglichkeiten, jedoch wird es eine Weile dauern, da wir einen Schritt nach dem anderen machen müssen.«

Sie klärte mich darüber auf, dass zunächst einmal eine Ehelichkeitsanfechtungsklage gegen Werner Jacob beim Familiengericht eingereicht und im Nachgang eine Vaterschaftsfeststellungsklage erhoben werden müsse. Aufgrund meiner finanziellen Situation sei es außerdem ratsam, einen Antrag auf Prozesskostenhilfe zu stellen. Zunächst einmal müsse allerdings das Gericht prüfen, ob die Klage Aussicht auf Erfolg habe. Nur in diesem Fall könne ich mit einem positiven Entscheid hinsichtlich der Prozesskostenhilfe rechnen.

Auch wenn die Anwältin mich vorgewarnt hatte, stellte ich mir natürlich alles viel zu leicht vor. Ich hatte tatsächlich geglaubt, man könne mal eben so einfach mir nichts, dir nichts die Vaterschaft von Werner aberkennen und die von Bence Horváth feststellen lassen.

Ich sollte eines Besseren belehrt werden. Das Amtsgericht Bremen wies die Anträge zurück. Niedergeschmettert rief ich bei meiner Rechtsanwältin an und fragte nach, warum mir keine Prozesskostenhilfe bewilligt wurde. Meine Nerven lagen blank. Ruhig und sachlich erklärte Frau Rose, dass die vorgetragenen Gründe nicht ausgereicht hätten. Aufgrund von Mutmaßungen könne man eine Vaterschaft nicht aberkennen lassen. Sie benötige Beweise, um meine Behauptungen zu untermauern.

Aber ich hatte keine Beweise, zumindest keine, die vom Gericht anerkannt werden würden. Dass ich bei Weitem nicht so aussah wie der Rest meiner Familie und auch meine Lebensgeschichte dafür sprach, reichte vor Gericht nicht aus. Meine Rechtsanwältin versprach, Akteneinsicht beim Jugendamt zu beantragen. Im Sorgerechtsstreit um mich und meinen Bruder war es hoch hergegangen und es bestand die Chance, dass die Akten aus dieser Zeit noch vorhanden waren. Dort ließe sich vielleicht etwas Brauchbares finden.

Frau Rose machte sich sofort an die Arbeit. Ihre Vermutung wurde bestätigt. Tatsächlich befanden sich entsprechende Akten im Gericht. Einige der einschlägigen Auszüge wurden meiner Rechtsanwältin übermittelt, die mich über den Inhalt in Kenntnis setzte. Neugierig, was sonst noch darin zu finden sein würde, beantragte ich beim örtlichen Amtsgericht nun selbst Akteneinsicht. Es dauerte nicht lange, bis ich einen Termin bekam und mich auf den Weg machte.

***

Das Gebäude aus den Sechzigerjahren wirkte kahl und abweisend und hatte nichts von der Würde, die das Standesamt ausstrahlte. Zaghaft klopfte ich an die Tür. Ein Beamter bat mich höflich herein. Ich wurde in einen spärlich eingerichteten Nebenraum gesetzt. Ein kleiner Tisch und zwei Stühle standen links neben der Tür, gegenüber befand sich ein großer Aktenschrank. Die Wände waren ursprünglich weiß gestrichen worden, doch jetzt wirkten sie grau und trostlos. Kälte kroch in meinen Nacken und ich zog instinktiv die Schultern hoch. Mit einer Tasse Kaffee in der Hand und einigen Akten unter dem Arm betrat der Beamte erneut den Raum, in dem ich mittlerweile auf einem der Stühle Platz genommen hatte. Aus datenschutzrechtlichen Gründen durfte ich nicht in alle Schriftstücke Einsicht nehmen, aber der Stapel, den der Beamte nun auf dem Tisch ausbreitete, war auch so beeindruckend hoch. Wahllos blätterte ich in den Papieren, bis ich auf einen interessanten Eintrag stieß.

Es ging um eine Vernehmung meiner Mutter im Zuge des Sorgerechtsverfahrens. Dort behauptete sie, dass Werner die Ehelichkeitsanfechtungsklage gegen mich zurückgenommen habe, obwohl ich nicht sein Kind gewesen sei. Ich hielt einen Moment inne und konnte kaum glauben, was da geschrieben stand. Regine hatte als leiblichen Vater ihres Kindes den Ungarn Bence Horváth angegeben. Außerdem hatte sie in ihrer Aussage behauptet, dass Bence bereit sei, mich als sein Kind anzuerkennen. Werner wisse, dass er nicht der Vater sei, sie habe es ihm im Streit selbst gesagt. Er habe die Ehelichkeitsanfechtungsklage damals nur zurückgenommen, weil sie sich wieder vertragen hätten und Werner sie wieder habe heiraten wollen.

Die Buchstaben verschwammen vor meinen Augen. Also hatte Karla mir die Wahrheit gesagt. Werner wusste schon früh, dass ich nicht sein Kind war. Er hatte es hingenommen, ja sogar ausgenutzt, damit einer Versöhnung mit meiner Mutter nichts im Wege stünde. *Vielen Dank auch! Wie selbstgerecht kann man eigentlich sein?* Mir wurde um des lieben Friedens willen einfach eine Lebenslüge aufgebürdet, und während alle anderen einfach weitermachten wie bisher, musste ich unter dieser Entscheidung leiden.

Regine hatte sich nie um mich gekümmert und mich zu allem Übel auch noch mit Werner alleingelassen, dem Vater, der mich eigentlich gar nicht wollte und mich nur annahm, weil das Gesetz es so vorschrieb. Was mich jedoch am meisten schockierte, war die Erkenntnis, dass Bence es gewusst und sich trotzdem nie um mich bemüht hatte. Wie konnte er damit leben? Wollte er nicht wenigstens wissen, wen er da in die Welt gesetzt hatte? Wie konnte ein Mensch so herzlos sein, dass er sein eigenes Kind verleugnete? Alle hatten mich belogen, selbst meine Großmutter.

Ich nahm einen Schluck Kaffee, zog ein Taschentuch aus der Handtasche und schnäuzte mir trotzig die Nase, bevor ich weiterlas. In der Stellungnahme der damaligen Sachbearbeiterin des Jugendamtes wurde beschrieben, dass meine Mutter im Dezember von mir entbunden worden war. Ich sei sehr klein und zart gewesen und habe zunächst noch klinische Betreuung benötigt.

Dabei fiel mir ein, dass meine Großmutter mir einmal erzählt hatte, dass ich eine Frühgeburt gewesen sein solle. Ich sei behaart gewesen wie ein Affe, meine Arme wären dünn und übermäßig lang gewesen.

Als ich entlassungsfähig war, kam ich dann wegen der Raumnot in der Wohnung meiner Mutter in ein Säuglings- und Kinderheim. Dort seien mein Bruder Martin und ich allerdings regelmäßig von Regine besucht worden. Werner habe gelegentlich Martin besucht, nach mir habe er jedoch nie gefragt. In den Akten stand weiterhin, dass Werner und meine Großmutter dem Jugendamt bereits seit Jahren bekannt gewesen seien. Über die Großmutter habe man nichts Ungünstiges zu berichten. Wie die Sachbearbeiterin jedoch weiter ausführte, habe sie zwar nur wenige Male mit Werner gesprochen, diesen aber als überaus aggressiv in Erinnerung. Mir stiegen Tränen in die Augen und verstohlen schaute ich mich um. Dann wanderte mein Blick erneut auf das Stück Papier. Werner solle sich vehement ein Einmischen des Jugendamtes verbeten haben. Auf die Fürsorgerin habe er nicht wie ein reifer Erwachsener gewirkt. Auch mir gegenüber solle er wenig Vaterliebe und Verantwortungsbewusstsein gezeigt haben.

Stimmt, er war aggressiv, und von Vaterliebe hatte ich in der Tat nichts gespürt. So lange ich zurückdenken konnte, hatte ich um die Liebe meines Vaters gekämpft und dabei so gut wie nichts unversucht gelassen. Doch Werner hatte nie auch nur das geringste Interesse an mir gehabt. Ihm waren sogar die sexuellen Übergriffe eines Bekannten an mir egal gewesen. Schlimmer noch, er hatte *mir* die Schuld gegeben und mich mit Stubenarrest bestraft. Auch meine Großmutter hatte sich in dieser Angelegenheit nicht anders verhalten. Sie hatte mich weder getröstet noch in Schutz genommen, geschweige denn dafür gesorgt, dass der Verantwortliche zur Rechenschaft gezogen wurde. Mit Tränen in den Augen blickte ich auf das Blatt Papier, bevor ich weiterlas.

Werner habe mich überraschend in die Wohnung meiner Großmutter Hedwig geholt, was wohl weniger aus plötzlicher Besinnung auf seine Vaterpflichten geschehen sei als aus rein finanziellen Erwägungen. Das Kind werde nun von der Großmutter betreut. Das zwanzig Monate alte Mädchen, das bisher in einem Heim aufgewachsen war, erlebe nun erstmalig die Situation einer Familie. Dies sei im Interesse des Kindes durchaus wünschenswert, fuhr die Sachbearbeiterin in ihren Ausführungen fort, zumal der Eindruck bestehe, dass Hedwig sich wirklich viel Mühe mit dem Kind gebe.

Aha!

Wenn das wünschenswert ist, dann möchte ich nicht wissen, was diese Frau als nicht wünschenswert betrachtet. Es war also wünschenswert, dass der Staat die Lüge schützte und mich trotz besseren Wissens in einer fremden Familie hatte aufwachsen lassen? Warum war damals niemand Werners seltsamem Verhalten nachgegangen? Wenigstens mit einem hatte die Sachbearbeiterin jedoch recht behalten: Werners Einfluss hatte sich in der Tat weniger günstig auf mich ausgewirkt.

Er sei renitent und anmaßend und man glaube, er würde kein gutes Vorbild für mich werden.

Bingo, das war er auch nicht. Ich erinnerte mich daran, wie meine Großmutter mir einmal erzählt hatte, dass ein Lehrerehepaar mich aus dem Kinderheim heraus adoptieren wollte, sie dem jedoch nicht zugestimmt habe. Eine Begründung dafür hatte mir die Großmutter nicht gegeben. Im Nachhinein hörte es sich allerdings noch verlockender an, als es damals schon geklungen hatte. Die nachfolgende Seite konnte ich nicht mehr lesen. Es war aber auch nicht mehr wichtig.

Letztendlich hatte Werner das Sorgerecht für mich erhalten – und Bences Name war in der Akte festgehalten. Nun wusste ich, was ich wissen musste. Tief in mich versunken saß ich am Tisch und nahm zunächst gar nicht wahr, dass der Justizbeamte mit einer neuen Tasse Kaffee in der Tür stand. Dankbar nahm ich sie entgegen und leerte sie in einem Zug.

»Darf ich hier rauchen?«, fragte ich schüchtern.

»Ich bringe Ihnen einen Aschenbecher«, antwortete er und schaute mich mitleidig an. Ahnte er, wie das Gelesene mich mitnahm?

Hastig zündete ich mir eine Zigarette an, doch ehe ich zu Ende geraucht hatte, drückte ich sie auch schon wieder aus. Ich musste so schnell wie möglich dieses Gebäude verlassen. Ich bekam keine Luft mehr.

3

Wink des Schicksals

Sechs lange Wochen Schule lagen hinter mir, und obwohl ich den Blockunterricht eigentlich mochte, freute ich mich darauf, endlich wieder auf meiner Krankenstation arbeiten zu können. Als Krankenpflegeschülerin im ersten Ausbildungsjahr hatte ich die Aufgabe, die Patienten in den Operationssaal zu fahren und jenen zu helfen, die sich nicht selbstständig waschen und kleiden konnten. Anschließend verteilte ich das Frühstück, half denen, die nicht alleine essen konnten, und holte nachmittags gemeinsam mit einer Kollegin die Patienten aus dem Aufwachraum ab. Außerdem war ich dafür verantwortlich, die Vitalzeichen bei den Patienten zu messen. Ich hatte mich gut eingelebt, nette Kollegen kennengelernt, fühlte mich wohl und meine Arbeit hielt jeden Tag neue Überraschungen für mich bereit.

Wie immer erschien ich pünktlich um sechs Uhr zum Frühdienst. Noch bevor die Übergabe begonnen hatte, warf ich neugierig einen Blick auf den Operationsplan. Der Terminplan war ziemlich eng getaktet. Das hieß, es würde heute viel Arbeit auf mich warten.

Plötzlich stutzte ich und blieb an einem Namen auf der Liste hängen: *Beate Horváth*. Für einen Moment vergaß ich das Luftholen. Ich griff hinter mich und zog mir den Stuhl heran, um mich darauffallen zu lassen. Wie hypnotisiert betrachtete ich den Plan und rückte mir meine Lesebrille mehrmals zurecht; ich konnte nicht glauben, was ich las. Doch das Ergebnis blieb dasselbe: Der Name Beate Horváth stand in schwarzen Lettern auf dem Klemmbrett. Ich hatte mich nicht getäuscht, dennoch rieb ich mir kräftig die Augen. Horváth, diesen Nachnamen gab es nicht so oft, und nur einmal in meinem Umfeld. Es war der Nachname des Mannes, der mein Vater sein sollte. Waren er und diese Beate verwandt? Meine Gedanken begannen sich zu verselbstständigen und gaukelten mir die wildesten Szenarien vor.

Stopp!, ermahnte ich mich. *Wer weiß, wer diese Patientin tatsächlich ist; vielleicht kennen sie sich nicht einmal. Nur weil ihre Nachnamen gleich lauten, heißt das noch lange nicht, dass sie auch verwandt sind,* versuchte ich meine Euphorie zu bremsen. Vielleicht war Horváth in Ungarn ein ähnlich häufiger Name wie bei uns Schmitz oder Schneider. Ziemlich aufgeregt stand ich auf, warf einen letzten Blick auf das Brett und begann schweren Herzens meinen Dienst. Am liebsten wäre ich sofort in das Patientenzimmer gelaufen, in dem diese Beate Horváth lag. Auch wenn ich mir die größte Mühe gab, bei der Sache zu sein, drehten sich meine Gedanken die ganze Zeit um die Frau mit dem ungarischen Nachnamen. Ich hatte niemandem auf der Station von meinem Geheimnis erzählt und hatte es auch nicht vor. Genaugenommen wusste nur eine Handvoll Menschen davon: meine Kinder, meine Tante, meine Freundin und natürlich meine Anwältin. Es blieb mir nichts anderes übrig, ich musste erst einmal Beate Horváths Operation abwarten und danach eine Gelegenheit finden, sie anzusprechen.

Diese Chance bot sich schneller, als ich erwartet hatte. Schon am nächsten Tag wurde ich damit beauftragt, bei ihr den Blutdruck zu messen. Nervös stand ich vor ihrem Zimmer und zögerte für einen Moment. Ich fragte mich, was mich erwarten würde, wenn ich diese fremde Frau auf meine Herkunft anspräche. Ich klopfte schließlich zaghaft an die Tür und betrat den Raum. Am liebsten wäre ich gleich mit meinen Fragen über sie hergefallen, aber ich musste mich beherrschen, schließlich war sie meine Patientin.

»Guten Tag, Frau Horváth. Ich bin Sophie, die Schwesternschülerin. Ich werde jetzt Ihren Blutdruck, den Puls und die Temperatur messen.« Ich versuchte, meine innere Unruhe durch professionelles Handeln zu überspielen. Beate Horváth, offenbar etwa im gleichen Alter wie ich selbst, musterte mich eingehend und begrüßte mich freundlich. Wir waren uns auf Anhieb sympathisch. Sie strahlte Offenheit und Herzlichkeit aus und schenkte mir ein nettes Lächeln. »Wie geht es Ihnen?«, fragte ich und legte ihr die Blutdruckmanschette um den Arm.

Frau Horváth fuhr sich mit den Händen durch ihre strubbeligen blonden Haare.

»Danke, es geht mir gut. Ich hatte mir den Eingriff und seine Nachwirkungen schlimmer vorgestellt.«

Sie rutschte in ihrem Bett nach oben und ich steckte ihr das Kissen in den Rücken. Dabei musterte ich sie unaufhörlich, bis ich nicht mehr innehalten konnte.

»Darf ich Sie etwas Privates fragen?«, wagte ich mich vorsichtig vor und bemühte mich um ein freundliches Lächeln.

»Ja, natürlich.«

Beate richtete sich noch höher auf und schaute mich erwartungsvoll an. Sogleich schoss es aus mir heraus:

»Kennen Sie vielleicht einen gewissen Bence Horváth?«

»Ja, den kenne ich, das ist mein Ex-Schwiegervater«, antwortete sie unbefangen. Ich starrte sie entgeistert an, während ich ihre Worte wie durch eine Nebelwand wahrnahm und mich zwingen musste, nicht laut aufzuschreien. »Was ist mit Bence? Warum sind Sie so erschrocken?«

»Wissen Sie«, begann ich, »ich habe erfahren, dass Bence mein Vater sein soll.«

Bevor ich weitersprechen konnte, unterbrach sie mich.

»Deshalb!«, schoss es aus ihr heraus. »Ich habe mich vorhin schon gefragt, woher ich dich kennen könnte. Du siehst wirklich fast genauso aus wie Glora. Ich fasse es nicht, diese Mimik, der Ausdruck, die Ähnlichkeit«, entfuhr es ihr. Sie schüttelte dabei fortlaufend den Kopf und musterte mich von oben bis unten.

»Ich suche ihn und keiner kann oder will mir etwas sagen oder helfen. Ich habe bei Glora und Pypa angerufen, war sogar in Hagen und habe mit Frau Horváth gesprochen, aber die wollten nicht mit mir darüber sprechen.«

»Wie hast du es erfahren? Ich meine, es muss doch einen Grund haben, dass du annimmst, Bence sei dein Vater.«

Das erste Mal war jemand aus der Familie meines vermeintlichen Vaters bereit, mit mir zu sprechen. Ich war überglücklich, nahm mir einen Stuhl und begann zu erzählen.

»Bence hat in Österreich ein großes Anwesen, mit Videokamera am Eingang«, unterbrach Beate mich schließlich. »Er ist dort nach dem Tod seiner ersten Ehefrau hingezogen. Ziemlich schnell hat er wieder geheiratet. Bleib am Ball, da ist eine Menge zu holen, der hat Geld!«

Ich schaute Beate an. Was sie da gerade eben gesagt hatte, verschlug mir fast die Sprache.

»Aber es geht mir gar nicht um Geld! Ich möchte einfach nur wissen, was an der Behauptung meiner Mutter, Bence sei mein Vater, dran ist.«

»Sophie«, fiel Beate mir ins Wort, »du kannst es mir glauben, Bence *muss* dein Vater sein. Eure Ähnlichkeit ist einfach zu verblüffend, als dass es ein Zufall sein könnte. Bleib am Ball! Er hatte eine große Firma, die nach dem Tod der ersten Ehefrau verkauft wurde. Ich selbst habe leider kaum noch Kontakt zu der Familie meines Ex-Mannes. Wenn, dann nur über unsere Kinder.«

»Kannst du mir seine Adresse geben?«, fragte ich zögernd.

»Natürlich gebe ich dir seine Adresse. Das ist ein Ding, das muss ich erst einmal verdauen.« Mit einem Lächeln im Gesicht lehnte sie ihren Kopf zurück. »Dann ist mein Ex-Mann dein Bruder. Und die Xanthippe aus Hagen, das ist Hermine, Bences zweite Frau«, meinte sie und grinste über das ganze Gesicht.

»Danke und nochmals danke, Beate. Du weißt nicht, wie sehr du mir geholfen hast.«

Überglücklich fiel ich ihr um den Hals und eilte dann davon. Nun hatte ich endlich die Adresse des Mannes, der mein Vater sein sollte. *Unglaublich, welche Zufälle das Leben manchmal für einen parat hält,* dachte ich, als ich über den Krankenhausflur huschte.

Mit Beate hielt ich noch einige Zeit Kontakt. Wir besuchten uns gegenseitig und stellten tatsächlich frappierende Ähnlichkeiten zwischen unseren Kindern fest. Vor allem mein Sohn Noah und Beates Sohn Peer waren sich äußerlich so ähnlich, dass man sie für Geschwister halten konnte. Für uns gab es keinen Zweifel mehr daran, dass Bence mein leiblicher Vater war. Doch das musste nun noch bewiesen werden, und genau diesen Beweis wollte ich antreten.

***

Am Tag nach meiner Unterredung mit Beate im Krankenhaus hockte ich am Küchentisch und versuchte, meine Gedanken zu ordnen, um sie auf Papier zu bringen. Ich hatte beschlossen, Bence einen Brief zu schreiben. Einen Brief konnte man wirken lassen. Er erforderte keine Reaktion innerhalb von Sekunden und würde nicht so bedrohlich wirken, wie das vielleicht bei einem unerwarteten Besuch der Fall sein konnte. Die Erfahrung, die ich in Hagen gemacht hatte, schob ich fürs Erste allein Bences Frau Hermine zu.

Nach Anfangsschwierigkeiten glitt der Kugelschreiber wie von selbst über das Papier. Ich berichtete, was ich erfahren hatte, beschrieb, wie ich Glora und Pypa angerufen hatte und auf Ablehnung gestoßen war, und über die glückliche Fügung, Beate im Krankenhaus kennengelernt zu haben. Ich schrieb Bence von meiner Ähnlichkeit mit Glora und davon, wie ich als Kind hatte leben müssen, vor allem jedoch, dass ich ihn, Bence, gern kennenlernen wolle.

Nachdem ich den Brief zur Post gegeben hatte, wartete ich vergeblich. Nichts passierte. Ich rannte jeden Morgen noch vor dem Frühstück erwartungsvoll hinunter zum Briefkasten, aber der ersehnte Brief kam nicht.

Stattdessen fand ich eines Tages den Brief eines fremden Rechtsanwalts in meiner Post. Noch im Treppenhaus öffnete ich ihn und erschrak. Bence ließ mir durch seinen Anwalt ausrichten, dass ich mit meiner Behauptung, er sei mein Vater, seinen Sohn und seine Tochter sowie mit einem unangemeldeten Besuch ebenso seine Ehefrau belästigt habe. Ferner habe ich bei einer Tante von Bence angerufen und ungarische Behörden mit meiner Behauptung behelligt. Ich solle mich persönlich oder durch einen Rechtsanwalt an Bences Anwalt wenden, damit die Angelegenheit geklärt werden könne.

Mir fehlten die Worte angesichts dessen, was ich da in den Händen hielt. Unfähig, auch nur eine Bewegung zu machen, stand ich eine Weile einfach so da.

Nachdem ich mich wieder ein wenig gesammelt hatte, rannte ich die Treppenstufen hinauf in meine Wohnung. Mit dieser Reaktion hatte ich nicht gerechnet. Voller Wut und Enttäuschung warf ich den Brief in die Ecke. Dass Bence es nicht einmal für nötig befand, mir selbst zu antworten, sondern einen Anwalt damit beauftragt hatte, kränkte mich sehr. Ablehnung – schon wieder. Ich ließ mich auf mein Bett fallen und weinte ins Kissen.

Nach einer Weile richtete ich mich auf und beschloss, etwas zu unternehmen. Rumheulen tat zwar gut, half aber auch nicht weiter. Also machte ich mich frisch und vereinbarte einen Termin mit meiner Anwältin. Alles einfach so stehenzulassen, kam für mich nicht infrage. Jetzt erst recht! Wenn er es so wollte, würden wir eben über unsere Anwälte kommunizieren. Offenbar war ihm nicht im Geringsten klar, wonach ich mich eigentlich sehnte – und das war definitiv nicht sein Geld, sondern etwas völlig anderes.

Durch meine Anwältin ließ ich Bence mitteilen, dass mir nichts ferner läge, als ihn und seine Familie zu belästigen oder zu bedrängen. Frau Rose zählte die Tatsachen auf, die meine Vermutung untermauerten, wonach er mein Vater sei und dass ich ihn gern kennenlernen wolle. Dieses Mal ließ Bences Antwort nicht lange auf sich warten. Er ließ – wiederum durch seinen Anwalt – ausrichten, dass er nicht verstehen könne, warum ich glaube, er sei mein Vater. Er sei verwundert, dass meine Mutter Regine ihn als Vater bezeichnet habe. Es sei das erste Mal, dass er überhaupt davon höre. Erst durch meine Behauptungen gegenüber seinen Familienangehörigen habe er von der vermeintlichen Vaterschaft erfahren. Dies sei doch recht mysteriös. Er schlage vor, das Ehelichkeitsanfechtungsverfahren abzuwarten. Wenn ich an der Auffassung festhalten wolle, Bence sei mein Vater, würde der Rechtsanwalt zu gegebener Zeit die Übersendung einer Urteilsabschrift erwarten. Bence sei gegenwärtig nicht daran interessiert, in persönlichen Kontakt mit mir zu treten.

Nun hatte ich es schwarz auf weiß. Er war ›gegenwärtig nicht interessiert‹. Schmerzhaft wurde mir bewusst, dass ich es mit einem Mann zu tun hatte, der peinlich darum bemüht war, seine heile Welt zusammenzuhalten, in der offensichtlich kein Platz für mich war. *Warum bekomme ich keine Gelegenheit, ein persönliches Gespräch mit ihm zu führen?*, fragte ich mich. Hatte dieser Mann am Ende etwas zu verbergen? Dann würde ich wohl erst die anstehende Gerichtsverhandlung zum Ehelichkeitsanfechtungsverfahren vor dem Amtsgericht Bremen, die für den 15. Dezember 1995 anberaumt worden war, über mich ergehen lassen müssen. Wenigstens war ich hier einen Schritt weitergekommen.

***

Der Gedanke daran, dass ich vor Gericht auf meine Mutter und meinen rechtlichen Vater treffen würde, bereitete mir Bauchschmerzen, und ich nahm die Umgebung kaum wahr. Selbst die mutmachende Inschrift ›Dieses Haus ist gewidmet dem Rechte zum Schutz – dem Bösen zum Trutz‹ auf der Widmungstafel vor dem Gerichtsgebäude vermochte mich nicht zu beruhigen. Ich konnte mir ausmalen, was passieren würde, wenn Regine und Werner sich im Gericht begegneten. Sicher würden sie wie zwei Kampfhähne aufeinander losgehen.

Gott sei Dank blieb mir das erspart. Regine erschien erst gar nicht, sie ließ sich anwaltlich vertreten. Doch Werner kam in Begleitung von Margarete. Humpelnd ging er an mir vorbei und bedachte mich mit einem eiskalten Blick. Er war sichtlich verärgert über die gerichtliche Ladung und schimpfte lauthals vor sich hin.

Ungeduldig wartete ich, bis wir endlich aufgerufen wurden. Ich konnte seinen und Margaretes Anblick nicht ertragen und wollte diese Verhandlung so schnell wie möglich hinter mich bringen.

»In Sachen Schulze bitte eintreten.«

Ich zuckte zusammen und betrat langsam den Gerichtssaal; dabei schaute ich mich fragend um, bis meine Rechtsanwältin mir einen Platz zuwies. Werner humpelte hinterher und polterte los, noch bevor die Verhandlung begann.

»Was soll das hier? Ich bin ein gebrochener Mann und habe nur noch ein Bein, und die da ...«, schimpfte er, drehte sich um und zeigte mit dem Finger auf mich, »... zitiert mich hierher!«

Mit ausgestreckter Prothese ließ er sich auf den Stuhl fallen. Demonstrativ hantierte er am Riegel herum, um das künstliche Knie anzuwinkeln. Er richtete den Blick auf mich; ich las darin nichts als Hass. Es dauerte einen Moment, bis er sich beruhigt hatte. Dann las der Vorsitzende die Klageschrift vor. Als er damit fertig war, schob er seine Brille nach unten und betrachtete mich.

»Frau Schulze, dann erzählen Sie mal. Was hat Sie dazu bewogen, die Vaterschaft von Herrn Jacob anzuzweifeln? Erzählen Sie ein wenig aus Ihrer Kindheit. Wie ist es Ihnen ergangen und was machen Sie heute?«

Mit einem dicken Kloß im Hals berichtete ich, was sich ereignet hatte, und nur mit Mühe konnte ich die aufsteigenden Tränen verbergen. Unterdessen schimpfte Werner immer weiter vor sich hin und trieb es dabei so auf die Spitze, dass er ermahnt werden musste.

»Wissen Sie, Herr Richter«, sagte ich am Schluss meines Vortrages, »ich habe nie einen Vater gehabt. Dieser Mann«, wandte ich mich Werner zu, »hat sich nie um mich gekümmert. Ich wurde mehr schlecht als recht versorgt. Jetzt möchte ich die Wahrheit erfahren und wissen, wo meine Wurzeln sind. Man hat mich bei fremden Menschen aufwachsen lassen!«

Ich zog mir ein Taschentuch aus der Hosentasche und putzte mir die Nase. Gleich darauf wurde Werner aufgefordert, sich zu den Behauptungen zu äußern.

»Ich kann mich nicht mehr erinnern.« Erhobenen Hauptes schaute er sich im Gerichtssaal um. »Ich hatte einen schweren Unfall und lag lange im Krankenhaus, mein Gedächtnis hat gelitten. Wenn ich aber nicht der Vater bin, will ich das Geld zurückhaben, was ich …«, er drehte seinen Kopf in meine Richtung und zeigte wieder mit dem ausgestreckten Finger auf mich, »… in die da investiert habe. Ich weiß auch nicht mehr, ob ich zur Empfängniszeit mit ihrer Mutter Geschlechtsverkehr hatte. Mehr kann ich dazu nicht sagen!«

Seine Worte versetzten mir einen Hieb in die Magengrube. Ich konnte nicht glauben, was ich gerade gehört hatte. Hatte er wirklich nicht gewusst, dass ich nicht seine Tochter war? Hatte er nicht die einst eingereichte Anfechtungsklage zurückgezogen? Nein, sein Gedächtnis hatte nicht gelitten. Das war eine faule Ausrede, um nicht als gehörnter Ehemann vor Gericht dazustehen. Ich ballte meine Hand zur Faust. Am liebsten hätte ich damit laut auf den Tisch geschlagen und dieser Farce ein Ende gesetzt.

Diesen Part übernahm allerdings stellvertretend der Richter, denn die Verhandlung endete zu meinen Gunsten. Bald sollte bewiesen werden, was mir mittlerweile klar war:

Werner Jacob war – zum Glück – nicht mein leiblicher Vater.

4

Schwarz auf weiß

*A*uch wenn Geduld bekanntermaßen eine der himmlischen Tugenden ist, war Warten nicht unbedingt meine Stärke. Ich hatte in meinem Leben einfach schon zu oft auf etwas gewartet. Zum Beispiel darauf, dass Werner eines Tages erkannte, was für eine tolle Tochter er hatte, und mich endlich beginnen würde zu lieben, wenn ich nur alles richtig machte. Das war natürlich nie eingetreten, aber zumindest dieses Kapitel würde ich bald abschließen können. Genau dann nämlich, wenn das Testergebnis vor mir läge.

Doch noch war es nicht so weit und ich würde mich wohl weiter in Geduld üben müssen, so sehr ich das auch hasste. Meine Geduld wurde dieses Mal aber nicht lange auf die Probe gestellt. Schneller als gedacht bekam ich die Einladung zur Blutentnahme.

In der knappen Mitteilung hieß es, dass ich mich am 18. Februar 1996 um 19 Uhr in der Laborpraxis einfinden solle. *Seltsamer Termin*, dachte ich. *Warum an einem Sonntag?*

So ungeduldig ich auf den Termin gewartet hatte, so hilflos fühlte ich mich an dem grauen Sonntagabend, an dem es tatsächlich losgehen sollte. Ein mulmiges Gefühl, das von der Magengegend aus in sämtliche Extremitäten zu krabbeln schien, verstärkte meine Nervosität und war seit dem Vorabend mein ständiger Begleiter gewesen. Auch der einzige übrigens, denn das hier wollte ich unbedingt alleine hinter mich bringen. Wen hätte ich auch mit in das vom Gericht ausgesuchte Labor bringen sollen? Meine Kinder waren noch zu klein und würden mich eher noch mehr verunsichern. *Nein, es ist schon besser so*, dachte ich, als ich meinen kleinen Flitzer vor dem Gebäude parkte, in dem der Test stattfinden sollte.

Langsam öffnete ich die Autotür und zögerte einen Augenblick. Sollte ich noch eine Zigarette rauchen? *Nein*, dachte ich, *ich bringe das jetzt einfach hinter mich.* Ich ärgerte mich über mich selbst, wusste ich doch genau, was bei dem Test herauskommen würde. Warum also reagierte mein Körper nur so nervös darauf? An der Nadel, die mich erwartete, konnte es definitiv nicht liegen. Als angehende Krankenschwester kam ich damit schließlich tagtäglich in Berührung. Nein, es hatte etwas mit dem Testergebnis zu tun, denn das würde mein weiteres Leben bestimmen, und nicht nur meines. *Was, wenn Werner doch mein Vater ist? Was passiert dann?*, grübelte ich. Bis jetzt hatte ich lediglich die Vernehmungsprotokolle in der Hand, die die Geschichte meiner Tante stützten. *Quatsch*, sagte ich mir. *Hör auf, dich verrückt zu machen, es passt alles zusammen. Du bist nicht Werners Tochter. Wenn das Ergebnis endlich feststeht, werden einige Menschen gezwungen sein, endlich die Wahrheit zu sagen. Doch wie wird das wohl für mich werden? Stopp, es reicht! Darüber kannst du dir Gedanken machen, wenn es tatsächlich so weit ist,* ermahnte ich mich selbst.

Ich schüttelte die Gedanken ab und zwang mich energisch zur Ruhe, bis ich die Praxis, die sich in einem kahlen Gebäude aus den Siebzigerjahren befand, erreichte. Bedächtig trat ich an den Empfang und schaute mich fragend um, bis eine Arzthelferin mich ins Wartezimmer bat. Der Raum wirkte ungemütlich. Einfache Stühle standen in Reih und Glied vor einer weißen Wand. *So stellt man sich eine Gefängnispraxis vor*, dachte ich und mir gefiel die Ironie dieses Gedankens. *Ich würde zumindest nicht die Angeklagte sein*, überlegte ich, während sich ein Lächeln auf meinem Gesicht ausbreitete.

»Frau Schulze, bitte kommen Sie mit.« Wortlos folgte ich der großen, schlanken und etwas maskulin wirkenden Frau. Sie hatte kurz geschnittenes dunkles Haar, ihr Gesicht durchzogen einige tiefe Falten. Jetzt würde es also tatsächlich losgehen. »Bitte nehmen Sie Platz, ich erkläre Ihnen jetzt den Vorgang«, sagte die Ärztin.

Zuerst wurden meine Personalien festgestellt. Dann stach sie mir ungeschickt in die Vene und nahm einige Röhrchen Blut ab. Anschließend drückte sie meine Daumen auf ein Stempelkissen. Zuletzt wurde ein Foto von mir gemacht. Dann war es vorbei. Fünf Minuten, ein bürokratischer Akt und eine nüchterne, emotionslose Untersuchung würden über mein weiteres Leben und das von anderen Menschen entscheiden. Ich nahm meine Tasche, griff meine Jacke vom Haken und schloss die Praxistür hinter mir, ohne noch einmal zurückzuschauen. Wieder hieß es warten!

***

»Haben Sie Post für mich?« Dieser Satz wurde zu meinem Standardspruch, wenn mir der Postbote an meinen freien Tagen begegnete. Ich war mir nicht sicher, ob der Briefträger nicht bald versuchen würde, sich vor mir zu verstecken, wenn das so weiter ging. Der arme Kerl schüttelte jedes Mal den Kopf und schien mit der Zeit genauso enttäuscht zu sein wie ich selbst.

Auch an diesem Morgen stellte ich mich schon auf ein »Nein, leider nicht!« ein, doch dieses Mal lächelte mich der Briefträger bereits von Weitem an.

»Für Sie«, sagte er, während er einen großen braunen Umschlag in der Hand hielt. »Sieht wichtig aus.«

Ich riss dem Briefträger das Kuvert förmlich aus der Hand und bedankte mich flüchtig. Absender war das Gericht. So schnell ich konnte, hetzte ich die Treppenstufen zu meiner Wohnung hinauf, dabei rutschte mir der Haustürschlüssel aus der Hand und fiel zwischen den Geländersprossen hindurch bis ins Erdgeschoss. Fluchend lief ich die Treppe wieder hinunter, verstaute den Schlüssel in meiner Hosentasche und machte mich daran, aufs Neue hochzuhasten. Vor meiner Haustür verharrte ich kurz, kramte den Schlüssel aus meiner Tasche, atmete tief ein und aus, steckte den Schlüssel ins Schloss und drehte ihn um.

Und dann las ich, was ich eigentlich längst wusste. Nur dass es jetzt bestätigt war, sozusagen amtsärztlich beglaubigt:

»Der Beklagte Werner Jacob ist in vier von vier untersuchten erblichen Merkmalsystemen des Blutes von der Vaterschaft auszuschließen.«

Ich las den Satz, der mein Leben nun ganz offiziell auf den Kopf stellen würde, ein zweites und ein drittes Mal. Nun hatte ich es schwarz auf weiß. Ich war nicht Werners Kind! Wütend schlug ich mit der Faust auf den Tisch und ging mit meiner jetzt *ehemaligen* Verwandtschaft innerlich ins Gericht. *Was für eine scheinheilige Mischpoke!*, dachte ich.

Nachdem ich mich wieder etwas beruhigt hatte, steckte ich den Brief in den Umschlag zurück, legte ihn in die Schublade und atmete tief durch. Endlich hatte ich den Beweis in der Hand, um Werners Vaterschaft aberkennen lassen zu können. Während der nächsten Tage regelte meine Anwältin sämtliche Formalitäten, die dazu notwendig waren.

∗∗∗

»Ich habe wieder Post für Sie!«, rief der freundliche Briefträger nur ein paar Wochen später und wedelte mit einem Brief, als ich gerade vom Einkaufen zurückkam.

Ich ließ die Einkäufe im Kofferraum liegen und eilte zu ihm.

»Danke, dann brauche ich nachher nicht noch einmal nach unten zu gehen«, freute ich mich und schenkte ihm ein Lächeln.

Neugierig betrachtete ich den Umschlag. Der Brief kam von meiner Rechtsanwältin. Das müsste der gerichtliche Beschluss sein, dachte ich und nahm eilig die Treppenstufen zu meiner Wohnung. Ruckartig zog ich das Schreiben meiner Anwältin sowie den daran gehefteten Beschluss aus dem Umschlag hervor und begann zu lesen. Im Beschluss vom 14. Juni 1996 hieß es, das Rechtsbegehren mit dem Ziel, Werners Vaterschaft aberkennen zu lassen, werde bis zu einer gesetzlichen Neuregelung der Ehelichkeitsanfechtung durch Volljährige ausgesetzt. Laut § 1598 BGB sei ich als Volljährige berechtigt gewesen, innerhalb von zwei Jahren nach Eintritt meiner Volljährigkeit die Ehelichkeit anzufechten. Diese Frist war zum Zeitpunkt der Klageerhebung längst verstrichen, sodass die Anfechtung unzulässig war. Das Bundesverfassungsgericht hatte allerdings im Hinblick auf einen gleichgelagerten Fall entschieden, dass diese Regelung mit dem allgemeinen Persönlichkeitsrecht nicht vereinbar sei. Die Frist für die Anfechtung der Ehelichkeit durch das volljährige Kind dürfe nicht ablaufen, wenn das Kind von den Umständen, die für seine Nichtehelichkeit sprechen, zu diesem Zeitpunkt keine Kenntnis gehabt habe. Nach der aktuellen Gesetzeslage sei den Betroffenen jede spätere Klärung der Abstammung ausnahmslos verwehrt. Das Bundesverfassungsgericht hatte daher den Gesetzgeber unter Einräumung einer Frist bis zum Ablauf der nächsten Legislaturperiode aufgefordert, eine verfassungskonforme Regelung zu erlassen. Und es hatte angeordnet, dass Verfahren wie das vorliegende bis zu dieser gesetzlichen Neuregelung auszusetzen seien.

Was für ein Bürokratendeutsch! Hatte ich das alles auch richtig verstanden? Es würde erst einmal keine Vaterschaftsaberkennung geben? Entsetzt las ich das Schreiben ein zweites Mal und beschloss, meine Rechtsanwältin anzurufen.

»Was hat das zu bedeuten, gesetzliche Neuregelung, Legislaturperiode, was soll das heißen, Frau Rose? Ich verstehe nichts, absolut gar nichts. Warum werden mir solche Steine in den Weg gelegt? Hätte ich das gewusst, hätte ich nie damit angefangen. Was ist das für ein Rechtssystem? Abwarten bis zur nächsten Legislaturperiode. Dann haben wir 2002. Die spinnen doch!«

Nun verlor ich die Fassung, meine Stimme überschlug sich. Die Anwältin hatte alle Mühe, mich zu beruhigen. Sie erklärte mir, was mit dem Beschluss gemeint war.

»Also muss ich mich damit abfinden und womöglich jahrelang warten, bis ich ein Urteil bekomme?«, schniefte ich in den Hörer.

Genauso war es. Frau Rose erklärte mir, es gebe im Moment einfach keine andere Möglichkeit. Ihre Einschätzung traf mich sehr. Enttäuscht legte ich den Hörer auf. Was war das nur für ein Rechtssystem, in dem so etwas möglich war? Mit gesundem Menschenverstand hatte das alles nichts zu tun. Ich würde mich also in Warten üben müssen. Wieder einmal.

5

Bitte, Papa, ich möchte mit dir sprechen

Erneut war einige Zeit vergangen. Neuigkeiten bezüglich meiner Abstammung gab es keine und meine Aussichten, bald etwas vor Gericht bewegen zu können, tendierten gegen null. Ich war immer noch enttäuscht darüber, dass ich gar nichts ausrichten konnte. Meine einzige Chance lag darin, die Zeit und eine eventuell kommende Gesetzesänderung für mich arbeiten zu lassen.

Immerhin stand der lang ersehnte Urlaub endlich vor der Tür und ich freute mich schon sehr darauf. Gemeinsam mit meiner Freundin Marlene und deren Freundin Silke hatte ich für Juli 1996 eine Motorradtour geplant. Das Ziel war Italien und von dort aus sollte es nach Tschechien gehen, wo ein großes Motorradtreffen stattfinden würde, das wir drei gern besuchen wollten. Marlene war fünfzehn Jahre älter als ich. Wir hatten uns vor Jahren beim Motorradfahren kennengelernt und waren Freundinnen geworden. Marlene war ein herzensguter Mensch, allerdings sehr direkt. Da ich das gelegentlich auch sein konnte, verstanden wir uns prima. Sie hatte kurze blonde Haare, eine weibliche Figur und ein einnehmendes Lachen, von dem sie gern Gebrauch machte. Da sie so gut wie immer auf der Suche nach irgendetwas war – Ordnung zu halten, gehörte ebenso wenig zu ihren Tugenden wie Pünktlichkeit –, hatte ich ihr den Spitznamen ›Wuselmarlene‹ verpasst.

Für mich war es gar nicht so einfach gewesen, den Urlaub zu planen, denn es war klar, dass meine Jungs auf dieser Reise nicht dabei sein konnten. Erst nach zähen Verhandlungen hatte sich Stefan bereiterklärt, sie für drei Wochen zu sich zu nehmen. Er drückte sich nicht nur seit Langem um die fälligen Unterhaltszahlungen, sondern war schon überfordert, wenn die drei jedes zweite Wochenende bei ihm sein sollten.

Nun war es geschafft. Es mussten nur noch die letzten Reisedetails geklärt werden, weswegen ich öfter mit Marlene telefonierte. Auch das Thema Vaterschaft kam dabei zur Sprache. Marlene selbst fand die Story merkwürdig bis unverständlich.

»Du«, sagte sie, »ich habe nachgedacht. Eigentlich könnten wir bei Bence vorbeifahren, das liegt doch quasi direkt auf dem Weg. Und ganz ehrlich, ein kleiner Schlenker an den Wörthersee wäre doch was! Klar, da fahren wir hin, und dann werden wir dem mal was erzählen! Der kann einpacken!«, jubelte sie förmlich in den Hörer.

»Sag mal«, empörte ich mich, »spinnst du? Ich fahre da nicht vorbei. Soll ich noch einmal abgewiesen werden? Nein, meine Liebe, das mache ich nicht!«

»Beruhige dich, ich habe es doch nur gut gemeint«, beschwichtigte mich Marlene. »Sieh mal, du hast derart viel Energie da reingesteckt, um ihn zu finden und seinen Wohnort zu erfahren. Da wäre es doch nur logisch, wenn wir zusammen versuchen würden, ihn zu treffen. Warum machst du jetzt einen Rückzieher?«

»Weil ich nicht noch einmal vor verschlossener Tür stehen möchte«, fauchte ich sie an. »Damals in Hagen, das hat mir wirklich mehr als gereicht. Hermine hat mir eine Abfuhr erteilt, die ich so schnell nicht wegstecken konnte! Hast du das vielleicht vergessen?«

»Ach, diese blöde Kuh hat doch nichts zu melden. Die hatte bestimmt nur Angst. Deshalb hat sie dich vom Grundstück gejagt.«

»Also gut, lass mir noch ein bisschen Zeit, ich überlege es mir«, meinte ich resigniert. Ich wollte einfach nur meine Ruhe vor dem leidigen Thema haben, und langsam hatte ich auch genug von Marlenes Überzeugungsversuchen. Diese hatte jedoch nicht vor, mich so leicht vom Haken zu lassen.

»Ja, aber überleg nicht zu lange. Die Chance würde ich an deiner Stelle wahrnehmen.«

Auch wenn ich froh war, als das Gespräch endlich beendet war, Marlenes Worte hatten die beabsichtigte Wirkung nicht verfehlt. Je länger sie in meinem Kopf arbeiteten, desto weniger absurd fand ich ihren Vorschlag, einfach unangemeldet bei Bence vorbeizufahren. Vielleicht hatte ich ja damals einfach Pech gehabt, und alles wäre ganz anders gekommen, wenn statt seiner Frau Bence selbst die Tür geöffnet hätte? Ach, wer wusste das schon so genau.

Kommt Zeit, kommt Rat, redete ich mir gut zu und musste angesichts dieses alten Sprichworts schmunzeln. Manchmal waren diese Bauernweisheiten einfach Volltreffer. Wahrscheinlich hatten sie sich genau deshalb Jahrhunderte lang in die Köpfe der Menschen eingebrannt.

***

49

Die kommenden Wochen würden mir gehören, mir ganz allein. Keine Verantwortung außer der für mich und mein Motorrad. Was für ein wundervolles Gefühl!

Pünktlich traf ich auf dem vereinbarten Parkplatz ein. Von Marlene war weit und breit nichts zu sehen, womit ich natürlich schon gerechnet hatte. Aber Silke, eine alleinstehende, emanzipierte, etwas maskulin wirkende, sehr sympathische Frau, kam einige Minuten später um die Ecke gebraust. Eine gute Gelegenheit, dachte ich und nutzte die Zeit, bis Marlene eintraf, um Silke meine Geschichte zu erzählen. Sie sollte erfahren, was sich bisher ereignet hatte, denn letztendlich hatte ich mich doch dazu entschlossen, Bence einen Besuch abzustatten.

Nachdem Marlene mit der obligatorischen Verspätung eingetroffen war, machten wir uns bei strahlendem Sonnenschein auf den Weg. Ein lustiges Gespann begleitete mich – zwei Frauen, die beide etwa fünfzehn Jahre älter waren als ich, deren Herzlichkeit und Fröhlichkeit jedoch immer wieder ansteckend wirkte.

Zwei Tage später hatten wir den Wörthersee erreicht; eingebettet in die Berge glitzerte er im Sonnenschein und seine Schönheit raubte uns fast den Atem.

»Meine Güte, ist das schön«, entfuhr es Marlene.

Ich antwortete nicht. Ich hatte mich auf eine Bank gesetzt und betrachtete den See. Dabei dachte ich an Bence und versuchte mir krampfhaft vorzustellen, wie er wohl aussehen würde.

Marlene und Silke nahmen die Landkarte und breiteten sie auf dem Motorradsitz aus. Während ich weiter meinem Hirngespinst nachging, suchten die beiden den Campingplatz, den wir uns vorher für die Nacht ausgesucht hatten. Von dort aus war es nur noch ein Katzensprung zu Bence.

Nach einiger Zeit gesellte ich mich zu ihnen und warf einen Blick auf die Karte.

»Wir müssen da rüber und dann direkt am See entlang fahren. Da müsste dann der Campingplatz liegen«, mischte ich mich ein und fuhr mir nervös mit den Händen durchs Haar. »Kommt, lasst uns fahren, ich muss aus meinen Klamotten raus.«

Ich benutzte eine Ausrede, um meine Aufregung zu verbergen. Nur noch ein paar Kilometer trennten mich davon, endlich mit Bence sprechen und ihm meine Fragen stellen zu können.

Als ich auf mein Motorrad stieg, fragte ich mich, ob ich Antworten bekommen würde.

Der Campingplatz lag auf einer Seite direkt am See und auf der anderen an der Straße, die auch zu Bence Horváths Haus führte. Nachdem wir ihn erreicht hatten, schlugen wir schnell unsere Zelte auf.

»Hast du dir schon Gedanken darüber gemacht, was ist, wenn er nicht da ist oder wenn er nicht mit dir sprechen möchte und dich abweist?«, fragte mich Marlene, während sie ihre Luftmatratze aufblies. Ihre Direktheit erwischte mich eiskalt, doch ich wollte mir unter keinen Umständen vor meinen Freundinnen eine Blöße geben. »Nichts, was soll sein? Ich weiß es nicht. Darüber mache ich mir jetzt keine Gedanken. Lass uns erst einmal hochfahren, dann sehen wir weiter«, antwortete ich knapp.

Die Hitze war unerträglich, deshalb verzichtete ich auf meine Lederhose. Ich streifte mir meine Jacke über und setzte mich auf die Honda. Ich hatte keinerlei Alpenerfahrung, schaffte es aber, mich und mein Motorrad heil über die Serpentinen zu führen. Auf der Fahrt musste ich mich so konzentrieren, dass ich die Landschaft kaum eines Blickes würdigen konnte. Vor einer Gastwirtschaft am Ende des kleinen, malerischen, nicht mal tausend Einwohner zählenden Ortes machten wir Halt.

»Puuh, geschafft«, stöhnte ich, öffnete den Verschluss meines Helms und streifte ihn ab. Ich gönnte mir eine kurze Pause. »Ich muss mich erst einmal erholen; ich kann nicht mehr und ich kann auch nicht mehr klar denken. Ich fahre da nicht hin!«

»Spinnst du? Na klar fährst du dahin. So viel Mühe für nichts geht gar nicht. Setz dich erst einmal hierher.« Marlene zog mich am Arm und drückte mich sanft auf die Bank, die neben dem Eingang der Gaststätte stand.

Silke gab Marlene recht und setzte sich dazu. Eine Weile zogen wir alle schweigend an den Zigaretten. Nachdem ich aufgeraucht hatte, ging ich zielstrebig zur Gaststätte. Marlene und Silke folgten mir. Vorsichtig öffnete ich die knarrende Tür. Mir kam ein moderiger Geruch entgegen und am liebsten wäre ich rückwärts wieder aus dem Lokal verschwunden. Doch im selben Augenblick schaute ein älterer Mann neugierig um die Ecke, der beinahe dem Alm-Öhi aus der Schokoladenwerbung glich. Er fragte im Dialekt, was er für uns tun könne. Dabei sah er mich und meine Freundinnen ziemlich entgeistert an.

»Entschuldigung«, stammelte ich, »wir haben uns wohl etwas verfahren. Können Sie uns sagen, wo Bence Horváth wohnt?«

Der Mann musterte uns, als seien wir von einem anderen Planeten. Vermutlich waren wir ihm nicht wirklich geheuer, vor allem weil wir ohne Herrenbegleitung auf dem eigenen Motorrad unterwegs waren. Zumindest verkniff er sich jedoch die Frage, was wir von Bence wollten. Er drehte sich um und zeigte in exakt die Richtung, aus der wir gekommen waren. Wir sollten wieder zurückfahren und in der nächsten Kurve in den kleinen Weg einbiegen. Dort wohne Bence.

Freundlich bedankte ich mich, verließ den Gastraum und ging auf mein Motorrad zu.

»Warte!« Marlene griff nach meinen Arm und zwang mich, innezuhalten. »Lass uns doch noch einen Augenblick hierbleiben. Eine kleine Pause täte uns allen gut.« Sie sah mich an, schlang ihre Arme um mich und zog mich an sich. Marlene war nicht verborgen geblieben, dass meine Nerven inzwischen blank lagen.

»Gut, ich würde auch gern noch eine Zigarette rauchen. Aber wenn ich aufgeraucht habe, fahre ich runter und ihr wartet hier, bis ich wieder da bin«, sagte ich, während ich mich aus Marlenes Arm löste und nach meinem Zigarettenpäckchen und dem Feuerzeug kramte.

»Meinst du nicht, dass wir mitkommen sollten?«, fragte Marlene und blickte mir besorgt in die Augen.

»Nein. Es ist lieb gemeint, aber das möchte ich alleine hinter mich bringen.«

Ich drückte meine Zigarette aus und setzte mir den Helm auf den Kopf. Marlene warf mir unterdessen einen Blick zu, der mich deutlich erkennen ließ, dass sie mir keine Sekunde lang die taffe, abgeklärte Haltung abnahm, die ich in den letzten Minuten vorzutäuschen versucht hatte. Meine mühsam aufrechterhaltene Beherrschung schien sich mit einem Schlag in Luft aufzulösen. Rasch legte ich den ersten Gang ein, wandte mich von Marlene ab und fuhr los, während Silke und Marlene mir nachblickten und Marlene, so viel konnte ich im Rückspiegel sehen, resigniert mit den Schultern zuckte.

Nach einigen hundert Metern hatte ich mein Ziel erreicht. Ich drehte den Zündschlüssel um und stellte mein Motorrad vor dem großen Eisentor ab, das Bences Grundstück sicherte. Ich streifte mir meinen Helm vom schweißnassen Kopf und blickte mich verstohlen um. Rechts neben dem Tor versperrten zwei große Garagen den Blick. Dahinter konnte ich ein Gebäude erspähen, aber die vielen gepflegten Pflanzen im Garten verbauten mir die weitere Sicht. Ein kleiner Wanderweg führte rechts an seinem Grundstück vorbei, vermutlich zum See. Mutig tastete ich mich ein Stück auf dem Weg entlang, aber auch von hier aus war nicht wirklich etwas vom Rest des Grundstücks zu erkennen. Die Sicht wurde mir durch hochgewachsene Büsche und Bäume genommen. Langsam ging ich zurück. Mir wurde kalt, obwohl es glühend heiß war. Die Erinnerung an die schmerzhafte Begegnung mit Hermine Horváth in Hagen kroch in mir empor.

Ich legte meinen Zeigefinger auf den Klingelknopf, entschlossener als in Hagen. Als ich das freundliche »Ja bitte?« meines vermeintlichen Vaters vernahm, wäre ich am liebsten davongelaufen. Ein eiskalter Schauer rieselte meinen Rücken hinab.

Ich schluckte und brauchte einen Moment, bevor ich losstammelte:

»Ich bin's, Sophie. Bitte, ich möchte mit dir sprechen.« Meine Kehle, die sich schon vor Minuten zugeschnürt hatte, brannte. Bences Stimme, die eben noch weich und warm geklungen hatte, erhob sich und wurde laut. Alle Hoffnungen, die ich mir vor dem Besuch gemacht hatte, wurden im nächsten Moment durch ihn jäh zerstört. Bestimmend und emotionslos erklärte er mir durch die Sprechanlage, dass er nicht mit mir sprechen wolle und sich weitere Besuche von mir verbitte. Sein Anwalt würde die Angelegenheit regeln. Seine Worte nahmen mir fast die Luft zum Atmen.

»Aber, ich möchte doch wirklich nur mit dir sprechen!« Tränen liefen über meine Wangen und ich bettelte:»Bitte hör mir doch einfach nur einen Moment zu.«

Gespannt starrte ich auf die Sprechanlage und lauschte. Aber ich hörte nichts mehr. Bence hatte den Empfang unterbrochen. Ich konnte nicht glauben, was eben geschehen war. Für einen Augenblick stand ich noch da und hoffte, er würde sich noch einmal melden. Aber je länger ich dort stand, desto mehr fühlte ich, wie Wut in jede einzelne Pore meines Körpers kroch. Die Erfahrung, die ich gerade machte, hatte die aus Hagen mit ein paar Sätzen getoppt.

Ich ging zu meinem Motorrad und zwang mich, nicht in Tränen auszubrechen. *Reiß dich zusammen!*, mahnte ich mich zur Ruhe. Ich stülpte mir den Helm wieder auf, setzte mich auf mein Motorrad und startete den Motor. Demonstrativ ließ ich ihn aufheulen und fuhr wütend, aber vor allem tief verletzt davon.

»Er hat mich nicht reingelassen und mich an der Sprechanlage abgefertigt. Ich hatte überhaupt keine Chance. Er wünscht kein Gespräch, alles andere regelt sein Anwalt und er verbittet sich weitere Besuche von mir.« Ich schluchzte und sank auf die Bank vor der Gaststube, auf der Marlene und Silke auf mich gewartet hatten. Ich hatte das Gefühl, ich müsse ersticken.

»Was für ein Arschloch!«, fluchte Marlene. Sie hatte Mühe, sich zu beherrschen. Aufgebracht lief sie hin und her.»Ich fahre da jetzt runter. Der kann was erleben, was bildet der sich ein? Wie kann der Mann seine eigene Tochter so abfertigen, ich fasse es nicht!«

Wortlos beobachtete Silke die Szene und setzte sich zu mir; sie nahm mich in den Arm und spendete mir Trost.

»Bitte, ich möchte nur noch weg hier.« Ich konnte den Anblick des malerischen Sees, Bences Zuhause, einfach nicht länger ertragen. Die Entscheidung, Bence zu besuchen, bereute ich zutiefst. Ich hätte es besser wissen müssen.

Nachdem wir den Campingplatz erreicht hatten, verkroch ich mich in mein Zelt und wollte einfach nur meine Ruhe haben. Marlene und Silke kümmerten sich in der Zeit um das Abendessen. Doch weder der Duft des frischen Essens noch Marlenes und Silkes Versuche, mich zum Rauskommen zu bewegen, konnten mich davon überzeugen, mein Zelt zu verlassen. Es war schließlich Marlene, die den Reißverschluss öffnete und sah, wie ich zusammengekauert auf meiner Luftmatratze lag und weinte.

»Komm, Sophie, der Mann ist es nicht wert, dass du um ihn weinst. Wir haben Essen vorbereitet. Bitte komm raus!«

Ich schniefte, überlegte kurz, kroch dann schließlich heraus und hockte mich zu meinen Freundinnen, die sich viel Mühe mit dem Abendessen gemacht hatten. Mein Blick wanderte zu einer Dose Bier. Ich riss an der Lasche und trank in einem Zug die Dose leer.

»Vielleicht war er einfach nur überrascht. Ich meine, auf einmal stehe ich vor seiner Tür.« Verlegen drehte ich die leere Dose in meinen Händen. »Er ist bestimmt nicht so übel. Ich werde es morgen noch einmal versuchen.«

»Das machst du nicht!«, sagte Marlene bestimmt. »Das kommt überhaupt nicht mehr infrage! Versuch dich zu beruhigen. Lass deine Anwältin das regeln! Du kannst hier nichts mehr ausrichten, so schrecklich ungerecht das auch ist. Der Typ benimmt sich wie der letzte Mensch, tu dir das nicht länger an. Morgen wird er sich nicht anders verhalten als heute. Wir werden morgen unseren Weg fortsetzen, damit du auf andere Gedanken kommst, und versuchen, unseren Urlaub zu genießen. Den haben wir uns alle verdient, besonders du und jetzt erst recht!«

Nach einer für mich schlaflosen Nacht räumten wir am nächsten Morgen schnell das Feld. Mein Kopf war leer. Alles, was ich tat, geschah automatisch und roboterhaft. Ich hatte das Gefühl, von außen auf mich selbst zu schauen, und war erstaunt, wie effizient die Frau, die ich da beobachtete, sein konnte.

Mein anderes *Ich* setzte sich auf das Motorrad und machte sich tatsächlich mit Marlene und Silke auf den Weg zum nächsten Ziel der Reise. *Es ist schon bewundernswert, wie man in einer solchen Situation immer noch funktionieren kann*, dachte ich, obwohl der Schmerz, den Bences Verhalten in mir verursacht hatte, so groß war, dass ich es selbst kaum glauben konnte. Jede einzelne Faser meines Körpers tat weh. Ich fühlte mich, als versuchte irgendetwas, mich von innen heraus in zwei Stücke zu reißen. *Den Urlaub genießen*, hatte Marlene gestern gesagt. Ich lachte bitter auf. Ich würde gar nichts genießen. Der Urlaub war vorbei, ehe er begonnen hatte.

***

Ein paar Wochen nach meiner Rückkehr erhielt ich ein Schreiben meiner Rechtsanwältin. Mit einem mulmigen Gefühl in der Magengegend öffnete ich den Brief. Sie schickte mir ein Schreiben von Bences Anwalt, datiert vom 02. August 1996, mit dem er mich aufforderte, ihm zu gegebener Zeit das Urteil über das Ehelichkeitsanfechtungsverfahren, meine Geburtsurkunde und die Auszüge aus den Jugendamtsakten mit den Aussagen meiner Mutter zu übersenden. Ferner teilte er mir mit, dass das Blutgruppengutachten zwar beweisen mochte, dass Werner nicht mein Vater sei, dies allerdings nicht automatisch bedeute, dass Bence Horváth nun als Vater in Betracht komme. Nach Abschluss des Ehelichkeitsanfechtungsverfahrens und Erhalt des Urteils würde man auf die Angelegenheit zurückkommen.

Was für ein Spiel spielte Bence da mit mir? Wollte er nun doch einlenken und mit mir sprechen? Nervös ging ich in der Küche auf und ab. Ich sollte ein Urteil schicken? Von welchem Urteil sprach der Anwalt da? Ich hatte kein Urteil, die gesetzliche Neuregelung war noch nicht beschlossen. Wusste er etwas, von dem ich noch nichts mitbekommen hatte? Steckte etwas anderes dahinter? Rechtlich gesehen war Werner ja immer noch mein Vater. *Da ist etwas faul*, dachte ich. Sollte das nicht auch meine Anwältin wissen?

Ich verstand die Welt nicht mehr, bis ich schließlich den Hörer in die Hand nahm und meine Anwältin anrief. Ich bat Frau Rose, dem Anwalt meines vermeintlichen Vaters alle vorhandenen Unterlagen zu übersenden.

6

Ein unmoralisches Angebot

Nach all den bitteren Erfahrungen hatte ich die feste Absicht, mich mehr auf meine Kinder und mein nächstes Ausbildungsjahr zu konzentrieren.

Hätte ich nicht eines Morgens ein Schreiben von meiner Rechtsanwältin im Briefkasten gefunden, hätte ich dieses Vorhaben vielleicht auch umsetzen können.

Frau Rose hatte im April 1997 Klage auf Feststellung der Vaterschaft von Bence Horváth beim Amtsgericht Bremen erhoben. Dabei berief sie sich auf Ausnahme- und Präzedenzfälle, bei denen die Nichtehelichkeit ebenfalls nicht vorher festgestellt worden war.

Die Klage wurde abgewiesen. In der Begründung hieß es unter anderem: »Der Antrag ist abzulehnen, weil die Klage keine hinreichende Aussicht auf Erfolg hat. Die Möglichkeit, eine Vaterschaft festzustellen, ist an die Aufhebung der Ehelichkeit gebunden.«

Ich musste mich damit abfinden, dass es keine Möglichkeit gab, Bences Vaterschaft noch vor einer Gesetzesänderung hinsichtlich der Ehelichkeitsanfechtung feststellen zu lassen. *Es soll so sein*, dachte ich und ließ den Dingen erst einmal ihren Lauf. Stattdessen fokussierte ich mich nun auf mein Examen.

***

Es war früher Nachmittag, ich hatte es mir mit meinen Kindern auf dem Sofa gemütlich gemacht. Ich lernte für eine Anatomieklausur, während die Kinder fernsahen. Meine Anwältin rief an:

»Herr Horváth zeigt Verhandlungsbereitschaft. Bitte kommen Sie morgen um drei Uhr zu mir in die Kanzlei.«

Verhandlungsbereitschaft? *Was hat das nun wieder zu bedeuten?*, fragte ich mich und fuhr am nächsten Nachmittag mit gemischten Gefühlen zur Kanzlei. Ohne warten zu müssen, wurde ich in das Besprechungszimmer geführt, wo ich freundlich von meiner Rechtsanwältin empfangen wurde. Sie teilte mir mit, dass Bence mir 62.500 Mark anbiete, falls ich im Gegenzug einen notariellen Vertrag unterzeichnen würde. Dieser sah vor, dass ich nach Erhalt des Geldes im Gegenzug auf mein Erbrecht und das Recht auf die Feststellung der Vaterschaft verzichten würde. Auch dürfe ich das Vaterschaftsfeststellungsverfahren nicht weiter betreiben. Ebenso dürfe ich nicht an Bences Kinder, deren Abkömmlinge und Bences Frau herantreten. Mit Unterzeichnung des Vertrages würde ich demzufolge alle Rechte abtreten.

Nachdem Frau Rose ihre Erklärung abgeschlossen hatte, lehnte ich mich in meinen Stuhl zurück und verschränkte trotzig die Arme.

»Er möchte mir eine Abfindung anbieten?« Energisch schüttelte ich den Kopf und mein Pferdeschwanz hüpfte dabei hin und her. »Das kommt für mich nicht infrage; ich lasse mich doch nicht kaufen! Nein, Frau Rose, das werde ich auf keinen Fall so akzeptieren!«

Die Anwältin beugte sich nach vorne und sah mich eindringlich an.

»Meiner Meinung nach sollten Sie Ihre Lage überdenken. In der jetzigen rechtlichen Situation ist eine Ehelichkeitsanfechtung nicht möglich. Es kann noch Jahre dauern, bis es zu einer gesetzlichen Neuregelung kommt. Erst dann kann das Vaterschaftsfeststellungsverfahren weiter betrieben werden. Sie sind alleinerziehende Mutter von drei Kindern. Ihre finanzielle Situation ist nicht die beste. Sie kennen doch das Sprichwort ›Lieber den Spatz in der Hand als die Taube auf dem Dach!‹«

»Was soll ich? Ich soll Geld von diesem Mann nehmen? Mir geht es nicht um Geld! Ich will doch einfach nur wissen, ob dieser Mann wirklich mein Vater ist.«

»Lassen Sie das erst einmal sacken und wir telefonieren nächste Woche noch einmal. Ich werde ein Schriftstück aufsetzen und mich noch einmal an den Rechtsanwalt der Gegenpartei wenden«, schlug Frau Rose vor, die offenbar nicht wirklich verstand, worum es mir ging. Wie auch, vermutlich konnten in der Tat nur wenige Menschen nachempfinden, wie ich mich fühlte. Obwohl mir das durchaus klar war, trug es nicht wirklich dazu bei, mich weniger wütend zu machen.

Kühl verabschiedete sich Frau Rose, die meine Wut weder nachvollziehen konnte noch Verständnis dafür hatte, und ließ mich mit den neuen Informationen allein. Aus ihrer Sicht war Bences Vorschlag ein gutes Angebot, auf das man sich einlassen sollte – natürlich mit ein wenig Verhandlungsgeschick, sprich mit dem Versuch, noch mehr Geld herauszuschlagen. In meinen Augen war es allerdings nichts dergleichen. Ich war schon wieder zurückgewiesen worden, und das schmerzte mich mehr, als ich vor anderen zugegeben hätte.

Aufgewühlt verließ ich die Kanzlei, lief hastig zu meinem Auto und setzte mich hinein. Gerade erst hatte ich mich mit der Situation halbwegs abgefunden, und nun das. Verstohlen wischte ich mir einige Tränen aus dem Gesicht und fuhr nach Hause, wo ich sofort zum Telefon griff und Marlene anrief.

Während ich das Angebot als zutiefst unmoralisch empfand, betrachtete Marlene es zu meiner Überraschung äußerst rational.

»Sophie, jetzt mal ehrlich, was hast du denn anderes erwartet? Dass er dich mit offenen Armen empfängt, dich als seine Tochter annimmt und ihr plötzlich eine große glückliche Familie seid? Denk doch mal gründlich nach. Deine Anwältin hat recht! Du bist alleine mit den Kindern und nicht auf Rosen gebettet. Ich an deiner Stelle würde das Angebot annehmen!«

»Aber«, empörte ich mich, »ich möchte doch mit ihm sprechen, ich möchte so viele Dinge erfahren, angefangen damit, dass er mir vielleicht erklären könnte, wie es eigentlich dazu kam, dass es mich überhaupt gibt. Er war ja schließlich verheiratet und hatte schon eine Tochter, als er mit meiner Mutter zusammen war. Ich habe so viele Fragen, Marlene, und ich habe auch ein Recht darauf, dass sie beantwortet werden, findest du nicht?«

»Natürlich hast du ein moralisches Recht darauf, aber was hilft dir das? Scheinbar hat er kein Interesse an dir. Er will seine Ruhe und kauft sich frei. Dann doch lieber so, wie deine Anwältin meint, besser den Spatz in der Hand als die Taube auf dem Dach! Etwas anderes kannst du von ihm nicht erwarten! Überlege es dir und wir telefonieren noch mal. Ich muss jetzt leider los, meine Kundin wartet auf ihre Fußpflege.«

»Ich melde mich heute Abend noch einmal, bis dahin muss ich das erst einmal sacken lassen.«

Bedrückt legte ich den Hörer auf. Keiner verstand mich. Warum machte sich dieser Mann nicht einmal die Mühe, mich kennenzulernen? Ich sollte schließlich seine Tochter sein! Wie konnte er kein Interesse an mir haben? Ich war selbst Mutter und würde mir ein Bein ausreißen, wenn ich in seiner Situation wäre und die gleiche Chance bekäme, die ich ihm nun schon mehrmals geboten hatte. Und er? Er wollte mich nicht einmal wahrnehmen, obwohl er gar nichts tun müsste, außer mit mir zu reden. Ich hätte ihm die Hand gereicht und ihm alles verziehen, wenn er sich einfach nur mit mir getroffen hätte. Es war unfair! So unglaublich unfair und so unverständlich. Sollte er sich doch zum Teufel scheren! Und sein Blutgeld wollte ich auch nicht. *Das kann er sich gepflegt in den Hintern schieben. Ich bin mein Leben lang ohne ihn klar gekommen und werde es auch weiterhin.*

Dann eben nicht. Er wird schon sehen, was er davon hat, fluchte ich im Stillen. Nur die Hand würde ich ihm nicht mehr reichen, das war vorbei! Jawohl, für immer vorbei.

Nur ein paar Tage später hielt ich das Schriftstück in den Händen, das meine Anwältin aufgesetzt hatte. Sie nahm Bezug auf ein mit Bences Rechtsanwalt geführtes Telefonat und gab an, dass sie die Angelegenheit mit mir inzwischen ausführlich erörtert habe. Frau Rose teilte mit, dass ich mit der Suche nach meinem leiblichen Vater durchaus die Absicht verbunden habe, mit diesem Kontakt aufzunehmen und möglicherweise auch familiäre Beziehungen zu pflegen. Insbesondere weil das Verhältnis zum rechtlichen Vater nie sehr gut gewesen sei und ich eine schlechte Kindheit bei diesem gehabt habe. Dass aufseiten des gegnerischen Mandanten keinerlei Bereitschaft bestünde, Kontakt mit seiner vermeintlichen Tochter zu pflegen, selbst wenn sich herausstellen sollte, dass ich tatsächlich von ihm abstamme, schmerze mich sehr, besonders weil ich ebenfalls Kinder habe, drei Söhne, die den echten Großvater gern kennenlernen würden. Da Herr Horváth aber offensichtlich keine moralische Verpflichtung seinerseits verspüre oder je verspürt habe, sich während deren Kindheit um ihre Mandantin zu kümmern, würde diese sich notgedrungen mit seinem Vorschlag einverstanden erklären, die Angelegenheit durch die Zahlung eines Geldbetrages aus der Welt zu schaffen. Allerdings müsse über die Höhe der Abfindung noch einmal gesprochen werden, denn gemessen am Vermögen meines mutmaßlichen Vaters sei das vorliegende Angebot so nicht akzeptabel.

Empört legte ich das Schriftstück zur Seite. Mir ging das Gespräch mit meiner Rechtsanwältin durch den Kopf.

Über das, was in diesem Brief stand, hatten wir so nie gesprochen. Ich wollte kein besseres Angebot. Warum schrieb meine Anwältin so etwas? Ich strich mir eine Haarsträhne aus dem Gesicht, griff zum Telefonhörer und wählte ihre Nummer. Frau Rose teilte mir mit, dass es ihre Absicht sei, so viel wie möglich für mich herauszuholen. Wenn Bence mich schon nicht als Tochter akzeptiere, dann solle er wenigstens tief in die Tasche greifen.

Kurze Zeit später kam die Antwort von Bences Rechtsanwalt. Der Brief enthielt die Feststellung, dass Bence zwar gegebenenfalls zur Kenntnis nehmen müsse, mein biologischer Vater zu sein, dies aber bisher völlig offen sei. Bisher stünde lediglich fest, wessen Kind ich *nicht* sei. Es gebe nun zwei Möglichkeiten: Entweder würde ich die angebotene Abfindung so annehmen oder bis zum Tode des vermeintlichen Vaters keinen Pfennig erhalten. Herr Horváth würde durch die in solchen Fällen üblichen Vorkehrungen dafür Sorge tragen, dass ich schließlich gar nichts erhielte. Er sei in zweiter Ehe verheiratet und habe aus der ersten Ehe drei Kinder. Eine förmliche

Enterbung würde bedeuten, dass ich lediglich den Pflichtteil bekäme. Im Vergleich dazu sei das, was ich als Almosen bezeichnen würde, ein mehr als großzügiges Angebot. Ich möge mir das noch einmal sehr gründlich überlegen.

Nun setzte er mich also auch noch unter Druck. Mit voller Wucht feuerte ich den Brief in eine Ecke und spürte wieder einmal, wie die Wut in mir emporkroch. *Der kann mich mal!* Wie konnte ein Mensch nur so grob und herzlos sein. Mit einem Satz sprang ich auf, öffnete das Küchenfenster und sog die frische Luft von draußen ein. Ich musste mit jemandem reden, sonst würde ich noch verrückt.

Schnell wählte ich Marlenes Nummer. Bevor Marlene etwas sagen konnte, erzählte ich ihr, was geschehen war, bis ich ihr schließlich den Brief des Rechtsanwalts vorlas. Ihre Meinung zu der ganzen Sache war recht eindeutig.

»Von diesem Mann hast du nichts Besseres zu erwarten, und genau aus diesem Grund nimmst du das Geld. Vergiss die ganze Sache und ihn dazu, und kämpfe nicht weiter um seine Zuneigung. Das hast du gar nicht nötig!«

»Aber Marlene!«

»Vergiss es! Oder soll ich noch deutlicher werden?«

»Nein, Marlene, wahrscheinlich hast du recht«, gab ich kleinlaut zu. Vermutlich lag sie vollkommen richtig mit ihrer Einschätzung, aber das zu akzeptieren, fiel mir sehr schwer.

Der notarielle Termin wurde für Mitte Dezember anberaumt. Eine Mitarbeiterin der Kanzlei, die keine Miene verzog und etwas unnahbar wirkte, führte mich in den Besprechungsraum. Frau Rose und eine weitere Angestellte traten ein.

»Frau Gülcan vertritt Herrn Bence Horváth«, stellte Frau Rose die anwesende Dame vor, die mir zur Begrüßung nur kurz zunickte; dabei blickte sie mich nicht einmal an.

Sie erklärte mir kurz die Vorgehensweise und las den Vertrag vor. Ich nahm nur Bruchstücke davon wahr. Der Sachverhalt sei der folgende: Ich halte Bence für meinen Vater. Das betriebene Vaterschaftsfeststellungsverfahren gegen Bence sei allerdings gescheitert. Daher würde man sich zur Vermeidung weiterer Gerichtsverfahren und Rechtsunsicherheiten nun vergleichen. Bence würde an mich einen Abfindungsbetrag von DM 62.500,00 (zweiundsechzigtausendfünfhundert Deutsche Mark) zahlen. Im Gegenzug würde ich mich verpflichten, weder die von mir behauptete Vaterschaft amtlich feststellen zu lassen noch eine Klage einzureichen, die das Ziel habe, die Vaterschaft oder die Abstammung feststellen zu lassen. Außerdem sei mir untersagt, weiterhin die Behauptung aufzustellen, Bence sei mein Vater (Erzeuger), ich stamme von ihm ab bzw. seine Kinder seien meine Geschwister. Ich dürfe seine Ehefrau, seine Kinder und Schwiegerkinder sowie deren Abkömmlinge nicht mehr mit meinen Angelegenheiten behelligen, sie anrufen, geschweige denn aufsuchen oder anderweitig belästigen. Würde ich gegen diese Vereinbarung verstoßen, habe das eine Konventionalstrafe von DM 10.000,00 (zehntausend Deutsche Mark) zur Folge. Das Recht von Bence oder seinen Rechtsnachfolgern, mich auf Unterlassung zu verklagen, bliebe dabei unberührt. Ich würde keine weiteren Abfindungen erhalten und müsse mich – und dies gelte auch für meine Angehörigen – mit der einmaligen Zahlung des genannten Betrages abfinden. Insbesondere würde ich damit auf sämtliche Unterhalts- und künftige erbrechtlichen Ansprüche verzichten. Die Anwesenden erklärten, dass sie anwaltlichen Rat in Anspruch genommen hätten und die Notarin alle Beteiligten über die Auswirkungen dieses Vergleiches belehrt habe.

Starr saß ich auf meinem Stuhl. Krampfhaft versuchte ich, den Inhalt des Verlesenen zu verstehen, aber es gelang mir nicht wirklich. Ich war viel zu gelähmt von der Nüchternheit, mit der die Anwälte einen Vertrag vortrugen, der mir für den Rest meines Lebens den Umgang mit meiner tatsächlichen Familie verbot. Geistesabwesend nickte ich auf die Frage, ob ich alles verstanden habe. Wortlos wurde mir ein Kugelschreiber gereicht. Ich dachte an Bence. Er hatte sich freigekauft. Selbst heute war er nicht erschienen. Würde ich meinen Vater jemals sehen? Apathisch unterschrieb ich den Vertrag.

»Herzlichen Glückwunsch, dann können Sie bald mit der Zahlung eines nicht unerheblichen Geldbetrages rechnen.« Meine Rechtsanwältin holte mich in die Realität zurück.

Was sagte sie da? Herzlichen Glückwunsch? *Wozu gratuliert sie mir? Dafür, dass sich mein möglicher Erzeuger freigekauft hat?*, waren meine Gedanken, als ich verstört die Kanzlei verließ. Enttäuscht lief ich zu meinem Wagen und kauerte mich im Sitz zusammen. *Nun hat er es also geschafft. Er ist mich los, für alle Zeiten ist er mich los.*

Ich wollte nur noch eins: vergessen!

7

Eine erneute Fügung

Zweiundsechzigtausendfünfhundert Deutsche Mark waren auf meinem Konto eingegangen. Schmutziges Geld, wie ich mir selbst immer wieder vor Augen hielt. Doch eine gute Seite hätte das Ganze. Schon länger spielte ich mit dem Gedanken, meine Eigentumswohnung zu verkaufen. Die Umgebung, in der wir wohnten, war nicht die beste, und ich wollte meine Kinder nicht länger in dieser gewalt- und aggressionsbetonten Gegend aufwachsen lassen. Schließlich war ich hier großgeworden und konnte mich nur zu gut erinnern an die von Alkohol und Kleinkriminalität geprägte Atmosphäre sowie das permanente Gefühl, bedroht zu sein. Die Chance für einen Neuanfang war nun gekommen.

Das Geld war jedoch schneller ausgegeben, als ich vorher geglaubt hatte. Ich hatte mein völlig überzogenes Konto ausgeglichen, für die Kinder neue Möbel und mir ein dringend benötigtes neues Auto gekauft sowie die Vorfälligkeitsentschädigung geleistet, die beim Verkauf meiner Wohnung angefallen war. Erneut fiel mir eine alte Weisheit ein: ›Wie gewonnenen, so zerronnen‹; aber diesmal passte der kluge Spruch nicht ganz zur Situation. Denn weder war Bences Judaslohn unter meinen Fingern zerronnen, da ich lauter Sinnvolles damit angestellt hatte, noch hatte ich auch nur für eine Sekunde das Gefühl gehabt, dieses Geld hätte irgendetwas mit Gewinnen zu tun. Doch es sollte sich herausstellen, dass die Zeit tatsächlich Wunden heilt.

***

Als alleinerziehende Mutter und in der Phase der Examensvorbereitung war ich ziemlich ausgefüllt. Das Lernen stand an erster Stelle, denn ich wollte unbedingt ein gutes Examen machen, was ich schließlich auch hinbekam. Ich war noch etwa ein Jahr in meinem

Lehrkrankenhaus beschäftigt, bevor ich es im Dezember 1999 schaffte, eine Anstellung in einer großen Klinik zu ergattern.

Die Freude an meiner Arbeit ließ mich aufblühen, das Leben hatte mich wieder. Ich war mit meinen Aufgaben gewachsen und nach einem Jahr wurde meine Leistung anerkannt und ich wurde zur stellvertretenden Stationsleiterin bestellt.

Wie immer war ich viel zu spät dran. Ich hatte bis zum letzten Drücker im Bett gelegen. Gerade noch rechtzeitig schaffte ich es, zum Dienstantritt im Krankenhaus zu sein. Abgehetzt und müde rieb ich mir die Augen, als ich das Stationszimmer betrat. Meine Kollegin Anke war noch mit der Pflegedokumentation beschäftigt. »Na, wie war deine Nacht? Ist alles glatt gelaufen?«, begrüßte ich sie auf meinem Weg in die angeschlossene Stationsküche.

»Alles gut, war ruhig heute«, meinte sie kurz, und als ich merkte, dass sie nicht bei ihrer Arbeit gestört werden wollte, ging ich schnell weiter, um Kaffee aufzusetzen.

Anke war unsere Nachteule und konnte nach einem langen Dienst richtig sauer werden, wenn man sie aus ihrer Konzentration riss. Also wartete ich geduldig, bis der Kaffee durchgelaufen war, und setzte mich dann still zu ihr, um auf die restlichen Kollegen zu warten, die bei der Übergabe anwesend sein würden. Unsere Station hatte acht Zimmer, davon waren die meisten Zweibettzimmer. Anke begann mit ihrer Übergabe.

»In der Zwei ein Neuzugang, Frau Hermine Horváth.«

»Was?«

Ruckartig sprang ich auf, sodass der Stuhl nach hinten geschleudert wurde und gegen die Wand knallte. Ich riss Anke die Dokumentationsmappe aus der Hand.

»Hermine Horváth?«, rief ich. »Das gibt es doch nicht!«

Mit der rechten Hand stützte ich mich am Tisch ab, mit der linken schob ich die Dokumentationsmappe zurück. Meine Kollegen blickten mich entsetzt an. Wortlos verschwand ich in die Küche, kramte meine Zigaretten hervor und zündete mir hastig eine davon an.

»Du bist ja ganz blass«, meinte Ingrid, die mir sofort hinterhergekommen war. »Was ist mit dieser Frau? Nun sag schon!«

»Das ist der pure Wahnsinn, das gibt es nicht, ich träume nur!«

Mittlerweile kamen auch die anderen in die Küche und wollten wissen, was es mit dieser Hermine auf sich hatte. Nun musste ich mich offenbaren, es gab kein Zurück mehr. Acht Augenpaare starrten mich ungläubig an, als ich meine Geschichte erzählte.

»Was gibt es doch für Menschen!« Ingrid nahm mich in den Arm. »Wenn du nach Hause möchtest, kriegen wir das hin.« Mitfühlend tätschelte sie mich.

»Nein, nach Hause möchte ich auf keinen Fall, diese Chance lasse ich mir nicht entgehen.« Mit einem Mal waren alle meine guten Vorsätze wie weggeblasen. Hermine hier auf meiner Station! Dann muss Bence auch in der Nähe sein!

Mit meinen Kollegen hatte ich besprochen, dass ich die Versorgung dieser Dame übernehmen würde. *Jetzt kann er mir nicht mehr entkommen,* dachte ich, während ich mir das Blutdruckmessgerät schnappte und mich auf den Weg zu der Frau machte, die mich vor einigen Jahren gnadenlos an der Gartenpforte abgewiesen hatte. Nur für einen kurzen Moment zögerte ich vor ihrer Tür. Ich musste mich wahnsinnig zusammennehmen und legte mir meine Worte zurecht.

»Guten Morgen, Frau Horváth, ich bin Schwester Sophie.«

Ich versuchte, so normal wie möglich zu reden. Sie lag auf ihrem Bett und trug einen rosafarbenen Schlafanzug, der mit ihren rosafarbenen Puschelpantoffeln um die Wette glitzerte und in direkter Konkurrenz zu ihrem Schmuck stand, den sie nicht abgenommen hatte. Die Haare waren kurz geschnitten und schienen von einem teuren Friseur blondiert worden zu sein.

»Ich werde Sie heute versorgen, und wenn Sie Wünsche haben, wenden Sie sich bitte an mich«, hörte ich mich sagen, während ich ihr gleichzeitig nur zu gern an die Gurgel gesprungen wäre.

Nun lag also die Frau, die mich damals so von oben herab behandelt hatte, auf meiner Station in meinem Krankenhaus. Ich erklärte Hermine den Stationsablauf, legte ihr die Blutdruckmanschette um den Arm und kam ihr dabei sehr nahe, fast zu nahe. Es wunderte mich, dass sie mich nicht erkannte. Schließlich pumpte ich die Manschette auf, bis ich realisierte, dass ich es ein wenig übertrieben hatte. Rasch drehte ich an dem kleinen Rädchen und ließ die Luft wieder ab.

»Alles in Ordnung«, sagte ich. »Nachher bringe ich Sie auf Ihr Wunschzimmer.«

Daraufhin war ich fast nur noch damit beschäftigt, nach Bence Ausschau zu halten. Meine Kollegen hielten mir den Rücken frei. Während ich darauf wartete, dass ich ihn endlich irgendwo erspähen konnte, stöberte ich in Hermines Krankenakte. Nichts Dramatisches, eher eine psychosomatische Diagnose. Ich klappte die Dokumentationsmappe zu und bereitete anschließend das frei gewordene Zimmer für Hermine vor. Als ich damit fertig war, ging ich zielstrebig in ihr Krankenzimmer.

»Ihr Zimmer ist nun frei, wir können gehen.«

»Gehen?«, fragte Hermine empört. »Ich bleibe liegen, mir geht es nicht gut. Bitte schieben Sie mich gefälligst. Und sagen Sie meinem Mann Bescheid. Er ist im Aufenthaltsraum und wartet auf mich.«

Oh Gott, er ist da. Ich konnte keinen klaren Gedanken fassen. *Jetzt nur nicht die Fassung verlieren,* ermahnte ich mich. Mit einer routinierten Bewegung löste ich die Bremse und manövrierte das Bett zur Tür. Ich öffnete sie und steckte neugierig meinen Kopf heraus. Mein Blick wanderte nach rechts in Richtung Tagesraum, während ich behutsam das Bett durch die Tür schob. Im selben Moment rief Hermine:

»Bence, du kannst kommen, ich werde in mein Einzelzimmer gebracht.«

Und dann stand er vor mir, der Mann, der sich bislang so vehement geweigert hatte, mir in die Augen zu sehen. Ich erstarrte, das Blut rauschte in meinen Ohren und ich hörte für einen kurzen Moment auf zu atmen. Ich konnte meinen Blick nicht von ihm abwenden. Unfähig, auch nur einen klaren Gedanken zu fassen, musterte ich ihn und stellte sofort frappierende Ähnlichkeiten zwischen uns fest. Er war von kräftiger Statur, ein kleiner Bauch rundete im wahrsten Sinn des Wortes seine eindrucksvolle Erscheinung ab. Bence trug sehr gepflegte Kleidung, die Finger schienen manikürt zu sein. Auf seinem Kopf erblickte ich volles weißes Haar, und ich stellte fest, dass er nicht sonderlich groß war. Als ich bei seinen Augen angekommen war, sah ich meine eigenen. Auch seine vollen Lippen glichen meinen. Es war, als blicke ich in mein Spiegelbild, mein männliches.

Bence fasste an das Kopfende des Bettes und schob es gemeinsam mit mir über den Krankenhausflur. Mich hatte er kaum beachtet. Meine Gefühle fuhren Achterbahn. Der Inhalt meines Magens drohte, unablässig durch die Speiseröhre nach oben zu kommen, und ich musste mich sehr zusammenreißen, um den Reflux zu unterdrücken. Mein Vater! Lebendig und zum Anfassen nahe.

An Hermines Zimmer angekommen schob ich das Bett vorsichtig durch die Tür. Mit einer Bewegung platzierte ich es an die gewünschte Stelle, stellte den Fuß auf die Bremse und drückte sie hinunter. Das Bett war gesichert. Unsere Blicke trafen sich und wie von Geisterhand gesteuert tippte ich mit meinem Finger auf mein Namensschild.

»Siehst du«, sagte ich mit leiser, aber fester Stimme, »nun habe ich dich doch gesehen!«

Bence zuckte zusammen und musterte mich. Das Erste, was über seine Lippen kam, war:

»Deshalb haben Sie mich so angestarrt.«

Er ließ sich auf einen der Besucherstühle sinken und brachte kein weiteres Wort heraus. Einen Moment später fasste sich Hermine an die linke Brustseite; es hatte den Anschein, sie ringe nach Luft. Sie hatte sich offenbar spontan dazu entschlossen, den sterbenden Schwan zu mimen.

»Und das hier?«, rief sie empört. »*Ich* bin die Kranke, was bilden Sie sich ein!« Zunehmend schien ihr die Luft wegzubleiben, denn sie hechelte und fuchtelte wild im Bett herum. »Mir geht es nicht gut. Raus hier. Ich werde den Chefarzt unterrichten. Sie verlassen sofort mein Zimmer. Bence, sag doch auch was!«

Hermine blickte hilfesuchend zu Bence herüber, doch der saß regungslos da. Ich nahm keine Rücksicht auf ihr Gebaren, denn ich war sicher, dass sie uns etwas vorspielte. Ich war eine erfahrene Krankenschwester und durchaus in der Lage, eine Herzattacke von Hysterie unterscheiden zu können.

»Alles, was ich möchte«, rief ich völlig aufgelöst, »ist, mit dir zu reden, mehr nicht!« Explosionsartig entlud sich meine Wut über diesen Mann, der sich jahrelang konsequent gegen eine Begegnung mit mir gewehrt hatte. »Warum gibst du mir nicht die Gelegenheit, mit dir zu sprechen, Bence, warum?«

Reiß dich zusammen, hämmerte es in meinem Kopf. Auf keinen Fall wollte ich vor diesem Mann weinen. Bence saß immer noch auf dem Stuhl, ihm war die Farbe aus dem Gesicht gewichen, und ehe er mir antworten konnte, schrie Hermine laut:

»Verlassen Sie sofort mein Zimmer! Ich bestehe darauf, dass Sie jetzt gehen!«

War sie etwa diejenige, die die Fäden im Hintergrund gesponnen hatte und die es zu verhindern verstand, dass ich mit meinem Vater sprechen durfte?, schoss es mir durch den Kopf.

»Nein, ich werde nicht gehen, bevor ich mit Bence gesprochen habe.«

Mit verschränkten Armen stand ich vor ihm und hoffte, er würde endlich einlenken. Die Zimmertür stand offen und auf dem Flur konnte man die laute Diskussion hören. Brigitte, meine einfühlsame Kollegin, kam ins Zimmer gestürzt. Fest fasste sie mich am Arm und führte mich aus dem Raum. Ich drehte mich um und schaute verzweifelt zu dem Zimmer.

»Er will nicht mit dir sprechen. Am besten, du vergisst ihn.« Brigitte nahm mich in den Arm und strich über meinen Kopf.

»Jetzt«, schluchzte ich, »hätte er Gelegenheit, die Wogen zu glätten. Verstehst du, Brigitte?«

Ich ließ mich auf einen Stuhl sinken. Einfacher hätte er es wirklich nicht haben können. Ich war unglaublich verletzt und weinte bitterlich.

Unfähig, meinen Dienst weiter zu verrichten, hatte ich mich in den Aufenthaltsraum zurückgezogen, wo ich geraume Zeit einfach auf einem Stuhl saß und die nackte Wand anstarrte, während die Luft um mich herum flimmerte. Meine Kollegen übernahmen ungefragt meine Aufgaben und ließen mich in Ruhe.

Bis ich mich einigermaßen gefangen hatte, war es fast Nachmittag geworden. Dann plötzlich erfolgte eine ungeahnte Wende.

»Was, er will mit mir sprechen, jetzt doch?«

»Ja!« Ingrid hatte mir die Nachricht überbracht. »Geh schnell, Hermine ist zum Ultraschall. Er hat mich gebeten, dir Bescheid zu sagen.«

Ingrid drückte mich kurz, dann schob sie mich aus dem Aufenthaltsraum. Nun stand ich vor dem Zimmer mit der Nummer 808, verharrte einen Moment und klopfte an die Tür, die ich im selben Moment öffnete. Bence saß vor Hermines leerem Bett. Er schien in Gedanken versunken zu sein. Als er mich erblickte, musterte er mich intensiv. Hatte er nachgedacht? Hatte er gesehen, dass Ähnlichkeiten vorhanden waren? Was hatte ihn dazu bewogen, nun doch noch einzulenken? Meine Gedanken überschlugen sich.

»Ich habe mir noch einmal überlegt, dass wir miteinander sprechen sollten. Bitte kommen Sie morgen in mein Wochenendhaus, dort können wir uns unterhalten. Sie wissen ja, wo es ist, Sie waren ja schon da.« Dass er mich immer noch siezte, fiel mir in meiner Aufregung nicht auf.

»Ja, natürlich, ich komme gern. Ich freue mich so, mit dir zu sprechen. Du glaubst gar nicht, wie viel mir das bedeutet!« Ich wäre ihm fast um den Hals gefallen, diesmal stiegen Freudentränen auf, aber Bence blieb reserviert.

»Wir werden morgen sprechen, jetzt möchte ich nicht näher darauf eingehen. Geben Sie mir noch Ihre Telefonnummer!« Seine Stimme klang kühl und bestimmend.

Mit zitternden Händen schrieb ich meine Telefonnummer auf und reichte ihm den Zettel. Ich konnte nicht glauben, dass er jetzt doch ein Einsehen hatte.

»Bis morgen«, stammelte ich nur noch und verließ das Krankenzimmer.

Freudestrahlend ging ich zum Aufenthaltsraum und berichtete meinen Kollegen, was gerade geschehen war.

»Vielleicht lenkt er jetzt tatsächlich ein und ihr könnt euch aussprechen«, meinte Brigitte und nahm mich fest in den Arm. »Ich gönne es dir von Herzen. Am besten, du gehst nach Hause, das war alles recht viel für dich heute. Wir übernehmen den Rest.«

»Vielen Dank für das Angebot, das werde ich machen. Ich bin vollkommen fertig.«

Schnellen Schrittes machte ich mich ans andere Ende der Klinik, um in die Umkleidekabinen zu gelangen. Dort streifte ich meine Dienstkleidung ab und betrachtete sie. Ich musste an die Begegnung mit Beate in meinem Lehrkrankenhaus zurückdenken. *Manchmal hält das Leben wirklich seltsame Zufälle für einen bereit,* dachte ich, während ich meinen Autoschlüssel aus der schwarzen Handtasche kramte und mich auf den Heimweg machte.

***

Ich ging sofort ins Badezimmer, stellte mich vor den Spiegel und betrachtete mich eingehend. Nun hatte ich endlich die Gewissheit, warum ich so anders aussah als die anderen aus meiner Familie. *Marlene, schoss es mir durch den Kopf, ich muss Marlene anrufen.*

»Ich habe ihn gesehen! Seine Frau liegt bei mir auf der Station. Marlene, stell dir das mal vor, ich habe ihn gesehen!«

»Komm erst mal wieder runter«, unterbrach sie abrupt meinen Redeschwall. »Das war purer Zufall, dass du ihm dort begegnet bist. Mach dir nicht allzu große Hoffnungen auf ein Happy End. Der Mann scheint unberechenbar zu sein. Hast du vergessen, wie er dich bis jetzt behandelt hat?«

»Nein, das habe ich nicht vergessen, aber hätte er mich sonst in sein Wochenendhaus eingeladen? Marlene, ich kann es gar nicht so recht glauben! Er hat mich eingeladen, verstehst du? Ich bekomme nun endlich die Gelegenheit, mit ihm zu sprechen! Und einen Abstammungstest können wir uns auch sparen, ich sehe ihm unglaublich ähnlich!«

»Bitte sei vorsichtig«, ermahnte mich Marlene.

»Bin ich. Ich melde mich morgen, sobald ich da war.«

Mit lauter Musik und reichlich guter Laune brachte ich meinen Haushalt auf Vordermann. Ich nutzte die freien Stunden, um aufzuräumen und zu putzen, bis das Klingeln des Telefons plötzlich meinen Anfall von Arbeitswut unterbrach.

»Schulze«, meldete ich mich freundlich und drehte die Musik leiser.

»Horváth hier.« Bences bestimmend klingende Stimme versetzte mich in Schrecken und ließ mich auf den Sessel taumeln. Er kam direkt zur Sache. »Ich habe mir über die Angelegenheit und unser morgiges Zusammentreffen noch einmal Gedanken gemacht. Es ist besser, wenn Sie morgen nicht kommen. Es hat keinen Sinn, wir belassen es bei dem Vertrag!«

Ich schnappte nach Luft und fühlte mich, als habe mir jemand einen Schlag in die Magengrube versetzt. Wenn ich nicht bereits gesessen hätte, wäre ich wohl einfach umgekippt.

»Aber warum? Du hast mir doch gesagt, ich dürfe kommen und wir könnten endlich miteinander reden.« Nervös wickelte ich die spiralförmige Telefonschnur um meinen Finger. »Bence, es geht mir nur um ein Gespräch. Warum möchtest du nicht mit mir sprechen?«

»Es hat keinen Zweck«, wiederholte er barsch. »Wir belassen es bei dem Vertrag. Ich wünsche Ihnen alles Gute, auf Wiederhören!«

Dann hörte ich nichts mehr außer dem schrillen, gleichmäßigen Tuten des Telefons. Bewegungslos saß ich da und starrte den Hörer an.

Ich holte aus und warf ihn mit voller Wucht an die Wand. Überaus wütend ging ich ins Schlafzimmer, während die ersten Tränen mein Gesicht hinunterliefen. Nach einer Weile hatte ich mich beruhigt und ging ins Wohnzimmer zurück, wo mich ein auseinandergeplatzter Telefonhörer erwartete, den ich mit einem Seufzen wieder zusammenbaute. Als ich damit fertig war, rief ich bei Marlene an.

»Er hat abgesagt, Marlene, er will mich doch nicht sehen. Er meint, es habe keinen Sinn. Was soll ich denn jetzt machen?«

Marlene hörte mir wie immer geduldig zu, holte mich aber schließlich auf den Boden der Tatsachen zurück.

»Versuch dich zu beruhigen! Er ist es nicht wert, das habe ich dir schon so oft gesagt, Sophie! Du erlebst eine Abfuhr nach der anderen. Ich sage es nicht gern, aber der Mann tut dir definitiv nicht gut!«

»Er hat mir gerade meine letzte Hoffnung genommen, jemals meine leibliche väterliche Familie kennenzulernen. Ich hatte es so gehofft, Marlene, aber das hat mir den Rest gegeben!«

»Es tut mir so leid für dich, aber du bist stark und hast schon so viel durchgestanden in deinem Leben. Versuche, Abstand zu gewinnen und lebe weiter. Kümmere dich um deine Kinder und um deinen Job. Du kannst die Situation nicht ändern, so schwer es auch ist. Der Vertrag verbietet dir, ihn Vater zu nennen, ihn zu kontaktieren. Sophie, hörst du mir noch zu?«

»Natürlich, ich höre dir noch zu. Es ist ungerecht. Was habe ich eigentlich verbrochen, dass er mich so behandelt?«

»Nichts hast du verbrochen. Er sieht es wahrscheinlich geschäftlich, was weiß ich. Ich kann ja auch nicht in ihn hineinschauen. Vielleicht hat er seinen Anwalt angerufen und der hat ihm abgeraten, mit dir zu sprechen.«

»Vielleicht hast du recht«, gab ich niedergeschlagen zu. »Ich muss auflegen, Marlene. Gleich kommen die Kinder nach Hause und ich muss mich frisch machen. Danke, dass du immer für mich da bist.«

Ich beschloss, meinen Kindern erst einmal nichts von der Begegnung mit Bence zu erzählen. Es war schon spät geworden und ich wollte ihnen nicht die Nachtruhe verderben. Sobald sie eingeschlafen waren, legte auch ich mich hin und fiel selbst in einen unruhigen Schlaf.

Nachdem ich am nächsten Morgen wie üblich den Kindern den Frühstückstisch vorbereitet hatte, fuhr ich, noch immer erschöpft, zum Dienst. Diese Nacht hatte eindeutig ihre Spuren hinterlassen. Anke saß wieder an den Dokumentationsmappen und schrieb die Ereignisse der Nacht hinein. Ich ging gleich zu ihr hinüber und berichtete ihr von den Ereignissen sowie dem gestrigen Telefonat mit Bence.

»Ich kann es nicht glauben, dass ein Vater so herzlos sein kann!« Anke blickte auf. Sie schob mir Zigaretten rüber. »Mach mir auch eine an, bitte.«

»Tja, was soll ich machen?«, meinte ich resigniert.

»Das klingt wie ein schlechtes Märchen, Sophie, und ich kann das Verhalten deines Vaters nicht verstehen. Er sollte doch froh sein, noch so eine tolle Tochter dazuzugewinnen. Was geht in diesem Menschen vor?«

»Ist lieb gemeint, Anke, aber lass uns besser aufhören, davon zu sprechen, sonst muss ich gleich wieder weinen. Mal sehen, was der heutige Tag so bringt.«

Ich gab die Versorgung der Patientin Hermine Horváth ab und machte einen großen Bogen um das Zimmer 808. Einfach hineinzugehen und Hermine zur Rede zu stellen, kam nicht infrage.

»Du, die hat um vorzeitige Entlassung gebeten und will freiwillig das Feld räumen.« Ingrid kam aufgeregt ins Schwesternzimmer.

»Dann wird er noch mal kommen, um sie abzuholen. Den schnapp ich mir! Ich werde ihn zur Rede stellen, noch bevor er Hermines Zimmer betritt«, beschloss ich wütend.

»Das finde ich gut, ich würde es genauso machen. Feige, einfach nur feige, sein Verhalten.« Ingrid drehte sich um und eilte zur Klingel.

Doch Hermine machte mir einen gewaltigen Strich durch die Rechnung. Offenbar wollte sie unsere Frühstückspause nutzen, unbehelligt die Klinik zu verlassen. Bepackt wie ein Esel stolzierte sie den Stationsflur entlang. Von ihrer angeblichen Erkrankung keine Spur. Und Bence war nicht gekommen, um ihr behilflich zu sein. Höchstwahrscheinlich wartete er unten vor der Klinik, spekulierte ich.

»Geh hin, geh runter und guck doch, ob er da unten ist«, meinte Ingrid halb mitfühlend, halb ähnlich wütend wie ich selbst.

»Nein, das erspare ich mir, das tue ich mir nicht mehr an, sollen sie doch davonziehen! Jetzt ist Schluss, ich will nichts mehr davon hören, geschweige denn sehen!«

Ich verrichtete meinen Dienst und wollte nur noch eins: Ruhe. Ich versuchte, mich mit der Situation abzufinden und die Gefühle, die meinen Vater betrafen, nicht mehr an mich heranzulassen.

***

Kurze Zeit später, am 2. September 2000, starb Werner. Nur durch Zufall erfuhr ich über eine ehemalige Nachbarin davon. Ich rief Karla an, um ihr die Nachricht zu überbringen und zu berichten, dass ich zur Trauerfeier gehen wollte.

»Warum willst du da hin, Kind?«

»Um mich von dem Mann zu verabschieden, der mich mein gesamtes Leben lang erniedrigt und belogen hat!«

Wir verabredeten uns vor dem Beerdigungsinstitut. Es lag an einer Hauptstraße in der Nähe des Hafens. Ich nutzte die Zeit, um mir eine Zigarette anzuzünden. Karla kam kurze Zeit später auf mich zu und deutete mit dem Finger auf eine kleine Gruppe von ungefähr zehn Personen, die vor dem Eingang stand.

»Sieh mal, dort steht die Sippe.«

Margarete, ihre Kinder und einige ehemalige Nachbarn hatten sich versammelt, um Werner das letzte Geleit zu geben. Als ich sie sah, wurden die alten Erinnerungen an die Prügelattacke wieder wach und mir lief ein eiskalter Schauer über den Rücken.

»Mensch, Sophie, was machst du denn hier? Dich haben wir hier überhaupt nicht erwartet.« Margarete kam direkt auf mich zu und schaute mich abwertend an. Karla schenkte sie gar keine Aufmerksamkeit.

Margarete hatte sich nicht verändert. Ihre Haare waren immer noch tiefschwarz gefärbt, was ihr Gesicht grau und verhärmt erscheinen ließ. Dazu trug sie (wie immer) einen schäbigen Faltenrock, kombiniert mit einem viel zu engen Pullover, der für eine Beerdigung völlig unpassend war. Ihre Finger waren ungepflegt und gelb verfärbt vom Nikotin, ganz so, als habe sie sich schon seit Monaten keine Mühe gegeben, sie ordentlich zu säubern.

»Ich bin gekommen, um mich zu verabschieden«, gab ich nur kurz und knapp zurück und wandte mich ab.

Werners Familie betrat den Trauerraum. Karla und ich warteten eine Weile, bis alle Platz genommen hatten. Wir suchten uns einen Platz in der hintersten Reihe aus.

Die Zeremonie begann. Ein Trauerredner hielt seine Ansprache und erzählte aus Werners Leben.

»Werner hatte zwei Kinder«, hörte ich ihn sagen, »einen Jungen, Martin, aus der ersten Ehe, und ein uneheliches Kind, Holger.«

Mein Name wurde nicht erwähnt; ich legte allerdings auch keinen besonderen Wert darauf. Ich war lediglich gekommen, um mich von ihm zu verabschieden, von meinem ›Vater‹, dem vom Staat verordneten.

Nach der Trauerfeier standen wir noch einen kurzen Augenblick vor der Tür.

»Komm doch noch mit ins Café. Wir haben einen Tisch reserviert, und es gibt Butterkuchen und Kaffee.« Margarete gab sich sichtlich Mühe, den Schein zu wahren.

»Nein, danke. Ich habe meine Pflicht erfüllt und mir ist so einiges klar geworden. Ich gehöre hier nicht her und ich habe nie hierher gehört. Weder zu Werner noch zu Oma und schon gar nicht zu dir. Oder glaubst du, ich habe vergessen, was du mir damals angetan hast?«

Damit verabschiedete ich mich und ließ sie einfach stehen.

8

Mama, das ist deine Chance!

*S*eit meiner Begegnung mit Bence im Krankenhaus waren acht Jahre vergangen, davon ein paar richtig gute, aber auch ein paar genauso schlechte Jahre; inzwischen war es 2008. Ich hatte das getan, was ich schon mein ganzes Leben lang getan hatte. Zuflucht in etwas anderem gesucht, damit ich mich nicht zu sehr mit meinen Gefühlen auseinandersetzen musste. Kennengelernt hatte ich Thomas über eine Zeitungsannonce, kurz nachdem Bence mir zu verstehen gegeben hatte, dass er nicht ohne seine Anwälte mit mir sprechen würde. Thomas war groß, attraktiv und hatte blonde Haare, die an den Schläfen bereits mit grauen Strähnen durchsetzt waren und seine graublauen Augen perfekt zur Geltung brachten. Sein jungenhafter Charme faszinierte mich genauso wie die Tatsache, dass er immer genau das Richtige zu sagen schien. Er fuhr wie ich Motorrad, was uns ausreichend Gesprächsstoff für unser erstes Treffen in einem nahegelegenen Bikercafé gab. Wir heirateten zwei Jahre später.

Rückblickend kommt es mir so vor, als habe ich versucht, die Leere in mir auf Teufel komm raus zu füllen. Aber leider war Thomas dafür nicht die beste Wahl, was ich natürlich in der ersten Verliebtheit nicht sehen wollte. Aus dem charmanten Thomas, der mich mit Leichtigkeit um den Finger gewickelt hatte, wurde der Thomas, der das Wort *Nein* nicht ertragen konnte – außer es kam von ihm selbst. Und der Thomas, der nun keinen Hehl mehr aus seinem Alkoholproblem machte, was ich entweder anfangs nicht gesehen hatte oder nicht hatte sehen wollen, weil mit ihm mein größter Wunsch in Erfüllung zu gehen schien: der nach einer richtigen Familie. Es begann mit kleineren Streitigkeiten, die zunehmend bedrohlich wurden und irgendwann sogar in Schlägen ausuferten. Es war viel in dieser Zeit vorgefallen, auch einiges, auf das ich selbst beim besten Willen nicht stolz sein konnte, aber diese neue Eskalation mit körperlicher Gewalt war für mich schließlich der Punkt, an dem ich aufgewacht war und Thomas nach drei Jahren Ehe verlassen hatte.

Das war nun auch schon wieder drei Jahre her. Mittlerweile waren meine Kinder flügge geworden. Noah hatte es nach Hamburg gezogen, Jonas und Finn lebten weiterhin in meiner Nähe.

Ich war wieder in festen Händen und mit Hans liiert, den ich auf einer Singlebörse im Internet kennengelernt hatte. Auch er war geschieden, hatte zwei Söhne und arbeitete als Elektriker. Mit seiner schlanken Figur, seinem bereits leicht ergrauten kurzen Haar und dem Dreitagebart hatte er von Beginn an einen sympathischen Eindruck auf mich gemacht.

***

Ich hatte im Krankenhaus gekündigt und nach einiger Zeit eine Tätigkeit im sozialmedizinischen Bereich als Pflegegutachterin angenommen, was unter anderem den Vorteil hatte, dass ich am Wochenende nicht mehr arbeiten musste. Das genoss ich und hatte diese Freiheit schon oft dazu genutzt, um Noah in Hamburg zu besuchen.

Auch an diesem Wochenende hatten wir uns wieder dort verabredet; diesmal war ein Bummel über die berühmte Reeperbahn geplant. Gut gelaunt und voller Vorfreude auf das Wiedersehen mit meinem Mittleren machte ich mich gemeinsam mit Hans auf den Weg. Wir machten es uns in einem kleinen Café direkt an der Binnenalster gemütlich. *Diese hektische Stadt mit ihrem regen Treiben*, dachte ich, während ich verträumt die teilweise auch als Wassertaxi eingesetzten kleinen Boote beobachtete und den Milchschaum in meiner Kaffeetasse umrührte.

Noah verschonte auch mich nicht mit seiner von mir geerbten Hartnäckigkeit und hatte schon oft gemutmaßt, dass der elf Jahre alte Vertrag mit Bence Horváth sittenwidrig sei. Er hatte mich immer wieder bekniet, ihn doch einmal juristisch prüfen zu lassen. Doch alles, was ich nach meinen Erfahrungen mit der Familie Horváth wollte, war Ruhe. Ich hatte es endlich geschafft – zumindest glaubte ich das –, die Gedanken an meinen vermeintlichen Vater in den hintersten Winkel meines Gehirns zu verbannen, und dort sollten sie auch bleiben. Aber wie so oft machte mir das Leben einen Strich durch die Rechnung; diesmal in Gestalt meines übereifrigen Sohnes.

»Mama, was ist eigentlich mit Bence Horváth und dem Vertrag?«

Mit einem Ruck stieß ich die Kaffeetasse zur Seite und der heiße Milchschaum ergoss sich über meine Hand. Während ich mir eine Serviette griff, sagte ich etwas schärfer als beabsichtigt:

»Was soll damit sein? Ich halte mich dran und fertig!«

Ich versuchte meinem Dreiundzwanzigjährigen klarzumachen, dass ich mich nicht mehr mit dem Fall auseinandersetzen und auch nicht mehr darüber reden wollte. Doch obwohl mein Filius mich eigentlich gut genug kannte, um den richtigen Zeitpunkt für den Rückzug zu erkennen, ließ er sich diesmal nicht von meiner Reaktion beirren.

»Mama, du weißt, wie ich es sehe. Der Vertrag ist in meinen Augen sittenwidrig. Er verstößt gegen deutsches Recht und ich würde ihn an deiner Stelle prüfen lassen. Ich weiß, dass du das nicht hören möchtest, aber du solltest wirklich darüber nachdenken, anstatt mich ständig abzuwimmeln, wann immer ich dieses Thema anschneide.«

»Noah«, sagte ich gereizt, »warum sollte ich den Vertrag prüfen lassen? Das würde mich eine Menge Geld kosten, ohne dass mir jemand den Erfolg garantieren könnte. Du solltest nicht vergessen, dass dieser Vertrag von Profis, denn nichts anderes sind die Anwälte von Bence Horváth, ausgearbeitet worden ist, die vermutlich wissen, was sie tun. Lasse ich ihn prüfen und er stellt sich als rechtlich einwandfrei heraus, habe ich nicht nur wieder Geld aus dem Fenster geworfen, sondern muss vielleicht auch noch eine Strafe wegen Vertragsbruchs zahlen. Von den Nerven, die mich das kosten würde, ganz zu schweigen.«

Noah schüttelte energisch den Kopf und schlug mit der flachen Hand derart auf den Tisch, dass die Leute an den Nachbartischen neugierig die Köpfe in unsere Richtung drehten. Mir war das Ganze so unangenehm, dass ich am liebsten aufgestanden und gegangen wäre, aber meinen Sohn schien es überhaupt nicht zu stören, dass unsere hitzige Debatte immer mehr Zuhörer anlockte, denn er ritt bereits die nächste Attacke:

»Mama, man braucht kein Jurastudium, um zu erkennen, dass dieser Vertrag sittenwidrig ist. Außerdem habe ich mich mit dem Freund eines Bekannten unterhalten, der Jura studiert, und ihm das Ganze beschrieben, ohne Details zu nennen. Der hat genau das gesagt, was ich von Anfang an gespürt habe: Dieser Vertrag ist das Papier nicht wert, auf dem er geschrieben ist!«

Hans hatte der Auseinandersetzung relativ unbeteiligt zugehört, so wie er überhaupt noch nie besonders viel zu meiner Geschichte gesagt hatte. Diesmal jedoch meinte er, als er meine Verunsicherung bemerkte und meinen fragenden Blick sah:

»Dann lass ihn halt prüfen.«

»Meint ihr wirklich, ich hätte eine Chance, gegen diesen Mann und seine Anwälte vorzugehen? Die sind doch mit allen Wassern gewaschen. Ich kann mir nicht vorstellen, dass diese Menschen einen Vertrag aufsetzen würden, der anfechtbar ist.«

»Mama, das ist Alltag für Juristen. Die allermeisten verlassen sich darauf, dass die Gegenseite von den komplizierten Formulierungen und Drohungen so eingeschüchtert ist, dass sie sich gar nicht mehr traut, dagegen anzugehen. Und meines Wissens kann dir niemand verbieten, eine Vaterschaft feststellen zu lassen. Darüber hinaus geht es ja hier nicht nur um dich; auch wir als deine Kinder haben das Recht zu erfahren, wer wir sind und wo wir herkommen.«

Nun waren sie ausgesprochen, die Worte, die den Ausschlag gaben und mir klarmachten, was ich zu tun hatte. Natürlich hatte Noah recht; es ging auch um ihn und seine Brüder, auch sie hatten einen Anspruch darauf, zu erfahren, wer ihre Familie war.

Als wäre ein Schalter in meinem Inneren umgelegt worden, waren all die unschönen Erinnerungen an die bisherige Auseinandersetzung mit meinen vermeintlichen Blutsverwandten wieder präsent. Und mit ihnen der nur zu vertraute Schmerz in der Magengegend, der mir endgültig verdeutlichte, dass es für meine Geschichte keinen Winkel in meinem Hirn gab, in den ich sie für immer hätte einschließen können. Also versprach ich meinem Sohn, mich um die Sache zu kümmern, und erntete eine stürmische Umarmung.

***

Sobald wir wieder zuhause waren, setzte ich mein Vorhaben in die Tat um. Ich durchforstete das Internet nach ähnlichen Fällen, las juristische Entscheidungen über Vertragsgestaltung und besuchte einschlägige Diskussionsforen. Unter anderem geriet ich dabei an ein Forum von sogenannten Kuckuckskindern. Ich las die Berichte anderer Kuckuckskinder und stellte dabei fest, dass ich mit meinem Schicksal nicht allein war.

So fing ich ebenfalls an, über meine eigene Geschichte zu schreiben, und merkte, wie gut mir das tat und wie mir eine große Last von den Schultern fiel. Ein paar Tage, nachdem ich meinen Bericht veröffentlicht hatte, erhielt ich eine E-Mail. Eine mir unbekannte Journalistin teilte mir mit, sie suche Kuckuckskinder für eine Reportage, und bat um meinen Anruf.

Sofort rief ich Noah an, um ihm die Neuigkeit mitzuteilen. Mein Sohn war Feuer und Flamme.

»Mama, das ist deine Chance! Wenn du die Medien, speziell das Fernsehen, auf deiner Seite hast, dann wollen wir doch mal sehen, wer dir verbieten will, die Vaterschaft feststellen zu lassen.«

Obwohl ich seinen Optimismus immer noch nicht teilen konnte, stimmte ich zu.

»Okay, ich rufe die Dame mal an und höre mir an, was sie vorhat. Ich melde mich dann wieder bei dir.«

Nachdem ich aufgelegt hatte, meldete sich mein Magen wieder. Trotzdem zündete ich mir eine Zigarette an und blies unansehnliche Kringel in die Luft. Immer noch konnte man an der Qualität meiner Rauchkreisel sofort erkennen, in welcher Verfassung ich war. Das hatte natürlich auch Hans irgendwann gelernt, und als er meinen Wankelmut sah, griff er sich schließlich einfach das Telefon, wählte die Nummer der Journalistin und reichte mir den Hörer.

»Hallo, hier ist Irene Peschel«, meldete sich eine angenehm klingende Stimme.

»Hallo, ich bin Sophie. Sie haben wegen Ihrer geplanten Reportage über Kuckuckskinder um meinen Anruf gebeten.«

»Das ist aber nett, dass Sie sich melden«, sagte Frau Peschel. »Ich habe mich auf die Suche nach Kuckuckskindern gemacht, weil wir eine Geschichte über Menschen planen, die auf der Suche nach ihrem richtigen Vater sind. Ihre Biografie entspricht genau dem, was wir suchen, und hat mich, um ehrlich zu sein, auch ganz schön betroffen gemacht. Deshalb möchte ich gern mehr über Sie erfahren. Wären Sie denn grundsätzlich daran interessiert, an so einer Reportage mitzuwirken?«

Ich überlegte ein letztes Mal, schaute in Hans' erwartungsvolles Gesicht, erinnerte mich an Noahs Eifer und entschied, die Karten komplett auf den Tisch und dieser fremden Frau mein Leben offenzulegen. Wir telefonierten noch am selben Tag mehrere Stunden lang; irgendwann duzten wir uns und am Ende war ich sicher, dass mein Anliegen bei ihr in allerbesten Händen sein würde. Ein paar Tage später meldete sich Irene wieder und teilte mir mit, dass die Redaktionsleitung grünes Licht gegeben hatte und meine Geschichte tatsächlich in einer Reportage erscheinen sollte.

Kurze Zeit später hatte sich Irene mitsamt Kameramann und Tontechniker bei uns zuhause angekündigt. Ich hatte das Haus auf Vordermann gebracht und war entsprechend aufgeregt.

»Hans, sie kommen!«, rief ich von meinem Beobachtungsposten am Fenster, als ein fremder Wagen vor unserem Haus vorfuhr. Nervös eilte ich zur Tür und bat Irene und ihr Team herein.

Die Journalistin strahlte eine enorme Stärke aus und ich mochte sie auf Anhieb. Ihre Augen funkelten und ihr schulterlanges rotes Haar hatte sie lässig im Nacken zusammengebunden. Sie war witzig, taff und genau so, wie ich sie mir bei unseren Telefonaten vorgestellt hatte. Nachdem wir uns begrüßt hatten, erklärte sie mir, wie sie sich die kommenden Tage vorstellte und wie der Dreh verlaufen würde.

Nach einer schnell ausgetrunkenen Tasse Kaffee hatten die beiden Techniker bereits einige Möbel verschoben, die Kamera positioniert und mich mit einem Mikrofon ausgestattet. Ich kam gar nicht mehr dazu, Luft zu holen, geschweige denn, mich in irgendeiner Weise auf das bevorstehende Interview vorzubereiten. Nach ein paar kurzen Regieanweisungen, aber ohne jegliche Generalprobe oder Testaufnahme wurde die erste Szene aufgenommen, in der ich gemeinsam mit Hans am Tisch saß und im ›Vertrag der Unmoral‹ blätterte, wie Irene das Pamphlet getauft hatte. Irgendwann hatte sich meine Aufregung in Luft aufgelöst und ich nahm die Kamera gar nicht mehr wahr.

Als die erste Sequenz gedreht war, ließ ich mich trotzdem erschöpft aufs Sofa fallen. Aber an eine Pause war nicht zu denken.

»Wo können wir hinfahren? Ich benötige Landschaft, ich möchte, dass du draußen aufgenommen wirst«, sagte Irene.

»Wir könnten nach Martfeld fahren. Das ist ein kleines Örtchen in der Nähe der Weser, im Sommer ein Geheimtipp für Motorradfahrer. Da ist es wunderschön.«

»Okay, dann lass uns losfahren.«

»Wie wäre es, wenn wir mit dem Motorrad fahren?«, fragte Hans.

»Es ist viel zu kalt, wir haben Anfang November!« Energisch schüttelte ich den Kopf.

»Ist doch nur eine kurze Strecke. Zieh dich warm an und lass uns mit dem Motorrad fahren.« Hans versuchte, sich durchzusetzen. Irene fand die Idee ebenfalls gut. Also gab ich mich geschlagen.

Wir steuerten den Motorradtreffpunkt an, und auf dem Weg machte Ole, der Kameramann, ein paar Aufnahmen von Hans und mir. Er verstand sein Handwerk und schaffte es sogar, noch ein paar Landschaftsbilder einzufangen, die in den Vorspann der Reportage eingearbeitet werden sollten. Hans freute sich, dass auch er gefilmt wurde.

Als wir schließlich im Lokal angekommen waren, gaben er und ich Irene noch ein Interview.

»Alles im Kasten! Du machst das klasse, Sophie«, meinte Ole aufmunternd.

»Danke! Leider ist das Ganze kein Schauspiel, sondern die Wirklichkeit. Aber ich bin froh, dass ich ein wenig aus meinem Leben erzählen durfte, und ich hoffe, diese Geschichte kann dazu beitragen, auch anderen Betroffenen Mut zu machen.«

Wir fuhren zurück nach Hause; Irene benötigte noch ein paar Kinderfotos von mir. Die, die ich ihr bereits im Vorfeld geschickt hatte, waren nicht für die Kamera geeignet. Ich ging ins Arbeitszimmer, holte meine Bilderkiste hervor und suchte nach brauchbaren Fotos. Irene, die mir über die Schulter schaute, erspähte dabei das Bild von Werner, welches ich vor dreizehn Jahren zurück in die Kiste geschmissen hatte, nachdem ich erfahren hatte, dass er nicht mein Vater war.

»Wer ist das?«, fragte sie interessiert.

»Das ist Werner!« Ich riss ihr das Foto aus der Hand und wollte es wieder in den Karton verbannen. Zwangsläufig wurden wieder schmerzhafte Erinnerungen an meine Kindheit geweckt. »Bitte gib mir das Foto. Ich denke, wir sollten es mit einfließen lassen.« Wortlos überreichte ich ihr das Bild, das Werner in seinem offenen Hemd und dem feingerippten Unterhemd zeigte. »Wenn du eine Pause benötigst, dann sag bitte Bescheid.« Mitfühlend nahm Irene mich in den Arm.

»Danke«, sagte ich kurz, »es geht schon. Ich hasse dieses Bild, weil es mich daran erinnert, wie es sich angefühlt hat, als ich erfuhr, dass er nicht mein Vater ist. Dieses Foto fiel mir damals in die Hand, als ich Bilder von ihm gesucht habe.«

»Ich finde es interessant, es sagt viel aus.«

»Was sagt es aus, Irene? Es zeigt einen unsympathischen Menschen, der unfreundlich in die Kamera guckt, einen, der noch nicht einmal den Anstand besaß, sein Hemd zuzuknöpfen.«

Irene kramte weiter in meiner Fotokiste.

»Du warst ein niedliches Mädchen.« Sie hielt ein Kinderfoto von mir in der Hand, auf dem ich ungefähr zwei Jahre alt war und schüchtern in die Kamera lächelte. »Das möchte ich auch haben.« Irene betrachtete das Foto und packte es in eine Plastikhülle zu den anderen. »Ich werde sie dir später zurückschicken.« Sie nahm mich noch einmal in den Arm und drückte mich.

Für den frühen Abend hatten wir uns mit Finn verabredet, der vor der Kamera deutlich Stellung zu Bence Horváth nehmen wollte. Finn wäre am liebsten selbst nach Österreich gefahren, um meinem Vater die Meinung zu sagen. Er war zu einem selbstbewussten und gut aussehenden jungen Mann herangewachsen, an dem die Mädchen, genau wie an meinen anderen beiden Söhnen, Gefallen fanden.

»Ich finde es unglaublich, dass er meiner Mutter Geld dafür geboten hat, damit sie sagt, er sei nicht ihr Vater!«

Irene, die sich im Hintergrund gehalten hatte, schien der gleichen Ansicht zu sein, wie man ihrem zustimmenden Nicken entnehmen konnte.

Am nächsten Tag war ein Besuch bei Karla geplant. Bei ihr hatte ich reichlich Überzeugungsarbeit leisten müssen, bis sie den Aufnahmen schließlich zustimmte. Vor Karlas Wohnung machte Ole sofort die Kamera startklar und hielt sie auf die Haustür gerichtet. Karla zuckte zusammen, als sie uns die Tür öffnete und die auf ihr Gesicht gerichtete Kamera sah. Auch ich hatte mit so viel Spontaneität nicht gerechnet.

»Ach Sophie, komm rein.«

Vor lauter Aufregung stieg ihr die Röte ins Gesicht. Gewappnet mit Kamera und Tonausrüstung betraten wir ihr winziges Wohnzimmer, das immer noch außerordentlich aufgeräumt und sauber war. Sie hatte alles so belassen, wie es damals war. Immer noch stand der kleine Servierwagen mit den alkoholischen Getränken unter dem Fenster. Karla konnte sich von den Erinnerungen an ihren Mann Heiner augenscheinlich nicht trennen.

Wie damals setzte sie sich auf das Sofa, während ich mich auf dem gegenüberliegenden Sessel niederließ. Als Ole die Kamera ausgerichtet hatte, begann Karla zu erzählen:

»Ich habe immer gesagt: ›Ihr müsst es dem Kind sagen.‹ Oma und Werner wollten es nicht. Und ich fand es nicht gut, aber ich musste mich fügen.«

Karla berichtete, was sich damals zugetragen hatte, und irgendwann schien auch sie die Kamera gar nicht mehr wahrzunehmen.

Der darauffolgende Sonntag sollte sich für mich als rabenschwarzer erweisen, denn Irene hatte Aufnahmen mit meiner Mutter geplant.

Zuerst wollten wir allerdings ins Krankenhaus fahren und dort Aufnahmen nachstellen, die zeigten, wie ich Bence schließlich doch kennengelernt hatte. Meine ehemaligen Kollegen empfingen mich herzlich und konnten sich noch gut an die Begegnung mit Bence und die Auseinandersetzung mit Hermine erinnern. Leider blieb uns nur Zeit für ein paar kurze Worte; Irene hatte einen straffen Zeitplan. Sie musste noch am Abend nach Frankfurt zurück.

Als alles aufgenommen war, verkündete sie, dass wir nun zu meiner Mutter fahren würden. In meinem Magen zog sich alles zusammen. Mit dem Wort ›Mutter‹ konnte ich nichts anfangen, für mich war sie Regine, die Frau, die nichts von mir hatte wissen wollen. Mehr nicht.

An diesem Sonntag hatte es auch der Wettergott nicht gut mit uns gemeint. Seit Stunden regnete es unaufhörlich und die Scheibenwischer schafften es kaum, für freie Sicht zu sorgen. Angespannt lenkte ich mein Auto über die Autobahn. *Sie ist unberechenbar*, dachte ich. Die Dinge, die Agnes mir über sie erzählt hatte, waren auf einmal wieder präsent. Stefan hatte mir sogar erzählt, sie habe sich an ihn herangemacht und ihm weiszumachen versucht, Noah sei nicht sein Kind.

Als wir uns langsam ihrem Haus näherten, dämmerte es bereits und auf den Straßen war keine Menschenseele zu sehen. Regine bewohnte eine kleine Zweizimmerwohnung im obersten Stockwerk eines Mehrfamilienhauses in einer eng besiedelten, aber gepflegt wirkenden Wohngegend in Bremen. Meine Nervosität nahm stetig zu und ich zwirbelte unaufhörlich an meinen Haaren herum. Am liebsten wäre ich davongelaufen.

»Nein!«, brach es plötzlich aus mir heraus, »ich möchte da nicht hin. Das wird nichts, sie wird sich wie eine Furie auf mich stürzen, das tue ich mir nicht an.«

Irene beruhigte mich und schaffte es schließlich, mich davon zu überzeugen, den Dreh zu Ende zu bringen.

»Wir gehen da gleich mit der Kamera hoch und werden deine Mutter um eine Stellungnahme bitten!«

»Wie, gleich mit der Kamera, geht das denn?«

»Na klar, Journalisten besitzen einen gewissen Freiraum«, erklärte sie mir, und ehe ich mich versah, wurde ich wieder mit einem Mikrofon ausgestattet.

Mit gemischten Gefühlen, gepaart aus Angst und Wut, machte ich mich bereit, Regine zu begegnen. Ich sah die Klingelschilder und las ihren Namen: ›Regine Hagen‹ stand da in Druckbuchstaben auf der obersten rechten Klingel geschrieben. Ich holte noch einmal tief Luft und legte meinen Zeigefinger darauf. Ole stand hinter mir und filmte mich.

»Was ist, wenn sie nicht da ist oder nicht aufmacht, Irene?«

»Dann sehen wir weiter. Bist du bereit?«

Ich nickte und drückte auf die Klingel. Es tat sich nichts. Ich klingelte ein zweites Mal. Wieder nichts.

»Sie öffnet nicht; wahrscheinlich ist sie nicht da.«

Ich freute mich insgeheim, denn nichts wäre mir lieber gewesen, als der unangenehmen Situation aus dem Weg gehen zu können.

»Warte, so schnell gebe ich nicht auf. Kann man um das Haus herumgehen?«

»Ja, ich glaube schon, zumindest konnte man es früher.« Ich ging um die Ecke und sah, dass in der obersten Wohnung auf der rechten Seite Licht brannte. »Sie ist doch da, im Wohnzimmer brennt Licht. Wahrscheinlich hat sie ihre Klingel abgestellt.«

»Okay, dann lass uns woanders klingeln.«

Irene nahm mich an die Hand und führte mich vor das Haus. Ich drückte wahllos irgendeine Klingel und sofort hörte ich den Türsummer. Ich öffnete die Haustür und stieg die ersten sechs Stufen hoch. Eine Dame aus der unteren Wohnung blickte aus dem Türspalt.

»Wo wollen Sie hin?«

»Wir wollen zu Frau Hagen. Sie scheint ihre Klingel nicht zu hören.«

Als die Dame die Kamera erblickte, zog sie rasch die Tür zu.

Vor Regines Wohnungstür atmete ich tief durch und klopfte. Nur einen kurzen Augenblick später öffnete sich die Tür und Regine stand sichtlich erschrocken vor uns. Wahrscheinlich hatte sie geschlafen. Ihre Haare waren zerzaust und bekleidet war sie lediglich mit einem Bademantel. Dennoch wirkte sie gepflegt. Sie knallte die Tür sofort wieder zu und fluchte dahinter:

»Was willst du? Spinnst du, hier mit dem Fernsehen aufzutauchen? Ich werde euch alle verklagen!«

81

»Ich möchte mit dir über meinen Vater sprechen. Ich bin mit einem Kamerateam und einer Journalistin hier, die eine Reportage über Kuckuckskinder macht. Bitte mach uns auf.«

Gespannt auf ihre Reaktion legte ich mein Ohr an die Tür. In dem Moment riss Regine sie auf. Fast wäre ich in ihre Wohnung gefallen, konnte mich aber gerade noch abfangen.

»Ihr könnt reinkommen, aber ohne Kamera!«, meinte sie zornig.

Ich betrachtete meine Mutter und bekam Mitleid mit ihr – eine äußerlich adrette, innerlich aber völlig kaputte Frau. Auf einmal tat es mir weh, sie so zu sehen. Regine war noch immer sehr schlank, ihre Haare waren blond gefärbt und reichten bis zu den Schultern. In ihren blauen Augen funkelte es und ich ahnte, dass der Besuch kein gutes Ende nehmen würde.

Ich bat Ole, zu gehen. Mir war das Gespräch wichtiger als irgendwelche Filmaufnahmen.

»Geht ins Wohnzimmer!«, befahl sie uns. »Ich komme gleich.«

Ihre Zweizimmerwohnung strahlte eine warme Atmosphäre aus. Sie hatte ein Händchen, die Wohnung nett zu dekorieren, und eigentlich hätte ich mich heimisch fühlen müssen. Ich entdeckte ihren Tabak auf dem kleinen Wohnzimmertisch und stopfte mir eine Zigarette.

»Übrigens, ich rauche nur auf dem Balkon, aber heute muss ich wohl eine Ausnahme machen.« Regine hatte sich rasch angezogen. In ihrer engen Jeans und dem flotten T-Shirt sah sie richtig gut aus. Keinesfalls wirkte sie wie eine fast siebzigjährige Frau. »Was willst du eigentlich? Spinnst du, bei mir mit solch einem Aufgebot aufzukreuzen?« Sie lief aufgeregt im Wohnzimmer hin und her und zwirbelte in ihren Haaren, genau wie ich es noch vor einem Moment im Auto gemacht hatte. Irene beobachtete uns und gab uns etwas Raum, uns zu finden. »Sag mal, was hast du dir dabei gedacht?«, polterte Regine erneut los.

»Beruhigen Sie sich, Frau Hagen. Wir drehen eine Reportage über Kuckuckskinder. Ihre Tochter ist doch ein Kuckuckskind, oder?«

Regine schaute mich jedoch abwertend an und lamentierte weiter.

»Na und? Was soll dieses Aufgebot hier? Sie kann mich auch ohne Fernsehteam fragen.«

»Sicherlich hätte ich dich auch ohne Fernsehteam fragen können, da gebe ich dir recht. Nun ist die Situation aber so und ich bin hier, weil ich wissen möchte, wer mein Vater ist und warum du mich damals angelogen hast. Warum hast du mir erzählt, Werner habe dich vergewaltigt und ich sei dadurch entstanden?«

Nur mit Mühe konnte ich mich beherrschen; meine Gefühle spielten verrückt und ich wusste nicht, ob ich ihr böse sein oder besser Mitleid mit ihr haben sollte.

Regine wetterte:

»Was sollen die Leute denken? Ich wohne hier seit Jahren, die kennen mich doch alle. Und dein Vater, der asoziale Kerl, sowie deine Großmutter haben mir das Leben zur Hölle gemacht. Deine liebe Oma hat mich geschlagen und sie haben dich mir als Baby weggenommen!«

»Ich habe aus den Jugendamtsakten andere Informationen, aber darum geht es jetzt nicht mehr. Es geht darum, dass ich wissen möchte, wer mein Vater ist.«

»Das weißt du doch schon längst. Was denkst du denn, ich weiß alles über dich! Bence Horváth ist dein Vater. Bist du jetzt beruhigt?«

Regine setzte sich und fuhr sich mit den Händen wiederholt durchs Haar.

Irene war in der Zwischenzeit nach unten gegangen und wartete mit dem Team und Hans im Auto. Für diese Rücksicht, ungewöhnlich für eine Journalistin, war ich ihr dankbar.

»Die Zeit mit Bence, ja, das war etwas Besonderes. Er hat mich immer mit seinem schicken Auto abgeholt; ich glaube, es war ein Borgward oder so ähnlich. Zu unserer Zeit war das was, kann ich dir sagen. Er ist sogar mit mir zu diesem Kinderheim gefahren, um dich zu besuchen.«

»Sag das noch mal! Er ist mit ins Kinderheim gefahren?«

»Ja, er wusste, dass es dich gibt, und wir haben dich gemeinsam besucht. Wir sind damals spazieren gegangen, dich in der Mitte. Du warst gerade dabei, das Laufen zu lernen.«

»Dass er von mir wusste, habe ich aus den Akten erfahren. Aber warum hat er sich nicht um mich gekümmert? Warum hast du zugelassen, dass ich bei fremden Menschen aufwachsen musste?«

Immer mehr Fragen türmten sich auf, doch Regine war plötzlich nicht mehr gewillt zu antworten. Sie war eben sprunghaft und launisch. Es hatte keinen Sinn mehr, weiter zu bohren. Ich stand auf und ging in den kleinen Flur. Ich hielt es nicht mehr länger in ihrer Nähe aus.

»Danke, Regine«, war das Einzige, was ich über die Lippen brachte, bevor ich mich endgültig umdrehte und die Treppe hinuntereilte.

»Es geht nur um sie und was die Leute denken. Sie hat Angst, dass die Vergangenheit an die Oberfläche gerät.« Ich holte tief Luft und richtete meinen Blick auf Regines Wohnung. Ich hatte mir gewünscht, dass sie mich in den Arm nähme und vielleicht den Mut besäße, mich um Verzeihung zu bitten. Ich wusste, dass sie es damals nicht leicht gehabt hatte. Damals – Anfang der Sechzigerjahre – drei Kinder von drei verschiedenen Männern, das war schon etwas, wofür man sozial geächtet wurde. Außerdem wusste ich, dass sie selbst keine gute Kindheit gehabt hatte. Vielleicht hatte sie in ihren Affären einfach nur Liebe und Zuneigung gesucht; wer wusste das schon.

Es wurde Zeit, sich zu verabschieden. Irene musste ihren Zug erreichen, Ole und der Tontechniker fuhren zurück nach Hamburg. Hans und ich begleiteten Irene bis zum Bahnhof. Für einen Kaffee im Stehen blieb noch ein wenig Zeit.

Irene bedankte sich bei mir und bescheinigte mir, meine Sache sehr gut gemacht zu haben. Ich sei authentisch geblieben und sie sei froh, eine so unkomplizierte Protagonistin wie mich an ihrer Seite gehabt zu haben. Wir verabredeten uns für Anfang Januar in Frankfurt.

Regnerisch und trübe hatte der Tag begonnen und genauso neigte er sich dem Ende zu. Schweigend fuhren Hans und ich nach Hause.

***

Irene und ihr Team hatten im Zuge ihrer Recherchen einen Professor für Familienrecht ausfindig gemacht. Er stammte aus Berlin und würde bei dem Folgetermin in Frankfurt ebenfalls zugegen sein. Professor Dr. Weiß hatte sich mit meiner Geschichte gründlich befasst und sie eingehend geprüft. Zu welchem Ergebnis er gekommen war, hatte Irene mir aber noch nicht verraten.

Als Hans und ich einige Wochen später zum Termin in Frankfurt angekommen waren, bestaunte ich als Erstes die alte Stadtvilla, die gerade zu einem modernen Bürogebäude umgebaut worden war. Ich fragte mich, woher wohl mein Faible für alte Gemäuer stammte, und setzte mich auf die Steinmauer, die das Grundstück umzäunte. Genüsslich zog ich an meiner Zigarette und versuchte so, meiner Nervosität Herr zu werden. *Was würde der Professor wohl herausgefunden haben?*

Ich drückte die Zigarette aus und half Ole, der gerade vorgefahren war, seine Utensilien nach oben zu bringen. Dort wurden wir herzlich von Irene und dem Professor begrüßt. Irene hatte zwei Bekannte mitgebracht, die meine ehemalige Rechtsanwältin und deren Anwaltsgehilfin darstellen sollten. Ausgestattet mit einem Mikrofon an der Bluse ging ich in den Tagungsraum. Die beiden Frauen saßen mir gegenüber. Alles war wie damals. Der Vertrag lag auf dem Tisch und wurde mir vorgelesen, nachdem Ole den Startschuss gegeben hatte. Als die Szene aufgenommen war, gönnten wir uns eine kleine Pause und betrachteten von der Dachterrasse aus die beeindruckende Frankfurter Skyline. Wenig später kam Professor Dr. Weiß, ein Würde ausstrahlender älterer Herr mit vollem grauem Haar, auf mich zu. Er hatte als Honorarprofessor an der Humboldt-Universität unterrichtet, war Richter am Landgericht Heilbronn gewesen und hatte später als Beamter im Bundesministerium der Justiz gearbeitet und sogar das Große Bundesverdienstkreuz erhalten.

»Na, dann wollen wir Ihren Fall mal ins Rollen bringen«, sagte er und lächelte mich ermutigend an.

Genau wie ich wurde er mit einem Mikrofon ausgestattet, und wenig später richtete Ole die Kamera auf ihn.

»Sie haben gesagt«, begann er, »Sie lassen ihn nicht als Vater feststellen. Sie haben auf Unterhalt verzichtet. Sie haben auf das Erbrecht verzichtet und zugestimmt, für jeden Verstoß gegen diese Verpflichtung zehntausend Mark zu zahlen.« Während Professor Dr. Weiß die Vertragsinhalte rekapitulierte, rang ich mit den Tränen. »Sie haben«, fuhr er fort, »praktisch das Recht verkauft, einen Vater zu haben oder zu bekommen. Das ist eine große Sache, nicht nur moralisch, sondern vor allem auch juristisch! Haben die Anwälte denn damals keine Probleme darin gesehen?«

Ich wurde immer kleiner auf meinem Stuhl und sank innerlich zusammen. *Bloß nicht heulen*, dachte ich und antwortete nur kurz und knapp:

»Nein!«

»Wenn ich Ihnen jetzt sage, dass dieser Verzicht auf die Vaterschaftsfeststellung ein Vertrag wider ein gesetzliches Verbot ist – man kann nicht auf seine Kindschaft ... verzichten. Was sagen Sie dann dazu?«

Nun konnte ich meinen Zorn nicht mehr zurückhalten.

»Es macht mich sehr, sehr wütend!« Ich hob die Hand und gab Irene ein Zeichen, mit dem ich um eine Pause bat. Ich wollte mich auf keinen Fall mit verweinten Augen filmen lassen.

Dieser Unmensch!, dachte ich. Hans legte mitfühlend seinen Arm um mich, schien jedoch mit der Situation überfordert zu sein. Irene war es schließlich, die mich in den Arm nahm und tröstete. Nach einem starken Kaffee ging es weiter. Ole hatte die Kamera auf mich gerichtet und nickte mir freundlich zu.

»Du packst das, Sophie, gleich haben wir es geschafft.«

»Was mich wundert«, fuhr Professor Dr. Weiß fort, »ist, dass Ihre damalige Anwältin, die ja auch Notarin ist, Sie nicht aufgeklärt hat. Man kann nicht darauf verzichten, seinen Vater als Vater feststellen zu lassen, das hat der Bundesgerichtshof so entschieden. Die Abstammung ist so wichtig, dass das Gesetz sagt, dass so etwas nicht geht. So sehe ich Ihre Position, die menschlich nicht leicht ist, weil Sie gegen einen Mann vorgehen, der wahrscheinlich weiß, dass er Ihr Vater ist. Das ließe sich durch ein Privatgutachten ja ganz schnell feststellen. Er müsste nur bereit sein, einen Tropfen Blut oder ein Stück Haar herzugeben, um das zu klären. Und wenn der Mann richtig beraten ist, wird er das letztlich auch zulassen, denn er hat keinerlei rechtliche Handhabe dagegen.«

Schmerzhaft wurde mir bewusst, dass man mich vorsätzlich über den Tisch gezogen hatte, um mich loszuwerden und zum Schweigen zu bringen. Mir wurde schlagartig bewusst, was dies bedeutete. Ich konnte tun und lassen, was ich wollte. Ich brauchte mich nicht an den Vertrag zu halten, da dieser ja mehr als offensichtlich rechtswidrig war. Mein Sohn hatte die ganze Zeit mit seiner Vermutung recht gehabt. Ich fiel dem Professor dankbar um den Hals. Verlegen ließ er es sich kurz gefallen, drückte mich aber dann sanft von sich, da er es eilig hatte; er musste noch am selben Tag zurück nach Berlin.

»Schade, dass Sie weg müssen, ich hätte mich noch gern ausführlicher mit Ihnen unterhalten«, sagte ich zum Abschied.

Als der Professor den Raum verlassen hatte, ging ich zu Irene und nahm sie fest in den Arm. Sie hatte bereits vorher von dem Ergebnis gewusst, es jedoch bis zuletzt für sich behalten.

»Jetzt kannst du loslegen, Sophie. Du kannst dir einen Anwalt suchen, der fähig ist, dich in deiner Sache zu vertreten. Lass dich nicht abwimmeln und zieh das Ding durch. Wie Professor Weiß bereits sagte, hast du das Recht, deinen Vater als Vater feststellen zu lassen! Sendetermin unserer Reportage wird der 20. Januar 2009 sein, und ich hoffe, ich schaffe alles bis dahin. Mir hat die Arbeit mit dir viel Spaß gemacht, Sophie, ich danke dir.«

»Irene, du glaubst gar nicht, wie ich mich fühle.«

Der Abschied fiel mir wirklich nicht leicht. Meine ganze Kraft hatte ich in die Filmaufnahmen gesteckt und dabei eine emotionale Leistung vollbracht, auf die ich stolz sein konnte. Und nun war es so weit: Ich hatte die rechtliche Handhabe, den sittenwidrigen Vertrag anzufechten. Ich hatte die Gelegenheit bekommen, dem Tabuthema ›Kuckuckskinder‹ Aufmerksamkeit zu verschaffen. Auch in Anbetracht des über einhundert Jahre alten Gesetzes, dass der Mann, der zum Zeitpunkt der Geburt des Kindes mit der Mutter verheiratet ist, auch der Vater ist. *Diese Vaterschaftsregelung nach § 1592 Nr. 1 BGB widersprach massiv den rechtsstaatlichen Grundsätzen, denn die Abstammung eines Kindes ist zweifelsohne biologisch belegt und nichts anderes*, dachte ich. Ich hatte meine Aufgabe erfüllt.

9

Der Kampf beginnt

ie Anwältin für Familienrecht saß mir gegenüber und hörte aufmerksam zu, als ich meine Geschichte erzählte. Babette Ziegler war etwa zehn Jahre jünger als ich und mit ihren blonden langen Haaren und ihrer schlanken Figur äußerst attraktiv. Darüber hinaus war sie freundlich und aufgeschlossen, zugleich aber auch etwas reserviert. Ich mochte sie sehr. Sie hatte mich bereits bei meiner Scheidung von Thomas vor ein paar Jahren vertreten und ich wusste, dass auch dieses Thema bei ihr in guten Händen sein würde.

Nachdem ich mit meiner Zusammenfassung fertig war, lehnte sie sich zurück und lächelte kurz.

»Ich sehe es genauso wie Professor Weiß. Das Recht auf Kenntnis der Abstammung ist unverkäuflich. Als Erstes schlage ich vor, das Amtsgericht anzuschreiben. Die Ehelichkeitsanfechtungsklage muss weiter vorangetrieben werden, damit wir hierfür ein rechtskräftiges Urteil bekommen. Ich bin sowieso etwas verwundert, dass Sie das Urteil noch nicht erhalten haben; deshalb werde ich jetzt Akteneinsicht beantragen. Und sobald es mir vorliegt, werden wir Klage auf Feststellung der Vaterschaft des Herrn Bence Horváth einreichen. Stellen Sie sich aber bitte auf einen langwierigen Prozess ein.«

»Das tue ich, denn nach den bisherigen Erfahrungen mit dem Mann würde mich alles andere überraschen. Aber ich bedanke mich bereits vorab für Ihren Einsatz.«

***

Heute sollte die Reportage mit meiner Lebensgeschichte ausgestrahlt werden. Mit Hans, meinen Kindern und meiner Freundin Marlene hatte ich es mir im Wohnzimmer gemütlich gemacht. Diverse Schokoladenvariationen standen als Nervennahrung bereit. Dummerweise verschob sich der Sendetermin aufgrund der Wahl des US-Präsidenten. Für mich war das Warten pure Folter und ich wurde zusehends unruhiger. Plötzlich schoss mir ein Gedanke durch den Kopf. »Wisst ihr, was ich jetzt mache?« Ich stand auf und griff mir das Telefon. »Ich werde Roman anrufen.«

»Wer ist Roman?«

»Roman ist der jüngste Sohn von Bence. Der, der hier in der Nähe wohnt. Aber davon habe ich dir doch erzählt. Kannst du dich nicht mehr daran erinnern?«

Ich spürte einen Stich in meiner Brust und wie sich Enttäuschung und Verärgerung breitmachten. Hans hörte mir oft nicht besonders aufmerksam zu, und offensichtlich war es bei unserem Gespräch über meine Geschwister auch so gewesen. Ich nahm mich zusammen und versuchte, meine Verärgerung zu unterdrücken.

»Ich rufe ihn an und werde ihm sagen, dass er gleich mal den Fernseher anstellen soll«, erklärte ich.

»Wenn du meinst«, erwiderte Hans achselzuckend. Er wusste, dass ich, wenn ich mir etwas in den Kopf gesetzt hatte, davon nicht leicht abzubringen war.

»Was versprichst du dir davon?«, fragte Marlene, die von meinem Plan auch nicht so richtig begeistert zu sein schien.

»Ich möchte, dass er sich ansieht, wozu Bence in der Lage ist. Vielleicht wissen seine anderen Kinder gar nicht, was er mit mir gemacht hat.«

Nun schaltete sich auch mein Sohn Jonas ein:

»Meinst du wirklich, dass das jetzt der richtige Zeitpunkt ist?«

Ohne auf ihn einzugehen oder weitere Bedenken zuzulassen, griff ich zum Telefon und tippte die Nummer ein. Die hatte ich bereits vor einiger Zeit aus dem Internet gesucht, mich aber bisher nicht dazu durchringen können, ihn auch anzurufen. Zu schmerzhaft waren die Erfahrungen mit Glora und Pypa gewesen.

»Horváth.«

»Ich möchte gern Roman sprechen«, fiel ich gleich mit der Tür ins Haus.

»Der schläft schon.«

»Schade. Ich wollte ihm nur sagen, dass er sich gleich die Reportage über Kuckuckskinder im Fernsehen ansehen soll.«

»Wer sind Sie eigentlich?«, fragte die Frauenstimme am anderen Ende der Leitung.

»Ich? Ich bin Sophie, Romans Halbschwester. Sie wissen wohl gar nicht, dass es mich gibt, oder?«

»Nein, das weiß ich tatsächlich nicht. Roman hat eine Halbschwester?«

»Schauen Sie einfach die Sendung im ZDF und vergessen Sie nicht, Roman zu wecken«, sagte ich und legte auf.

Triumphierend blickte ich in die Runde.

»Na, da staunt ihr, was?«

Ich fühlte mich grandios. Denen hatte ich es gezeigt, jawohl! Ich fand, ich hatte Dampf an der richtigen Stelle abgelassen. *Sehr gut, Sophie!* Endlich hatte ich einmal selbst etwas in Gang gesetzt. Doch so schnell die Euphorie gekommen war, so schnell begann sie auch wieder abzuebben. Hatte Jonas vielleicht doch recht gehabt und ich hätte noch einmal kurz nachdenken sollen, bevor ich in blinden Aktionismus verfiel? *Ach was, Sophie, alles ist gut.* Das war genau das Richtige. Während ich noch darüber nachdachte, hörte ich Noah sagen:

»Mum, ich verstehe ja deine Freude, aber nun setz dich, es geht gleich los.« Er packte mich am Arm und zog so fest daran, dass ich unsanft von den Beinen gerissen wurde und auf das Sofa plumpste.

Ein kleiner musikalischer Vorspann: ›Es ist, was es ist, sagt die Liebe ...‹

Nun wurde ich noch nervöser und zwirbelte wie immer, wenn ich in angespannten Situationen nicht rauchen konnte, in meinen Haaren. *Zu dumm, dass wir beschlossen hatten, nicht mehr im Wohnzimmer zu rauchen,* dachte ich. Ich spürte, wie das Blut in meinem Kopf rauschte und der Kloß in meinem Hals immer dicker zu werden schien.

Dann war es so weit.

Mir war, als würde ich eine fremde Person im Fernsehen betrachten. Es herrschte eine unheimliche Stille, bis auf den Ton, der aus den Lautsprechern des Fernsehapparates kam. Wir saßen gebannt da und lauschten der Erzählerin, die über Kuckuckskinder berichtete. Irene hatte mich gut in Szene gesetzt. Der Bericht darüber, was ich auf der Suche nach meiner Identität und der Wahrheit erlebt hatte, fühlte sich authentisch an. Ich kämpfte mit den Tränen, als ich meine eigene Geschichte im Fernsehen verfolgte. Ich wollte nicht weinen, ich wollte stolz sein, dass ich trotz allem meinen Weg so weit gegangen war.

Als nach der Sendung das Telefon klingelte, schreckte ich hoch. Wer konnte das um diese Uhrzeit noch sein? Augenblicklich meldete ich mich für den Fall, dass es Roman war, der die Sendung doch noch gesehen hatte und mir nun die Meinung sagen wollte.

»Nein, mein Hans im Fernsehen mit seinem Motorrad, er ist ja so gut getroffen ...«, hörte ich die Stimme von Christiane, der Mutter von Hans. Ihr war nichts Besseres eingefallen, als sich darüber zu freuen, was für eine klasse Figur ihr Sohn auf dem tollen Motorrad abgegeben hatte.

»Du, ich reiche dich mal weiter. Mir ist gerade nicht nach Reden zumute«, unterbrach ich den Lobgesang auf ihren Sohn und reichte

Hans kopfschüttelnd den Hörer, der sofort mit dem Telefon in die Küche verschwand.

»Wer war das denn?«, fragte Marlene irritiert.

»Christiane. Sie fand ihren Sohn im Fernsehen so genial, dass sie gleich anrufen musste«, meinte ich nur, griff nach einer Flasche Wein auf dem Tisch und schenkte mir großzügig nach.

Marlene sah mich nur vielsagend an und nahm ebenfalls einen großen Schluck aus ihrem Glas. Wir saßen noch eine Weile im Wohnzimmer und redeten über die Sendung, bevor sie sich einige Zeit später verabschiedete.

Auch meine Söhne waren mittlerweile gegangen. Noah hatte mir noch im Hinausgehen versichert, dass er stolz auf mich sei und nie gedacht hätte, dass ich *das Ding*, wie er sagte, wirklich durchziehen würde. Ich atmete tief durch, der Tag war aufregend für mich gewesen. Mit Hans sprach ich an diesem Abend nicht mehr, denn offenbar hatten er und seine Mutter sich sehr viel am Telefon zu erzählen. Als ich ins Bett ging, sprach er immer noch mit ihr.

Ein wenig aufgeregt fuhr ich am nächsten Morgen zur Arbeit. Ich stellte mir die Frage, ob meine Kollegen die Reportage gesehen hatten und wie sie darauf reagieren würden. Gleich nachdem ich angekommen war und noch ehe ich *Guten Morgen* sagen konnte, nahm mich tatsächlich bereits die erste Kollegin in Beschlag.

»Meine Güte, Sophie, ich habe dich gestern im Fernsehen gesehen. Was ist dein Vater bloß für ein Mensch? Was hat er sich dabei gedacht? Es ist einfach unglaublich, was passiert ist und wie er sich dir gegenüber verhält!«

»Gib mir ein paar Minuten und lass mich erst mal ankommen. Nachher erzähle ich mehr«, versprach ich.

Ich startete meinen Computer und ging in die Küche, um mir einen Kaffee zu holen, mit dem ich mich dann zu meiner Kollegin setzte, die schon gespannt darauf wartete, mir die ersten Fragen stellen zu dürfen.

Die Reaktionen auf die Reportage waren durchweg positiv ausgefallen. Alle, die sie gesehen hatten, konnten nicht glauben, was mir da widerfahren war. Selbst Karla wurde auf der Straße angesprochen.

»Stell dir vor, ich wurde heute Morgen beim Einkaufen von einer Nachbarin, die sonst kein Wort mit mir redet, auf die Reportage angesprochen!«

Karla berichtete, wie die Nachbarin sich ebenfalls über Bences Verhalten echauffiert habe und der Meinung sei, dass diese Neuigkeit sich wie ein Lauffeuer verbreiten würde. Vermutlich würde sie an Letzterem selbst nicht ganz so unschuldig sein, grinste ich in mich hinein. Karla selbst hatte der Beitrag genauso gut gefallen wie mir, auch wenn es für uns beide ein komisches Gefühl gewesen war, uns selbst im Fernsehen zu sehen. Doch das, was ich damit bezwecken wollte, hatte ich immerhin erreicht. Ich wollte, dass das Verhalten meines Vaters mir gegenüber öffentlich wurde und ich nicht mehr nur das stumme Opfer der ganzen Geschichte war. Diejenige, die schön ruhig zu sein und den Mund zu halten hatte. Diejenige, für die alle anderen die Entscheidungen getroffen hatten, nur sie selbst nicht. Diejenige, die ein Leben führen musste, das für sie von anderen Menschen geplant wurde, deren Motive nichts mit Liebe zu tun hatten, sondern ausschließlich auf Egoismus und Selbstschutz basierten, und denen es völlig gleichgültig war, was sie anderen Menschen, in diesem Fall mir, damit antaten.

Ich jedoch hatte, zugegebenermaßen hauptsächlich auf Drängen meines Sohnes, endlich einmal eine eigenständige Entscheidung in dieser Angelegenheit getroffen und fühlte mich gut dabei; allein dafür hatte sich mein Mitwirken in der Reportage bereits gelohnt. Außerdem hoffte ich, dass mein Bericht auch andere Betroffene motivieren würde, ihre Situation zu überdenken und ihr Schicksal in die Hand zu nehmen, so wie ich es schon von Anfang an seit meinem Beitritt zu dem Kuckuckskinder-Forum empfunden hatte.

***

Unverhofft schnell erhielt ich Post von meiner Anwältin. Frau Ziegler hatte die Zeit genutzt, Kontakt mit dem Amtsgericht aufzunehmen, und Akteneinsicht erhalten. Dabei hatte sie festgestellt, dass das Gericht im Jahr 2002 eine Anfrage an meine damalige Rechtsanwältin Frau Rose gestellt hatte: ob der Prozess in der Ehelichkeitsanfechtung aufrechterhalten bleiben solle, nachdem die Neuregelung der Ehelichkeitsanfechtung erfolgt sei. Es hieß dort außerdem, dass bereits im Jahr 2002 ein Urteil des Amtsgerichtes dahingehend ergangen sei, dass Werner Jacob nicht mein Vater war. Auch das Urteil war beigefügt.

Wie oft hatte ich in den vergangenen Jahren in der Küche gesessen und Post erhalten, die mir den Boden unter den Füßen wegzog. Nun saß ich wieder dort, diesmal jedoch wesentlich gefasster, ruhiger und ohne Zigarette im Mund. Schwarz auf weiß stand dort geschrieben, dass Werner Jacob nicht mein Vater war. Nun war ich auch rechtlich vaterlos. Hin und her gerissen zwischen Gefühlen der Leere, der Trauer und der Euphorie, griff ich zum Telefon und wählte die Nummer meiner Anwältin.

»Frau Ziegler, können Sie mir bitte erklären, warum mir meine damalige Anwältin dieses Urteil nicht hat zukommen lassen? Sie hätte mich doch darüber in Kenntnis setzen müssen, dass das

Verfahren weiterbetrieben werden kann. Kann es sein, dass sie von Bence Horváth gekauft worden ist?«

»Sie hätte Sie in jedem Fall informieren müssen, das steht fest«, antwortete Frau Ziegler. »Warum sie es nicht getan hat, darüber kann man nur spekulieren. Aber das Beste ist, Sie sehen das Ganze positiv: Nun haben wir ein Urteil, das es uns ermöglicht, unsere Klage auf Feststellung der Vaterschaft einzureichen.«

»Sie haben recht«, räumte ich ein. »Ich hätte damals lediglich Werners Vaterschaft aberkennen lassen können, mehr aber auch nicht. Ich musste mich ja an den mit Bence geschlossenen Vertrag halten – dachte ich. Verstehen muss ich das Ganze dennoch nicht.«

»Das glaube ich Ihnen gern. Ich werde nun den Klageentwurf anfertigen. Sie erhalten ihn in den nächsten Tagen.«

Meine Rechtsanwältin hielt Wort. Und wie ich anerkennend feststellen musste, verstand sie etwas von ihrem Job. Sie verfasste eine klare und präzise Klageschrift ohne jegliche Polemik. Sie beschrieb auf nüchterne Art und Weise alles, was sich im Zusammenhang mit meiner Abstammung bisher ereignet hatte, stellte unmissverständlich klar, dass sie den zwischen Bence und mir geschlossenen Vertrag als rechtswidrig ansah, begründete das unverlierbare Recht auf Kenntnis der eigenen Abstammung und endete folgerichtig mit dem ausdrücklichen Antrag auf Feststellung der Vaterschaft.

Das Einzige, was mich wieder einmal bedrückte, war das auffällige Desinteresse meines Freundes, der es nicht einmal für nötig hielt, die Klageschrift zu lesen. Ich fühlte mich von Hans alleingelassen, was jedoch an meiner Entschlossenheit nichts änderte, meinen Weg bis zum Ende zu gehen.

Trotz der professionellen Unterstützung durch Frau Ziegler gab ich mich nach den bisherigen Erfahrungen mit meinem vermeintlichen Erzeuger nicht der Illusion hin, die Angelegenheit würde ohne Schlammschlacht weitergeführt werden können. Und damit sollte ich recht behalten. Der gegnerische Anwalt, Herr Eick, ließ keine Möglichkeit aus, schmutzige Wäsche zu waschen. Er verfasste eine über zwanzig Seiten lange Stellungnahme und versuchte, mich mit diversen unwahren Behauptungen und Verleumdungen einzuschüchtern.

In seinen Ausführungen beschrieb er, wie sich Bence durch mich und meine Attacken unter Druck gesetzt fühle und wie sehr er seine Lebensqualität eingebüßt habe. Durch den von mir inszenierten Fernsehbericht habe ich ihm die Paparazzi regelrecht auf den Hals gehetzt. Auch habe ich den Antragsgegner während einer Herzattacke seiner Frau buchstäblich überfallen. Er, Bence, habe sich in einer Situation, in der er um das Leben seiner geliebten Frau bangte, mit einer wildfremden Frau auseinandersetzen müssen, die aus heiterem

Himmel behauptete, seine Tochter zu sein. Dabei habe sie jegliches Verantwortungsgefühl als Krankenschwester vermissen lassen. Aus Sorge um seine Frau habe er dieser Dame dann massiv entgegentreten müssen. Er, Bence, habe in seinem Leben immer hart gearbeitet und körperliche sowie emotionale Höchstleistungen vollbracht, um in Deutschland Fuß zu fassen und ein geachtetes Mitglied der Gesellschaft zu werden. Und ausgerechnet in einer besonders schwierigen Lebensphase sei ich in sein Leben eingedrungen und habe ihn belästigt. Auch solle man sich Gedanken darüber machen, warum ich das damals ausgesetzte Ehelichkeitsanfechtungsverfahren selbst nach einer Nachfrage des Gerichtes nicht weiter verfolgt habe und die Geschichte nun plötzlich neu aufrolle. Außerdem könne Bence sich nicht mehr daran erinnern, im besagten Zeitraum der möglichen Empfängnis mit meiner Mutter Geschlechtsverkehr gehabt zu haben. Darüber hinaus habe ich bereits in den Achtzigerjahren bei ihm angerufen und ihn mit der Behauptung konfrontiert, seine Tochter zu sein. Mehrmals unterstellte mir der Anwalt, ausschließlich aus Geldgier zu handeln.

Das war eine noch größere Schlammschlacht, als ich sie erwartet hatte. Ich eine geldgierige Schmarotzerin, deren Handlungen jeglicher Rechtsgrundlage entbehrten?

»Was bildet der sich eigentlich ein? Das lasse ich nicht auf mir sitzen, so ein Schriftstück gespickt mit bösen Behauptungen und Verleumdungen!«, ereiferte ich mich. »Der arme Mann hat also emotionale Höchstleistungen vollbracht? Höchstleistungen höchstens darin, mich von vorne bis hinten zu hintergehen und dafür zu sorgen, dass ich nicht einmal die Information erhalte, dass ich das Verfahren weiter betreiben kann. Ich habe das besagte Urteil und die Gerichtsanfrage nie erhalten. Das stinkt doch alles komplett zum Himmel!«

»Beruhigen Sie sich. Für die Gerichte ist es nicht wichtig, was dort geschrieben steht. Wichtig sind allein die Fakten.«

»Von mir aus, aber ich werde hier als Lügnerin und Betrügerin hingestellt, während er sich als armen, alten Mann verkauft, der in seinem Leben nie etwas verbrochen hat und sich nun einer rachsüchtigen Furie gegenübersieht, die sein Leben vernichten will. Der kann was erleben, der wird mich jetzt erst richtig kennenlernen!« Auch wenn ich versuchte, ruhig zu bleiben, zerriss mich die pure Wut innerlich.

»Wir werden darauf nicht eingehen, ich werde lediglich sachlich Stellung dazu nehmen. Aber ich sagte Ihnen schon, stellen Sie sich auf einen langwierigen Prozess ein. Wir hören voneinander.«

Frau Ziegler beendete das Gespräch. *Warum müssen Anwälte eigentlich immer so nüchtern sein*, dachte ich frustriert, während ich kurz überlegte, welche meiner Tassen ich am ehesten entbehren konnte, um sie in hohem Bogen gegen die Wand zu schmeißen. Dann kam ich aber zu dem Schluss, dass die arme Tasse ja auch nichts für meinen leiblichen Vater konnte, der sich mir gegenüber wie ein Dreckskerl verhielt.

***

Mittlerweile war es Dezember geworden und es schien, als solle der Prozess künstlich in die Länge gezogen werden. Acht Monate waren seit der Klageerhebung vergangen. Lutz Eick, der gegnerische Anwalt, hatte immer wieder um Fristverlängerungen gebeten. Schriftsätze gingen zwischen Frau Ziegler und ihm hin und her, die von seiner Seite aus einen Tiefschlag nach dem anderen enthielten. Die ohnehin schon dicken Aktenordner füllten sich mit weiteren Anträgen auf Widerklagen. Ich verstand von der Materie herzlich wenig und begann irgendwann, die Schriftstücke nur noch abzuheften.

Doch auch diese Verzögerungstaktik würde Bence nicht helfen. Ich hatte nicht vor, mich mürbe und mundtot machen zu lassen. Das war schon einmal geschehen und es würde mir nicht wieder passieren. Dieses Mal würde er sich nicht so leicht aus der Affäre ziehen. Ich wusste, irgendwann würde der Tag kommen, an dem ich mein Recht bekäme. Und so lange würde ich eben Schriftstücke in Aktenordnern abheften. Und wenn dieses Verfahren mich auch an die absoluten Grenzen meiner Geduld brächte, eins würde ich ganz sicher nicht tun: Aufgeben!

10

Oder sollen wir noch mal fünfzigtausend Euro drauflegen?

Oft wunderte ich mich, wie ich das alles seelisch bewältigen und woher ich die Kraft nehmen sollte, dieses Verfahren durchzustehen. Herr Eick verstand sein Handwerk wirklich hervorragend und schaffte es immer wieder, mich mit seinen Schriftstücken zu demütigen und zu beleidigen. Ich fragte mich oft, ob der Anwalt sein Vorgehen selbstständig plante oder ob auch Bence aktiv daran mitwirkte. Wie auch immer, es war wenigstens ein kleiner Trost, dass mein mutmaßlicher Erzeuger für jedes Schriftstück seines Anwalts vermutlich mehr zahlen musste, als ich in einer Woche verdiente. Außerdem erwies sich meine Anwältin als Fels in der Brandung; sie konnte dem gegnerischen Advokaten nicht nur das Wasser reichen, sie schaffte es auch immer wieder, mich zu beruhigen und zum Weitermachen zu ermutigen.

***

In der Zwischenzeit hatten Hans und ich wider alle Vernunft geheiratet. Ich gehörte nun zu seiner Familie und hatte seinen Nachnamen angenommen. Aber schon kurz nach der Hochzeit stellte ich meine Entscheidung infrage, denn im Grunde genommen war ich schon wieder in mein altes Verhaltensmuster zurückgefallen: nur nicht allein sein zu wollen. Ich hatte einen Mann geheiratet, der mit mir nichts gemeinsam hatte und mit dem, was mir wichtig war, nichts anfangen konnte. Der Gedanke, einen großen Fehler gemacht zu haben, beschäftigte mich Tag und Nacht, aber ich wusste einfach nicht, was ich tun sollte. Auch wenn ich mir selbst vielleicht eingestehen konnte, dass ich erneut einen Fehler gemacht hatte, war es ja damit nicht getan. Was würden die Leute von mir denken, meine drei Jungs, meine Freunde, die Nachbarn? Wie sollte ich das schon wieder erklären? Die Wahrheit war, ich konnte es nicht erklären, und ich schämte mich fürchterlich. Ich musste da einfach durch. Vielleicht würde es mit der Zeit ja besser werden. Ich konnte einfach nicht schon wieder aufgeben.

Also versuchte ich, mein schlechtes Gefühl, was die Beziehung zwischen mir und Hans betraf, einfach zur Seite zu schieben und weiterzumachen. Leider ließ sich das Ganze nicht so einfach bewerkstelligen, wie ich mir das vorgestellt hatte. Denn auch wenn mein Wille durchaus stark war, mein Körper funktionierte immer weniger und ich wurde von Tag zu Tag schwächer. Ich war durchweg müde und unkonzentriert, weil ich schlecht schlief. Ich machte Fehler und die kleinste Kleinigkeit brachte mich an den Rand der Verzweiflung, ein Glas beispielsweise, das irgendjemand auf dem Küchentisch hatte stehen lassen, statt es in die Spülmaschine zu stellen. An manchen Tagen war ich zu erschöpft, um die Treppe ins obere Stockwerk hinaufzugehen.

Die Ärzte waren sich nicht einig, was meine Diagnose betraf. Der eine tippte auf das Erschöpfungssyndrom, der andere vermutete eine Borreliose. Einig waren sie sich nur darüber, dass ich nicht arbeiten konnte. Also wurde ich für längere Zeit krankgeschrieben. Nach Beendigung meiner Lohnfortzahlung bekam ich nur noch Krankengeld und konnte mich nicht mehr in voller Höhe an den Lebenshaltungskosten beteiligen, was Hans mehr und mehr missfiel. Er hatte ein seltsames Verhältnis zu Geld und bestand darauf, unsere Finanzen strikt zu trennen. Für mich war das eigentlich in Ordnung. Ich hätte aber auch nie damit gerechnet, dass unser finanzielles Abkommen so in Stein gemeißelt war, wie Hans das offensichtlich auslegte.

Wir hatten auch die umgekehrte Situation bereits erlebt, als Hans sich in einer finanziellen Notlage befand. Unterhalt für seine beiden Kinder, Computer und Motorrad fraßen den größten Teil seines nicht allzu üppigen Gehalts auf. Für mich war es damals selbstverständlich gewesen, ihn zu unterstützen. Natürlich hatte ich angenommen, dass dies auch im umgekehrten Fall gelten würde. Ich wurde eines Besseren belehrt. Hans' Verhalten verletzte mich sehr. Mir wurde wieder bewusst, dass er mich während der gesamten Auseinandersetzung mit Bence nie wirklich unterstützt hatte.

Als Hans schließlich selbst die Scheidung vorschlug, willigte ich ein, suchte mir eine neue Wohnung, beauftragte Frau Ziegler auch mit der Scheidung und nahm mir vor, Männer für unbestimmte Zeit aus meinem Leben zu verbannen.

***

Allmählich hatte ich mich von meiner Krankheit erholt und irgendwann ging es tatsächlich auch mit dem juristischen Gerangel um meine Abstammungsaffäre voran. Trotz aller Verzögerungsmanöver seitens meines vermutlichen Vaters beschäftigte sich das Gericht nun mit der Beweisaufnahme, um herauszufinden, ob Bence Horváth mein leiblicher Vater war oder nicht. Zum einen sollte dies durch eine Befragung meiner Mutter geschehen, zum anderen durch ein Abstammungsgutachten.

Den Termin für die mündliche Verhandlung hatte man für Mitte August anberaumt. Auf ein erneutes Zusammentreffen mit Regine hätte ich gern verzichtet, aber ich konnte es natürlich nicht umgehen; ihre Aussage war wichtig.

Ich war mir allerdings so gut wie sicher, dass Regine sich Ausrede um Ausrede einfallen lassen würde, um nicht erscheinen zu müssen, wie sie es schon damals bei der Ehelichkeitsanfechtungsklage mit Werner getan hatte. Allein wegen ihr hatte sich der Termin zur Blutentnahme damals mehrere Male verschoben. Mit der Hoffnung auf ein wenig Genugtuung und gespannt auf Regines Taktik hatte ich auf den neuen Termin gewartet.

Meine Vermutung, dass sie versuchen würde, sich aus der Affäre zu ziehen, wurde wenig später bestätigt. Regine gab an, wegen einer Operation am Fuß den Termin nicht wahrnehmen zu können. Der Gerichtstermin wurde daraufhin um einen Monat verlegt. Auch wenn ich natürlich damit gerechnet hatte, war ich unglaublich enttäuscht und persönlich getroffen.

Ich hatte ihr Verhalten also richtig eingeschätzt, und Regine wäre nicht Regine gewesen, wenn sie nicht noch weitere Ideen gehabt hätte, sich vor dem Prozess zu drücken. So erklärte sie wenig später dem Gericht in einem weiteren Brief, dass sie den Fuß nun wegen der Operation nicht belasten dürfe und zudem unsicher laufe. Deshalb könne sie die Fahrt mit dem Bus oder Zug nicht antreten. Hinzu käme, dass sie im letzten Jahr einen Schlaganfall gehabt habe und außerdem kein Geld für Taxifahrten abzweigen könne. Ein entsprechendes Attest würde ebenfalls Geld kosten und das könne sie auch nicht aufbringen. Sie bat um Verständnis für ihre Situation, doch das hatte ich beim besten Willen nicht. Das Gericht hatte mich um eine Stellungnahme dazu gebeten; man wollte wissen, ob ich Regines Wunsch akzeptierte, nur eine schriftliche Aussage machen zu dürfen. Regines Verhalten war mir nur allzu vertraut. Sie tat sich in erster Linie selbst leid, und das mit einer Konsequenz, die kaum zu überbieten war. Bei meinen wenigen Besuchen hatte sie mir stets ausufernd ihr Leid geklagt – Regine litt eigentlich immer. Die Welt war gegen sie und niemand hatte auch nur das geringste Verständnis dafür, wie arm sie eigentlich dran war. Das fand zumindest Regine. Sie sei krank, keiner würde sich um sie kümmern und keins ihrer fünf Kinder sei je für sie dagewesen.

Ich hatte mich oft gefragt, ob sie jemals einen Gedanken an mich und meine vier Halbgeschwister verschwendet hatte und daran, was ihr Verhalten und ihre Entscheidungen für uns bedeutet hatten und immer noch bedeuteten. Doch die Antwort auf diese Frage war relativ einfach: Natürlich nicht, denn in ihren eigenen Augen war Regine das Opfer und sonst niemand. Deshalb machte mich die Frage des Gerichtes auch so unglaublich wütend. Ich wollte, dass Regine endlich wachgerüttelt wurde und jemand ihr den verdammten Egoismus und die Egozentrik vor Augen führte, mit denen sie schon all die Jahre durchs Leben ging. Ich wollte, dass sie verstand, was sie da tat. Natürlich war mir dabei bewusst, dass mein Wunsch, bei Regine könnte ein Erkennen stattfinden und sie würde sich ihres eigenen Handelns bewusst werden, nie erfüllt werden würde. Doch gerade deshalb wollte ich, dass sie persönlich erschien, und teilte dies dem Gericht unmissverständlich mit. Meine Entscheidung hatte allerdings die Konsequenz, dass der sowieso schon um einen Monat verlegte Termin wegen Verhinderung der Zeugin nun erneut verschoben wurde.

Regine schien sich jeglicher Verantwortung entziehen zu wollen, genau wie Bence es schon versucht hatte. Sie schaffte es allerdings lediglich, sich noch einen weiteren Monat vor dem Termin zu drücken. Sie würde früher oder später kommen müssen, daran führte nun kein Weg mehr vorbei. Ich dachte an Frau Zieglers Worte, ich solle mich auf einen langwierigen Prozess einstellen. Ein guter Rat, denn mittlerweile hatten wir schon wieder Oktober.

***

Meinem überaus peniblen Verständnis für Pünktlichkeit hatte ich es zu verdanken, dass ich schon am Eingang des Gerichtsgebäudes auf Regine traf. Mittlerweile wohnte ich nicht mehr in Bremen, sondern in einem kleineren Ort in Niedersachsen. Das dortige Gerichtsgebäude war nicht mit denen zu vergleichen, die ich bereits kannte; es war modern und wies keinerlei Charme auf. Ich hatte noch Zeit und war außerhalb des Gebäudes geblieben, um in Ruhe noch eine Zigarette zu rauchen. Das Wetter war schlecht, es hatte den ganzen Morgen geregnet, und der Wind peitschte mir um die Ohren. Ich wollte gerade meine Zigarette ausdrücken und in das Gebäude gehen, als ich im Augenwinkel eine Person auf das Gerichtsgebäude zukommen sah. Sie hatte zwar einen Gehstock dabei, war aber ohne sichtbare Einschränkungen flott auf das Gebäude zugelaufen, bis sie mich erblickte. Wie auf Kommando verschlechterte sich ihr Gangbild von einer Sekunde auf die andere. Wenn es nicht so traurig gewesen wäre, hätte ich vermutlich darüber gelacht. Typisch Regine! Sie bemühte sich, möglichst mitleiderregend und schwerfällig die wenigen Stufen zum Eingang hochzuklettern. Als unsere Blicke sich trafen, murmelte sie vor sich hin und deutete an, mich anspucken zu wollen. Ich hatte mir vorgenommen, auf keine von Regines Provokationen zu reagieren, ignorierte sie und ging die Treppen zum Gerichtssaal hoch.

Im Gebäude trafen sich unsere Blicke ein zweites Mal. Sie hatte sich in der Zwischenzeit in der äußersten Ecke der Wartezone einen Platz gesucht. Der lag so, dass ich auf dem Weg in den Gerichtssaal noch einmal an ihr vorbeimusste. Dabei musterte ich sie noch einmal kurz; ihr Aussehen hatte sich kaum verändert. Äußerlich schien sie nicht gealtert zu sein und ich musste mir eingestehen, dass sie gar nicht schlecht aussah. Sie trug eine Jeans und eine moderne Bluse, die mit ihren offenen, blond gefärbten Haaren harmonierte, doch innerlich hatte sie sich nicht verändert. Kaum war ich in Hörweite, begann sie mich wüst zu beschimpfen.

»Du Flittchen, was hast du mir da eingebrockt? Du Hure! Kein Wort werde ich sagen, kein Wort!«, fuhr sie mich an.

»Versuchen Sie, nicht auf ihr Gerede einzugehen«, sagte Frau Ziegler. Sie fasste mich an den Arm und zog mich mit sich. »Kommen Sie, wir haben noch Zeit, wir gehen nach unten.«

Eine gute Idee. Sie hatte mich in diesem Moment gerettet. Ich hatte gar nicht bemerkt, dass sie schon länger auf dem Flur gestanden und die Szene beobachtet hatte. So ließen wir Regine einfach sitzen, während ich dankbar Frau Zieglers Vorschlag folgte und mit ihr nach draußen ging.

»In Sachen Nielsen / Horváth bitte eintreten«, ertönte es wenig später aus dem Lautsprecher. Meine Anwältin ging voran und ich folgte ihr, während ich Regines bohrende Blicke auf meinem Rücken spürte. Sie humpelte ebenfalls in den Saal und nahm auf den Zuschauerplätzen Platz. Der Gerichtssaal wirkte kahl und nüchtern. Die Tische waren in U-Form aufgestellt, in der Mitte stand ein Stuhl für die Zeugen. Rechts von mir befand sich das Richterpult, auf der mir gegenüberliegenden Seite war der Platz für die beklagte Partei.

Die Vorsitzende Richterin verlas die Formalitäten und besprach sich mit den Anwälten. Dann wurde Regine hinausgebeten, was allen Anwesenden einen weiteren theatralischen Auftritt bescherte. So ächzend, wie sie den Raum betreten hatte, so mitleidheischend verließ sie ihn auch wieder. Ich hielt meinen Blick gesenkt.

Auf der mir gegenüberliegenden Seite saß Herr Eick, den ich an diesem Tag zum ersten Mal sah. Ich hatte mich oft gefragt, wie ein Mensch, der solche Schreiben verfasste, wohl aussehen mochte. Was auch immer ich mir vorgestellt hatte, es entsprach nicht der Realität. Herr Eick war ein relativ nichtssagender älterer Herr, der wohl bald in Pension gehen würde und nicht im Entferntesten so bedrohlich wirkte, wie es seine Schreiben waren. Doch sein Aussehen täuschte. Er musterte mich abschätzig und machte mir gleich klar, was ich von ihm zu erwarten hatte.

»Nur damit Sie es wissen, wir werden notfalls bis zum höchsten Gericht gehen, darauf können Sie sich verlassen! Oder sollen wir noch einmal fünfzigtausend Euro drauflegen?«

Er räusperte sich und lehnte sich zurück, er genoss meine irritierte und erschrockene Reaktion auf seine Worte sichtlich. Mir hatte es die Sprache verschlagen, und bevor ich sie wiederfand, fühlte ich, wie meine Anwältin unter dem Tisch meine Hand drückte. Gut so, denn es wäre wohl nur eine Frage der Zeit gewesen, bis mein Temperament die Oberhand gewonnen und mich zu einer unüberlegten Reaktion verleitet hätte.

Nach einigem juristischen Hin und Her zwischen den Anwälten und der Richterin, von dem ich nichts verstand, wurde Regine in den Gerichtssaal zurückgerufen. Stark humpelnd betrat sie den Saal. Sie stützte sich auf ihren Gehstock, während sie versuchte, ihr rechtes Bein hinter sich her zu schleifen. Sie ließ sich auf den Stuhl plumpsen und begann sogleich damit, der Richterin ihr Leid zu klagen:

»Wissen Sie, mir geht es nicht gut! Ich hatte einen Schlaganfall, und nun noch meine Operation am Fuß.«

Die sogenannte Operation war nicht mehr als ein kleiner Eingriff gewesen. Durch meinen Beruf wusste ich genau, dass eine solche Sache in ein paar Tagen ausgestanden war. *Aber im Schauspielern warst du schon immer gut*, dachte ich und lehnte mich zurück. Ich wartete gespannt darauf, was Regine zu sagen hatte. Die Richterin klärte sie darüber auf, dass sie von ihrem Recht, sich nicht äußern zu müssen, Gebrauch machen könne. Sie wurde aber auch über die Wichtigkeit ihrer Aussage aufgeklärt. Es ginge schließlich um das Vaterschafts-feststellungsverfahren ihrer Tochter. Regine wurde gefragt, ob sie sich äußern wolle, wer als Vater von mir in Betracht komme.

Da war er also, der Moment, von dem ich hoffte, dass sie wenigstens jetzt ihrer Verantwortung als Mutter nachkommen und dem Gericht bestätigen würde, dass Bence mein Vater war. Natürlich war es nicht so. Stattdessen drehte Regine sich um und zeigte mit ihrer Hand in meine Richtung.

»Das weiß die doch schon längst, wer ihr Vater ist. Ich sage hier nichts und mache von meinem Recht Gebrauch, mich nicht äußern zu müssen. Übrigens, wo ist hier die Kasse? Ich bekomme ja wohl die Kosten für die Anfahrt ersetzt.«

Vor meinem geistigen Auge zogen die Erinnerungen an die damalige Gerichtsverhandlung in der Ehelichkeitsanfechtungsklage mit Werner vorbei. Er hatte sich ähnlich verhalten. Ich fragte mich wieder einmal, wie tief ein Mensch sinken konnte.

Regine verließ den Saal und drehte sich nicht mehr um. Ein Hauch Boshaftigkeit blieb im Raum hängen, nachdem sie die Tür hinter sich geschlossen hatte. Trotzdem hatte ich Glück, denn es zeichnete sich ab, dass den Anträgen der Gegenseite nicht stattgegeben werden würde.

So war es dann auch. Alle Anträge, die Herr Eick eingereicht hatte, wurden zurückgewiesen. Ich grinste und in mir kroch ein wenig Schadenfreude empor. Mittlerweile ging es mir um mehr als nur darum, die Vaterschaft feststellen zu lassen. Ich wollte Bence zeigen, dass ich mich nicht ein weiteres Mal kaufen lassen würde. Vor allem jedoch ging es mir um Gerechtigkeit.

Gegen die Beschlüsse des Gerichtes reichte Herr Eick natürlich sofort Beschwerde ein und bat gleichzeitig um Fristverlängerung bis Anfang Januar 2011 für das Ausarbeiten der Begründung. *Denen geht es nur darum, Zeit zu schinden,* dachte ich. *Mein Vater tut alles, um diesen Prozess in die Länge zu ziehen; offenbar hofft er immer noch, mich zermürben zu können.*

Haareraufend saß ich in meiner Küche und hielt das Schreiben der Gegenseite in der Hand, das Frau Ziegler mir weitergeleitet hatte. Ich beschloss, mich nicht länger hinhalten zu lassen, und rief meine Rechtsanwältin an, in der Hoffnung, dadurch etwas bewegen zu können.

»Will er das Verfahren absichtlich in die Länge ziehen, Frau Ziegler? Das dauert nun schon über eineinhalb Jahre, und so langsam sollte doch nun wirklich etwas passieren!«

»Frau Nielsen, ich hatte Sie ja schon vorgewarnt, dass Sie sich auf einen langwierigen Prozess einstellen müssen. Wir müssen Geduld haben, etwas anderes bleibt uns nicht übrig.«

»Aber dass es so lange dauert, das verstehe ich nicht. Ein Antrag jagt den nächsten, und ich verstehe nur noch Bahnhof«, seufzte ich in den Hörer.

»Ich weiß, Frau Nielsen, leider kann so ein Prozess durchaus mehrere Jahre dauern. Aber warten wir mal ab, was das Gericht beschließt. Ich denke, wir bekommen bald Bescheid.«

Bences Beschwerde hatte das Amtsgericht nicht stattgegeben, die Akten wurden nun dem zuständigen Oberlandesgericht zur Entscheidung zugesandt, das die Beschwerde ebenfalls recht schnell zurückwies. Das erhöhte meine Motivation wieder deutlich, dieses zähe Verfahren weiter durchzustehen.

11

Die erste Einladung

Obwohl Frau Ziegler mich immer wieder darauf hinwies, dass wir erst am Anfang einer langwierigen Auseinandersetzung standen, konnte ich meine Ungeduld kaum in Zaum halten – Geduld gehörte nun wirklich nicht zu meinen ausgeprägtesten Tugenden. Immer wenn ich glaubte, einen Schritt vorangekommen zu sein, wurde ich gefühlte fünfzehn Schritte zurückgeworfen. An manchen Tagen hätte ich die Wände hochgehen können und war oftmals so angespannt, dass ich regelrecht körperliche Schmerzen bekam. Mein Schicksal, so kam es mir vor, hatte mich auf eine wahrlich harte Probe gestellt.

Ich saß in meiner kleinen gemütlichen Küche, die ich mir nach meinem ganz persönlichen Geschmack eingerichtet hatte. Endlich durfte ich meine Kochutensilien wieder auf der Arbeitsplatte aufstellen, ohne dass sich jemand darüber aufregte. Kleine Blümchen in bunten Übertöpfen und Kerzen rundeten meine Dekoration ab. Das war einer der Vorzüge des Singlelebens, auch wenn ich das genaugenommen seit Kurzem eigentlich gar nicht mehr war.

Ich hatte mich lange dagegen gewehrt, denn mein Entschluss hatte festgestanden: Ich wollte keinen Mann in meinem Leben. Ich hatte mich mit der Tatsache abgefunden, dass ich einfach kein Händchen für Männer hatte und mir mit einer fast einhundertprozentigen Treffsicherheit immer den falschen aussuchte. Daher hatte ich Toni, den ich eines Tages bei einer Motorradtour kennengelernt hatte und mit dem ich mich hervorragend verstand, in die Kategorie ›Freunde‹ einsortiert. Allerdings hatte Toni wohl insgeheim beschlossen, dass ihm seine von mir zugedachte Rolle als Freund nicht zusagte und er sie zumindest nicht kampflos akzeptieren würde.

Toni war ein typischer Bayer und hatte seine Art, obwohl er schon lange im Norden lebte, nie abgelegt. Vom Aussehen her passte er allerdings gut zu den Menschen im Norden. Er hatte dunkelblonde

Haare, die leicht grau durchsetzt waren, war groß und kräftig gebaut, bekam tiefe Falten um die Augen und Grübchen, wenn er lachte, und hatte einen Dreitagebart rund um die Mund- und Kinnpartie. Wir unternahmen viel miteinander, gingen Essen, machten gemeinsame Ausflüge mit oder ohne Motorrad, und er unterstützte mich, wann immer ich Hilfe brauchte. Ich kam irgendwann nicht mehr umhin zu sehen, dass Toni einer der Männer war, auf die man sich wirklich verlassen konnte. Außerdem war er witzig und irgendwie machte mich das Zusammensein mit ihm glücklich. Also hatte ich irgendwann doch nachgegeben und war damit einverstanden gewesen, dass wir es miteinander versuchten. Eine Beziehung auf Probe quasi.

Ich hatte mir gerade eine Kerze angezündet und ein Glas Wein eingeschenkt. Außerdem nutzte ich gnadenlos einen weiteren Vorteil meiner neu erworbenen Selbstständigkeit aus: dass ich nun zum Rauchen nicht mehr nach draußen gehen musste, sondern am Küchentisch beim Weintrinken meine Kringel in die Luft pusten und dabei meinen Gedanken freien Lauf lassen konnte.

Das Heimatland meines vermeintlichen Vaters war also Ungarn. Ich mochte das Land, war mit dem Motorrad am Plattensee gewesen, hatte im Thermalsee von Heviz gebadet, hatte den unvergesslichen Ausblick von der Zitadelle in Budapest auf die in der Morgensonne glitzernde, sich vor der Margareteninsel teilende Donau noch vor Augen und liebte die ungarische Küche. Und nicht zuletzt war es ja Ungarn, das als erstes osteuropäisches Land damals die Grenzen geöffnet und dadurch den Mauerfall ganz entscheidend forciert hatte. Allein dadurch war mir das Land sympathisch. Warum nur, warum musste ausgerechnet *mein* ungarischer Vater so ein Fiesling sein?

Ich tippte den Namen von Bences Geburtsstadt, Miskolc, in meinen Laptop. Neugierig stöberte ich in den Ergebnissen und nahm mir vor, irgendwann einmal dort hinzufahren, bis mir plötzlich eine andere Idee kam. Ich gab den Namen Horváth ein und starrte gebannt auf den Bildschirm, der mir in weniger als einer Sekunde über sechshundert Einträge dazu ausspuckte. Interessiert scrollte ich die Seite hinunter, bis ich auf einen Eintrag bei *StayFriends* stieß. Ich hielt kurz die Luft an. Was ich da sah, war das Profil meines Halbbruders Pypa. Das konnte doch nicht wahr sein, ich hatte tatsächlich einen meiner Halbbrüder gefunden. Auf seinem Profilbild trug er ein grünes Poloshirt, war kräftig gebaut, seinen Kopf zierten graue, kurz geschnittene Haare. Ich stellte grinsend fest, dass man auch einen kleinen Wohlstandsbauch erkennen konnte. Sein bartloses Gesicht war hübsch mit feinen Zügen, fast ein bisschen feminin.

Und dann überkam es mich. Impulsiv, wie ich nun einmal war, schrieb ich ihm kurzerhand eine Nachricht. Ich ging gleich in die

Vollen und warf ihm vor, Angst vor einer Kontaktaufnahme mit mir zu haben und sich deshalb nicht bei mir zu melden. Er wolle vermutlich nichts mit mir zu tun haben; die gesamte Familie halte sich wohl ohnehin für etwas Besseres. Abschließend konnte ich mir nicht verkneifen, Pypa einen Gruß an meinen vermeintlichen Erzeuger auszurichten.

Pypa meldete sich postwendend. Auch er hielt sich nicht mit falschen Höflichkeiten auf, sondern schrieb, da könne ja jeder kommen und eine solche Behauptung aufstellen. Ich solle erst einmal beweisen, dass Bence mein Vater sei; er zumindest wisse nichts von einer möglichen Halbschwester.

Ich war gleichermaßen verärgert und erfreut; immerhin hatte er mir geantwortet, wenn auch nicht so, wie ich es mir erhofft hatte. Sofort entgegnete ich ihm, dass es mich doch sehr verwundere, wenn er angeblich nichts von mir wisse, nachdem wir doch schon vor sechzehn Jahren miteinander telefoniert hätten und er dabei erfahren habe, dass er mein Halbbruder sei. Um das Ganze zu untermauern, teilte ich ihm mit, dass meine Mutter Bence gegenüber dem Jugendamt als meinen Vater angegeben hatte. Mit der abschließenden Bitte um eine telefonische Unterredung schickte ich die Nachricht ab. Diesmal dauerte es zwei Stunden, die mir zu einer Ewigkeit wurden, weil ich mich auf nichts anderes konzentrieren konnte. Schließlich kam eine neue Nachricht von Pypa. Er wolle sich ebenfalls gern mit mir unterhalten und bat um meine Telefonnummer. Ich schickte ihm meine Kontaktdaten, schenkte mir ein weiteres Glas Wein ein und wartete auf Pypas Anruf. Der kam nur kurze Zeit später. Im Display erschien eine unbekannte Nummer. Nach einem kurzen Augenblick des Zögerns, vermutlich bedingt durch die Angst vor meiner eigenen Courage, nahm ich das Gespräch an.

»Nielsen.« Ich versuchte, so entspannt wie möglich zu klingen.

»Horváth. Hallo Sophie, hier ist Pypa.«

»Hallo Pypa, ich weiß gar nicht, was ich sagen soll. Du kannst dir nicht vorstellen, was mir dein Anruf bedeutet«, brach es aus mir heraus. Endlich sprach ich mit jemandem aus meiner Familie – meiner wirklichen Familie.

Ich berichtete Pypa alles, was sich bislang ereignet hatte, und er hörte mir geduldig zu. Als ich gerade bei dem Vertrag angekommen war, den Bence mir untergeschoben hatte, unterbrach mich Pypa.

»Ha, das sieht dem Alten ähnlich. Erst schläft er mit deiner Mutter und dann läuft er vor den Konsequenzen davon. Ich habe mich damals schon gefragt, ob du wohl Schweigegeld erhalten hast.«

Ich fiel aus allen Wolken; mit einer derartigen Reaktion und vor allem einer solchen Meinung über seinen Vater hatte ich bei Pypa nicht im Geringsten gerechnet. Ich räusperte mich, bevor ich nachhakte.

»Das hört sich so an, als ob du nicht so gut auf ihn zu sprechen bist. Habt ihr beiden keinen Kontakt mehr?«

»Mein Vater kann mich mal, wir haben schon lange keinen Kontakt mehr!«

Ich wurde noch neugieriger, als ich es sowieso schon gewesen war. War ich also nicht die Einzige, die unter Bences Verhalten zu leiden hatte?

»Warum, was ist passiert?«

»Das werde ich dir ein anderes Mal erzählen. Meine Frau winkt schon, denn das Essen ist fertig. Wir werden uns sehen, bestimmt.« Im Hintergrund vernahm ich eine Frauenstimme. Wir verabschiedeten uns und ich nahm das Glas Wein in die Hand, das ich in einem Zug leerte. Ich ließ das Gespräch Revue passieren und geriet ins Grübeln. Hatte sich meine Mühe, auf die Suche nach meinen Wurzeln zu gehen, nun doch noch gelohnt?

»Hey Schatz, du glaubst nicht, mit wem ich gerade telefoniert habe«, trällerte ich wenig später in den Hörer. Der Wein, den ich während des Gesprächs mit Pypa konsumiert hatte, tat ein Übriges.

»Du hörst dich so glücklich an. Jetzt bin ich aber gespannt. Erzähl mal, mit wem hast du denn gesprochen?«

»Ich hatte Pypa am Apparat!«

»Du hast mit wem gesprochen? Sag das noch mal!«

»Ja, du hast richtig gehört. Ich habe ihn bei *StayFriends* gefunden und einfach angeschrieben.«

»Und was hat er gesagt? Hey, das haut mich jetzt aber um!«, sagte Toni.

Er kannte die ganze Geschichte und wusste, wie verfahren alles in den letzten Jahren gewesen war und wie sehr ich darum gekämpft hatte, auch nur mit irgendjemandem aus der Familie sprechen zu dürfen.

»Ja, mich haut das auch um, und ich muss zugeben, dass ich ein bisschen beschwipst bin. Auf dieses Gespräch brauchte ich nämlich erst einmal ein Glas Wein«, erklärte ich und grinste in den Hörer. »Aber stell dir vor, er möchte mich kennenlernen, wir wollen uns treffen.«

»Hey Kleine, das finde ich total schön, und ich freue mich unheimlich für dich. Ich komme nachher vorbei, dann kannst du mir alles in Ruhe erzählen.«

Als er kurz danach in meiner Küche saß, erzählte ich ihm von dem Treffen, das Pypa mir während unseres Gespräches vorgeschlagen hatte.

»Mensch, das ist wirklich toll. Ich hoffe, es wird so, wie du dir das vorstellst. Soll ich dich begleiten oder möchtest du lieber alleine dort hinfahren?«

»Bitte sei mir nicht böse, aber ich glaube, es ist besser, wenn ich ihn erst einmal alleine treffe. Das ist ein Ding zwischen ihm und mir, und ich will ihn nicht so überfallen. Das verstehst du, oder?«

»Aber klar verstehe ich das. Wenn du mich brauchst, bin ich da. Das habe ich dir versprochen und dazu stehe ich auch. Was hältst du davon, dass ich in deiner Wohnung auf dich warte, damit du nicht so alleine bist, wenn du nach Hause kommst? Das ist schließlich ein großes Ereignis.«

»Danke, du bist einfach ein Schatz! Es tut mir so gut, dich an meiner Seite zu haben.«

»Ach, lass gut sein. Ich kann mich zwar nicht in deine Lage versetzen, weil ich so etwas nicht erlebt habe, aber ich kann wenigstens immer für dich da sein.«

Bereits am nächsten Tag hatte ich eine E-Mail von Pypa in meinem Postfach. Pypa schrieb mir, dass er die ZDF-Reportage über mich im Internet gefunden und sie sich gleich morgens angesehen habe. Besonders freute ich mich darüber, dass er mir am Abend Bilder von Bence schicken würde. Schließlich hatte ich meinen Vater bis jetzt ja nur einmal gesehen. Treffen wolle er mich ebenfalls bald, denn es gebe viel zu erzählen. Ich war gerührt; mit einer so positiven Reaktion hatte ich bei Weitem nicht gerechnet.

Pypa hielt sein Versprechen und schickte mir die Fotos. Es war ein Bild darunter, das offenbar von einer Trauerfeier stammte. Darauf waren mehrere dunkel gekleidete Personen zu erkennen, die nebeneinander standen. Pypa hatte mir parallel eine detaillierte Beschreibung der Personen, die dort zu sehen waren, geschickt, sodass ich die Möglichkeit hatte, die ganze Familie zuzuordnen. Er schrieb, dass dies das aktuellste Foto von Bence sei; die anderen Bilder in seinem Besitz seien mindestens fünfzehn Jahre alt, er müsse sie erst einscannen. Falls ich noch weitere Fotos oder andere Informationen von ihm haben wolle, solle ich mich einfach bei ihm melden.

Alles, was ich an Erinnerung an Bence heraufbeschwören konnte, war schemenhaft, unscharf. Es waren Umrisse seines Körpers und seines Gesichts, aber ein klares Bild wollte sich nicht einstellen. Mein Blick wanderte über das Foto auf dem Bildschirm und ich begann, die ersten Ähnlichkeiten zu entdecken. Das waren sie also, meine Verwandten, die ich nie zuvor getroffen hatte, und natürlich mein Vater, an dessen Gesicht ich mich nur vage erinnerte, dafür aber umso besser an das, was er mir gesagt, geschrieben und durch seinen Anwalt hatte mitteilen lassen. Sie sahen mir ähnlich, alle von ihnen hatten irgendetwas, das ich von mir kannte. Bei dem einen waren es die Augen, bei dem anderen die Gesichtsform, die die familiäre Ähnlichkeit so deutlich zeigten, dass ich mir den Test eigentlich hätte sparen können. Natürlich war es besonders Bence gewesen, der mir ein Erbe mit in die Wiege gelegt hatte, das keine Diskussion über meine genetischen Wurzeln zuließ. Es war zu offensichtlich, von wem ich abstammte. Ich bedankte mich bei Pypa und schrieb ihm, dass ich ihn und seine Frau unglaublich gern kennenlernen wolle. Ich hoffe, dieses Kennenlernen könne vielleicht die Frage beantworten, warum ich wohl niemals Gelegenheit bekommen werde, mit meinem Vater zu sprechen. Umso mehr würde ich mich darauf freuen, ihn und seine Frau kennenzulernen.

***

Auch wenn ich es immer noch nicht fassen konnte, ich hatte eine Einladung bekommen, Pypa und Priska am kommenden Sonntag zuhause zu besuchen. Nach so vielen Jahren sollte mein Wunsch, jemanden aus der Familie kennenzulernen, endlich in Erfüllung gehen. Es sprengte meine Vorstellungskraft. Und obwohl ich Pypa noch nie gesehen hatte, fühlte ich mich bereits mit ihm verbunden, als habe ich ihn schon immer gekannt.

Was ziehe ich bloß an, ich muss doch gut aussehen?, fragte ich mich wohl schon zum x-ten Mal an diesem Tag, während ich nur mit einem Handtuch bedeckt vor dem Spiegel stand. Ich hatte gerade geduscht und sah eine zweiundfünfzigjährige, schlanke Frau, die mir aus dem leicht beschlagenen Spiegel entgegenlächelte. *Du siehst gut aus*, dachte ich erfreut. Ich war glücklich und nach langer Zeit endlich wieder ausgeglichen und zufrieden, und das sah man mir auch an. Ich griff mir die Haarklammer, die ich auf den Waschbeckenrand gelegt hatte, und steckte meine Haare nach hinten, bevor ich mich auf den Weg ins Schlafzimmer machte, wo mein Kleiderschrank eine beinahe beängstigende Auswahl an Outfits für mich bereithielt. Ich öffnete ihn und zog beherzt eine Jeans, ein T-Shirt und eine Weste heraus. *Das passt*, dachte ich, *bloß kein Schnick-Schnack*.

Die Zufriedenheit über meine Auswahl hielt vom Kleiderschrank bis zur Haustür. Bereits als ich mit zittrigen Händen den Zündschlüssel ins Schloss steckte, war von meiner Selbstsicherheit über meine äußere Erscheinung nur noch ein schwaches Glimmen übrig. *Fahr runter*, ermahnte ich mich. Ich lehnte mich zurück, atmete einmal tief durch und startete den Motor. Das Radio schaltete sich automatisch mit ein. Ich konnte es kaum glauben, es lief gerade das gleiche Lied wie an diesem Tag vor sechzehn Jahren, als ich zum Standesamt gefahren war, wo mein Leben diese unerwartete Wendung genommen hatte. *Welche Fügung*, dachte ich und drehte den Lautstärkeregler auf. La Bouche, ›Be My Lover‹. Damals hatte ich nicht geahnt, was für einen langen und beschwerlichen Weg ich würde gehen müssen, um heute meinen Bruder kennenzulernen. Ich legte den ersten Gang ein und fuhr zur ersten Begegnung mit dem Menschen, der mir zweiundfünfzig Jahre lang vorenthalten worden war.

»Sie haben Ihr Ziel erreicht.« Das Navigationsgerät hatte mich geradewegs vor Pypas Haustür geführt. Das Haus der beiden befand sich in einem gepflegten Viertel in Bremen, das überwiegend aus Einfamilienhäusern bestand. Zum Eingang führte ein kleiner Weg, der durch die Bäume und Büsche am Straßenrand kaum zu erkennen war. Mein Auto parkte ich direkt in der Parkbucht der Auffahrt. Ich nahm nur wenig wahr von dem gepflegten Garten und der riesengroßen Terrasse, die sich auf der Vorderseite des Gebäudes befand. Zielstrebig ging ich auf die Haustür zu und konnte dabei im Vorbeigehen sehen, wie Pypa eilig aufstand und aus der Küche ging. Noch bevor ich die Klingel betätigen konnte, öffnete er bereits die Tür.

Unfähig, auch nur ein Wort zu sagen, stand ich da und starrte ihn eine gefühlte Ewigkeit an. Unbeschreibliche Emotionen überwältigten mich, und ohne zu zögern fiel ich ihm um den Hals. Ich spürte sofort eine innige Vertrautheit. Da standen wir nun voreinander, Geschwister, die sich in diesem Moment das erste Mal sehen durften. Pypa zog mich an sich heran, hielt mich in seinen Armen und drückte mich so fest an sich, dass ich fast keine Luft mehr bekam. Ich löste mich aus seiner Umarmung, wischte mir verstohlen die Tränen aus dem Gesicht und schaute in seine rehbraunen Augen, die sich ebenfalls mit Tränen füllten. Er sah genauso sympathisch aus wie auf dem Foto, das ich von ihm gefunden hatte.

»Meine Schwester!«, flüsterte er. Er zog mich wieder an sich und dann, nur um mich bewundern zu können, schob er mich nach einer Weile wieder sanft von sich. Sein Blick wanderte an meinem Körper auf und ab. »Du siehst ja genauso aus wie Glora, das gibt es doch gar nicht.«

Er sah mir tief in die Augen und zog mich im selben Augenblick wieder an sich. Dass unterdessen Priska, seine Frau, die ganze Zeit auf dem Flur gestanden und uns bei unserer Begrüßung zugesehen hatte, fiel mir erst auf, nachdem wir voneinander gelassen hatten.

»Komm herein, das müssen wir feiern.«

Ich begrüßte Priska, die mir verhalten die Hand reichte; auf den ersten Blick schien sie eher der zurückhaltende Typ zu sein. Sie bat mich in die Küche und ich ging ihr hinterher. Ihre dunklen Haare, die ihr bis auf die Schultern reichten, trug sie offen. Auch sonst war sie eher leger gekleidet. Sie hatte sich für unser erstes Kennenlernen für enge Leggins entschieden, zu denen sie ein ebenfalls eng anliegendes T-Shirt trug, das ihre etwas rundliche Figur betonte.

»Setz dich, ich habe Muffins gebacken.«

Eine Gefühlswelle überrollte mich. Da saß ich also tatsächlich bei meinem Bruder in der Küche und trank mit ihm und seiner Frau Kaffee.

»Bitte«, bat Pypa seine Frau, ohne den Blick von mir zu wenden, »hol uns doch eine Flasche Champagner, das muss gefeiert werden.« Priska ging in den Hauswirtschaftsraum und holte eine Flasche und drei Gläser. Sie setzte sich zu uns auf die Eckbank.

Ich erzählte, wie Bence bislang versucht hatte, sich aus der Affäre zu ziehen, und von den schmierigen Schreiben, die sein Anwalt Eick verfasst hatte.

»Da hat er aber weit ausgeholt mit seinen Behauptungen«, unterbrach mich Pypa. »Bence wehrt sich mit Händen und Füßen und steht nicht zu seinem, entschuldige bitte, Fehltritt. Was meinst du, wie es mir damit geht? Nun sitzen wir hier und mir wird noch klarer, was für einen Charakter unser Vater hat. Er hat meine Mutter betrogen, und überlege mal, Sophie, ich bin nur zehn Wochen jünger als du.« Ihm stand die Verletzung ins Gesicht geschrieben und ich spürte, wie sehr ihn das mitnahm.

»Ja«, meldete sich Priska zu Wort, »und die Geschichte im Krankenhaus erst, dass ich nicht lache! Hermine hat um ihr Leben gerungen, was für ein Schwachsinn!«

Priska konnte sich noch genau an den Krankenbesuch erinnern, den sie selbst Hermine damals abgestattet hatten.

Pypa erzählte mir mehr.

»Roman ist in meinen Augen ein kleiner Miesling, der Bence in den Hintern kriecht, vermutlich, damit er keinesfalls auf sein Erbe verzichten muss. Als Bence Hermine geheiratet hat, hatte er nur Angst um sein Erbe.«

»Wirklich?« Ich konnte nicht glauben, was ich da von ihm hörte, und schüttelte voller Unverständnis den Kopf, um dann meine Gedanken dazu laut auszusprechen. »So eine Haltung kann ich absolut nicht verstehen. Und was ist mit Glora, habt ihr wenigstens zu ihr Kontakt?«

»Nein«, sagte er. »Glora hat sich für unseren Geschmack etwas zu weit aus dem Fenster gelehnt. Wir durften nicht nur einmal ihren Ansichten über eine vernünftige Kindererziehung lauschen. Und das, obwohl sie selbst gar keine Kinder hat. Aber im Geben von klugen Ratschlägen ist sie einfach fantastisch«, schob er angesäuert hinterher. »Ehrlich gesagt, kann sie mich mal gern haben und von mir aus in ihrem Amiland vergammeln. Das Einzige, was sie kann, ist kluge Sprüche klopfen, aber dazu erzähle ich dir später mehr.«

»Ach, wohnt Glora nicht mehr in diesem Kaff in Süddeutschland?«, fragte ich.

»Nein, sie ist ausgewandert ins Land der unbegrenzten Möglichkeiten, um sich selbst zu verwirklichen. Scheint aber nicht geklappt zu haben; sie hat sich nicht verändert«, grinste er. Pypa war sichtlich genauso ergriffen von unserer ersten Begegnung wie ich. Dass wir hier gemeinsam an diesem Tisch saßen, war für uns beide unfassbar.

Er zeigte mir alte Fotos von Bence, die wir gemeinsam betrachteten, bis er schließlich ein Jugendfoto von ihm auf den Tisch legte.

»Schau mal, so sah Bence als junger Mann aus!«

Ich griff nach dem Bild und betrachtete es.

»Unglaublich, er sieht aus wie mein Noah, das gibt es ja gar nicht. Diese Ähnlichkeit; wie aus dem Gesicht geschnitten«, entfuhr es mir lautstark. Bence als junger Mann, der auf dem Foto genau so aussah wie mein Sohn.

»Und hier ist noch ein Bild von Glora.« Pypa schob mir ein Foto meiner Halbschwester hinüber.

Erneut stockte mir der Atem für einen kurzen Moment, während ich fast glaubte, mich selbst auf dem Bild zu sehen.

»Sie sieht ja genauso aus wie ich! Pypa, die Vaterschaft kann er nicht leugnen, da würden ja allein diese Fotos genügen!« Mir wurde heiß und kalt zugleich und die kleinen Härchen auf meinen Armen und Beinen hatten sich aufgestellt.

Pypa warf mir einen mitfühlenden Blick zu.

»Sophie, du hast bei Bence nichts verpasst. Sei froh, dass du nicht bei ihm aufwachsen musstest. Jetzt hast du ja mich.« Er griff zum Glas und prostete mir zu.

Priska werkelte derweil am Backofen.

»Na, dann wird das wohl nichts mehr mit dem Braten heute«, meinte sie und wandte sich vom Ofen ab, während sie Pypa einen höchst sonderbaren Blick zuwarf, den ich nicht einordnen konnte.

Pypa reagierte überhaupt nicht und berichtete mir weiter von Bence.

»Mit der Summe, die er dir damals gezahlt hat, hat er dich ordentlich über den Tisch gezogen. Der besitzt weitaus mehr Geld als das, was dir damals gesagt wurde. Ich schätze sein Vermögen auf dreißig bis vierzig Millionen, da kannst du dir sicher sein. Allein das Anwesen am Wörthersee ist schon eine Menge wert. Dann die Firma, die er damals verkauft hat. Ich bin mir sicher, da ist mehr Geld vorhanden. Wir Kinder haben ja jeder schon ungefähr zweihunderttausend Euro bekommen. Dann die dicken Autos, die er fährt.«

Ich hatte mir im Lauf meines Lebens ein dickes Fell zugelegt, aber was ich partout nicht ausstehen konnte, war Ungerechtigkeit. Als meine Kinder noch klein waren, hatte ich ihnen sogar die Ostereier einzeln abgezählt und nach Farben sortiert ins Nest gelegt, damit sich ja keiner benachteiligt fühlte. Bei Ungerechtigkeit ging ich die Wände hoch. Allerdings war mir das Finanzielle nie das Wichtigste gewesen. Ich war im Gegenteil stolz darauf, auch die schweren Zeiten in meinem Leben mit bescheidenen Mitteln durchgestanden zu haben, ohne irgendjemandem auf der Tasche zu liegen. Und ich war auch nie der Ansicht gewesen, dass Menschen überhaupt einen Anspruch auf Erbe haben, denn das hatten ja andere erarbeitet. Deshalb hatte mich auch so mancher Kommentar aus meinem Umfeld tief verletzt, der mir unterstellte, die Suche nach dem leiblichen Vater nur wegen des Geldes durchzuziehen. Und auch jetzt war nicht das Geld mein erster Gedanke, sondern der moralische Betrug, den mein offensichtlicher Vater an mir begangen hatte, um mich loszuwerden.

»Es geht mir überhaupt nicht ums Geld, Pypa. Das Schlimmste ist, dass er mich nicht nur jetzt geringschätzig behandelt, sondern früher, ohne mit der Wimper zu zucken, zugelassen hat, dass ich in einer furchtbaren, fremden Familie aufwachsen musste. Schließlich hat er während meiner Kindheit noch einige Jahre in der unmittelbaren Umgebung gewohnt.« Meine Augen füllten sich mit Tränen.

Wir hätten noch Stunden zusammensitzen können, so sehr genoss ich die Zeit mit meinem Bruder. Schließlich musste ich aber an Toni denken, der versprochen hatte, in meiner Wohnung auf mich zu warten. Mit einem Seufzen sowie der Gewissheit, dass dieses Treffen nicht das letzte gewesen sein würde, brach ich auf.

Der Abschied von Pypa und Priska fiel mir nicht leicht. Pypa nahm mich noch einmal in den Arm und flüsterte mir ins Ohr:

»Alles wird gut, Schwesterchen!«

Sie winkten mir hinterher, bis ich um die nächste Ecke bog. Ich verpasste prompt die Auffahrt zur Autobahn und registrierte, dass ich völlig orientierungslos in der Gegend herumfuhr. Sicherheitshalber fuhr ich auf den leeren Parkplatz eines Supermarkts und rief Toni an.

»Hallo Toni, es war sehr schön bei Pypa, aber ich bin ziemlich aufgewühlt; ich finde nicht einmal mehr den Heimweg.«

»Soll ich kommen und dich holen?«, fragte Toni besorgt.

»Danke, aber ich werde einfach einen Augenblick hier stehenbleiben und warten, bis ich wieder klar denken kann.«

»Bist du sicher?« Tonis Fürsorge tat mir gut.

»Danke, Toni, aber ich kriege das hin.«

»Okay, wenn du meinst. Ich werde für dich den Kamin anstellen. Fahr vorsichtig!«

Toni hatte sein Versprechen gehalten. Das Feuer im Kamin brannte und er hatte Kerzen angezündet. Noch bevor er eine Frage stellen konnte, begann ich von dem Treffen mit meinem Bruder zu erzählen.

Ich hatte das Gefühl, dass jedes Detail wichtig gewesen war, und wollte Toni daran teilhaben lassen. Ich unterbrach meine Erzählung dennoch und blickte Toni an. Er hatte in der Zwischenzeit zwei Gläser mit Wein gefüllt und geduldig darauf gewartet, dass ich eine Pause machte, um mit mir anzustoßen. Er zog mich an sich und küsste mich.

»Ich freue mich für dich, mein Schatz. Endlich hast du jemanden von der anderen Seite gefunden und einen Teil deiner Familie kennengelernt.« Er prostete mir zu. »Es gibt allerdings eine Sache, die mir Kopfschmerzen bereitet und mich wütend macht. Dieser Mann hat so viel Geld, dass er bis zum Sankt-Nimmerleins-Tag prozessieren kann. Du hingegen musst dir den Prozess vom Mund absparen. Er kann sich den besten Anwalt nehmen und sich dabei noch entspannt zurücklehnen. Wie kann ein Mensch so herzlos sein? Er müsste doch gespannt auf dich sein. Wenn jemand bei mir an der Tür klingeln und sagen würde, ich bin deine Tochter oder dein Sohn, dann wäre ich doch neugierig. Und wenn es sich bestätigen sollte, würde ich mein eigen Fleisch und Blut doch nicht so behandeln!« Sein Gesicht sah angespannt aus und seine Hände hatten sich unwillkürlich zu Fäusten geballt.

»Ich weiß, aber jetzt habe ich ja Pypa und Priska. Ich werde weitermachen, bis die Vaterschaft eines Tages festgestellt ist. Allein schon, um diesem Mann zu zeigen, dass ich mich nicht so behandeln lasse. Er soll sich sein Geld sonstwohin stecken. Aber er kann vergessen, dass sich seine Vaterschaft einfach in Luft auflöst und er mit seinem verlogenen Leben einfach so weitermachen kann wie bisher.«

»Unabhängig davon, dass er angeblich so viel Geld besitzen soll, letztendlich geht es um deine Identität, aber auch um deinen Erbanspruch. Wenn er wirklich so reich ist, holst du dir das, was dir zusteht. Das ist dein gutes Recht!«

»Ja, aber mir geht es nicht ums Erbe, Toni.«

»Ich weiß, meine Kleine«, sagte Toni sanft und zog mich zu sich heran.

Ich legte meinen Kopf an seine Schulter und ließ ihn dort eine Weile liegen, während wir gemeinsam das knisternde Feuer im Kamin betrachteten und die Wärme genossen, die uns schließlich so einlullte, dass wir uns schläfrig ins Bett begaben. Ich schlief mit dem wundervollen Gedanken ein, dass ich diesen Tag, den 4. Januar 2011, nie mehr vergessen würde.

***

In den kommenden Tagen herrschte ein reger E-Mail-Verkehr zwischen Pypa und mir. Pypa beschäftigte unser Zusammentreffen ebenso wie mich. Er war ähnlich empört über das lieblose Verhalten unseres Vaters mir gegenüber wie ich, gleichzeitig schien ihn aber auch der finanzielle Aspekt der Angelegenheit zu beschäftigen. Während er sich maßlos darüber ärgerte, dass es keine Möglichkeit gab, das Verfahren irgendwie zu beschleunigen, machte er sich auch Gedanken darüber, was passieren würde, wenn Bence womöglich vor Feststellung der Vaterschaft verstürbe und nicht begraben, sondern verbrannt würde, sodass keine Probenentnahme mehr möglich wäre.

Er schrieb mir, dass er mich unterstützen wolle, denn es sei an der Zeit, den Spieß umzudrehen und Bence einen Denkzettel zu verpassen. Sein Vater habe so viele Leute herablassend behandelt und übervorteilt und sei immer damit durchgekommen, dass es nun wirklich genug sei.

Ich freute mich über die Zeilen meines Bruders. Es war ein gutes Gefühl, seine Unterstützung zu haben. Was Pypa schrieb, zeugte davon, dass er mich ernst nahm, und davon, dass er froh war, mich kennengelernt zu haben. Das tat unglaublich gut.

Er hatte mich auch um Einblick in meine Akte gebeten, womit ich kein Problem hatte. Als er die Klageerwiderung, die auf meine Klage zur Festellung der Vaterschaft verfasst worden war, gelesen hatte, rief er mich an, und ich konnte bereits an seiner Stimme hören, dass er wütend war, bevor er überhaupt zum eigentlichen Thema kam.

»Dass ich nicht lache! Da will Bence also angeblich emotionale Höchstleistungen vollbracht haben, als er seine neue Familie zusammenführen musste. Dazu fällt mir wirklich nichts mehr ein. Direkt nach dem Tod meiner Mutter hat er sich wieder auf die Suche gemacht, Bekanntschaftsanzeigen aufgegeben und fremde Frauen mit nach Hause gebracht. Wir durften zusehen, wie er sich vergnügte.«

»Er hat sich also gleich eine neue Frau gesucht?«, fragte ich ungläubig, nur um sicherzugehen, dass ich mich mit dem Zeitablauf nicht vertan hatte.

»Ja, das hat er allerdings.« Pypa erzählte, wie Bence sich damals verhalten hatte, wie er als Vater gewesen war und wie er seine Kinder behandelt hatte. »Und es tut mir außerdem weh«, gestand er mit leiser Stimme, »dass er meine Mutter mit deiner betrogen hat.«

Ich hatte Mühe, meine Tränen zurückzuhalten, und wäre am liebsten zu ihm gegangen, um ihn zu trösten.

Doch Pypa redete weiter.

»Weißt du, was total dreist ist? Er unterstellt deiner Mutter, mit mehreren Männern geschlafen zu haben, und behauptet gleichzeitig, sich nicht mehr daran erinnern zu können, ob er selbst mit ihr zusammen war. Erbärmlich! Er kann sich sehr wohl an alles erinnern. Und er wusste auch, dass es dich gibt. Er hat uns doch schon vor

Jahren erzählt, du seist eine Lügnerin und Betrügerin, die es auf sein Geld abgesehen hat.«

»Was hat er gesagt? Ich glaube, er hat sie wohl nicht mehr alle, mich als Lügnerin hinzustellen«, konstatierte ich wütend. »Meine Mutter hat mir während der Dreharbeiten zur Dokumentation ebenfalls bestätigt, dass er von mir wusste, und in den Akten des Jugendamts steht es auch.«

»Und warum kann der Winkeladvokat sich nicht mehr an den zeitlichen Rahmen der Situation im Krankenhaus erinnern, wo Hermine mit angeblichen Herzattacken lag? Ziemlich mysteriös, das Ganze«, schnaufte Pypa in den Hörer.

Nebenbei hörte ich, dass er seine Frau ermahnte, sie solle still sein. Ich hatte mitbekommen, dass sie unablässig Pypas Äußerungen kommentierte, und fand das unhöflich, traute mich aber nicht, etwas dazu zu sagen.

»Warte, ich gehe nach oben, da können wir in Ruhe weiterreden.«

Ich hörte, wie er die Treppenstufen nach oben stieg, wo es in der Tat ruhiger war und wir unser Gespräch nun ungestört fortsetzen konnten. Wir sprachen noch eine ganze Weile, bis er schließlich zum Essen gerufen wurde und wir uns verabschiedeten.

***

Es verging keine Woche, in der wir nicht miteinander telefonierten. Es gab so viel zu erfahren, und meine Neugier, meinen Bruder noch näher kennenzulernen, war riesengroß. Seinerseits war er gespannt, wie sich die Dinge rund um die Feststellung der Vaterschaft entwickeln würden, und bat mich, ihn zu unterrichten, sobald sich Neuigkeiten ergeben würden. Zumal er genau wie ich ungeduldig auf die Entscheidung des Oberlandesgerichtes wartete, ob Bences Beschwerde angenommen werden würde oder nicht.

Wir hatten uns beide auf eine längere Wartezeit eingestellt und ich konnte es kaum fassen, wie schnell das Oberlandesgericht eine Entscheidung traf. Erfreulicherweise zu meinen Gunsten. Die Beschwerde der Gegenseite wurde verworfen.

Ich jubelte und Pypa gleich mit mir, doch Frau Ziegler bremste meine Euphorie. Sie könne sich nicht vorstellen, dass Bence sich so leicht geschlagen geben und wirklich zum Aderlass antreten würde.

Das Gericht hatte einen Sachverständigen damit beauftragt, ein Abstammungsgutachten zu erstellen. Endlich tat sich etwas! Mittlerweile waren fast zwei Jahre vergangen, seitdem ich Klage auf Feststellung der Vaterschaft eingereicht hatte. Ich sollte am 24. Februar 2011 erneut zur Blutabnahme erscheinen. *Können die nicht die Werte aus dem alten Gutachten mit Werner nehmen?*, dachte ich, als ich mich auf den Weg zur Praxis machte.

Dieses Mal hatte ich es jedoch einfacher. Der Sachverständige hatte mich in eine Praxis geschickt, die sich ganz in meiner Nähe befand. Weil ich bereits wusste, was auf mich zukommen würde, fuhr ich relativ entspannt dort hin. Ohne Wartezeit schickte man mich sofort ins Labor.

Eine junge, augenscheinlich ziemlich unerfahrene Arzthelferin stach mir in die Vene und nahm mir Blut ab. Immer wieder ging sie aus dem Raum, um ihren Chef zu fragen, welche Schritte noch zu tun seien. Sie vergaß sogar, sich meinen Personalausweis zeigen zu lassen. *Du liebe Güte*, dachte ich, *da könnte ja jetzt jeder sitzen.* Ich war so aufgebracht, dass ich sie barsch zurechtwies:

»Aber Sie müssen doch noch meinen Personalausweis ansehen und die Ausweisnummer in das Formular dort eintragen. Wissen Sie denn gar nicht, wie das geht?«

»Nein, ich mache das heute zum ersten Mal.«

»Wenn das so ist, werde ich jetzt genau beobachten, ob Sie auch alles richtig machen. Verstehen Sie, das ist nicht einfach eine lapidare Blutentnahme, es geht hier um meine Identität – um meine Abstammung! Wenn der Test nicht nach Vorschrift gemacht wird, ist er völlig umsonst und ich muss noch länger auf ein gerichtliches Ergebnis warten!«

Mit Argusaugen verfolgte ich jeden weiteren Handgriff. Als sie fertig war, ließ ich es mir nicht nehmen, die Rolle, in der sich die mit meinem Blut gefüllten Röhrchen und die Unterlagen befanden, zu kontrollieren, ob sie auch richtig verschlossen und adressiert war.

»Ist das auch richtig zu?«, fragte ich nochmals nach. »Kommt es auch sicher an? Hoffentlich geht nichts schief!«

Die Arzthelferin sah mich zunehmend irritiert an und stellte sich wahrscheinlich insgeheim die Frage, ob ich noch klar im Kopf sei.

12

Geschwisterliebe

Familienzusammengehörigkeit war genau das, was ich nun durch Pypa und Priska kennenlernte. Vielleicht war es egoistisch, aber von Toni hatte ich ihnen noch nichts erzählt. Ich war auch noch nicht bereit, sie über meine früheren Beziehungsprobleme und meine Unfähigkeit, mir den richtigen Partner auszusuchen, aufzuklären. Ich fühlte mich noch etwas unsicher und wusste nicht, wie sie darauf reagieren würden.

Pypa hatte mittlerweile seinen Freunden von mir erzählt und ein gemeinsames Kohl-Essen geplant. Ich freute mich sehr darauf; Priska hatte mir sogar angeboten, bei ihnen zu übernachten. Während ich mich auf der einen Seite sehr darauf freute, nun endlich seine Freunde kennenzulernen und dadurch ein Stück weit mehr zur Familie zu gehören, war ich auf der anderen Seite auch verunsichert. Seine Freunde würden mich bestimmt genauestens unter die Lupe nehmen. Ich wollte möglichst gut aussehen, wenn ich das erste Mal auf sie treffen würde. Daher hatte ich erneut meinen kompletten Kleiderschrank durchwühlt und diverse Kombinationen ausprobiert, bis ich schließlich mit meiner Wahl – einer Jeans, einer dunklen, längeren Bluse und einem weißen T-Shirt – zufrieden war.

Gespannt machte ich mich auf den Weg zu Priskas und Pypas Haus. Von der Straße aus sah ich, dass Priska in der Küche werkelte und damit beschäftigt war, für die ganze Mannschaft Grünkohl zu kochen. Als Erstes bot ich ihr meine Hilfe an, aber Priska lehnte ab. Ich hätte ihr eigentlich gern unter die Arme gegriffen, vor allem, weil ich mich erkenntlich zeigen wollte, nachdem sie mich so nett in ihre Familie aufgenommen hatten. Da es aber nichts für mich zu tun gab, nutzte ich die Zeit, um mich mit Pypa zu unterhalten. Ich genoss die Zweisamkeit mit meinem Bruder, bis es klingelte und die Gäste eintrafen. Der erste war Michael, Pypas langjähriger Freund. Er begrüßte Priska im Vorbeigehen und kam direkt ins Wohnzimmer, wo ich auf dem braunen Ledersofa saß und mit den Fingern auf die Lehne trommelte. Ich war nervös, so nervös, wie man es in der Regel vor Prüfungen ist, aber irgendwie war es das ja auch. *Werde ich wohl bestehen?*, fragte ich mich selbst ein wenig unsicher.

Michael war ein lustiger Kerl, ein ganz anderer Typ als Pypa. Er kam direkt auf mich zu und streckte mir freundlich seine Hand entgegen, allerdings nicht, ohne mich gleichzeitig von oben bis unten zu mustern.

»Boah, du siehst ja genauso aus wie Glora! Das gibt es ja gar nicht, so viel Ähnlichkeit. Und dann hast du auch noch die gleiche Stimme wie sie. Du bist diejenige, die am meisten von Bence abbekommen hat. Das war dann wohl der goldene Schuss!«, witzelte er und grinste mich an.

Das Eis war gebrochen. Seine Beurteilung machte mich verlegen, aber gleichzeitig fühlte ich mich auch bestätigt und erleichtert. Er sah es also auch!

Wenig später trudelten noch zwei weitere Freunde ein, Pypas Nachbarn Rita und Ulf, ein sympathisches Ehepaar, das genau wie Michael über meine Ähnlichkeit mit Pypas restlicher Familie staunte.

»Das hat Bence ja gut hinbekommen. Du hast so viel Ähnlichkeit mit Glora, dass es fast schon unheimlich ist«, scherzte Ulf und kam direkt auf mich zu, um mich freundlich zu begrüßen.

Ich zwinkerte ihn an, dann erwiderte ich seine Begrüßung. Nachdem noch ein weiteres Ehepaar aus Pypas und Priskas Freundeskreis eingetroffen war und mich ebenfalls ausgiebig begutachtet hatte, machten wir uns auf den Weg zu einem ausgedehnten Spaziergang, denn das Essen war erst für später am Abend geplant. Pypa und Priska wollten mir die Umgebung zeigen. Auf dem Spaziergang gesellte sich Michael zu mir, der nicht nur Pypas guter Freund, sondern fast so etwas wie ein Bruder für ihn war.

Ich hatte während des vorangegangenen Treffens mit Pypa schon viel über diesen lebenslustigen, sympathischen Architekten gehört, der auch das Haus der beiden entworfen hatte. Michael kannte Bence bereits aus seiner Jugend, wie er mir später einmal erzählte. Daher war es nicht verwunderlich, dass das Thema Bence unser Gespräch beherrschte. Wir unterhielten uns angeregt. Michael hatte zwar schon von Pypa einiges gehört, brannte aber darauf, noch einmal alles aus erster Hand zu erfahren. Er hörte mir gebannt zu und wiederholte immer wieder einfühlsam, dass er Bences Verhalten mir gegenüber nicht verstehen könne.

Leider mischte sich Priska ständig in unser Gespräch ein, so als wollte sie um keinen Preis außen vor gelassen werden, was ich als sehr unhöflich empfand, aber ich sagte nichts. Vielleicht war es ganz einfach ihre Art und sie dachte nicht darüber nach.

Ich bewunderte das Tisch-Arrangement. Priska Horváth hatte hübsch eingedeckt und ich kam aus dem Staunen nicht heraus. Alles wirkte sehr einladend, die Gläser standen in Reih und Glied angeordnet auf der perfekt inszenierten Tafel. Doch nicht nur damit hatte sich Priska alle Mühe gegeben. Auch der Grünkohl und die diversen Beilagen wie Bremer Pinkel, Kochwurst und Kassler schmeckten vorzüglich. Priska hatte das wirklich toll gemacht und ich lobte sie dafür. Sie hob abwehrend und bescheiden die Hand, doch ich wusste, welcher Arbeitsaufwand mit solch einem leckeren Essen für mehrere Personen verbunden war.

Allmählich schwand meine Unsicherheit, denn ich wurde von Pypas und Priskas Freunden aufgenommen, als gehöre ich schon immer dazu. Keiner der Anwesenden konnte auch nur einen Hauch Verständnis für die Handlungen unseres Vaters aufbringen. Doch zum Glück nahm dieses Thema nicht den ganzen Abend ein; ausgelassen feierten wir, und je weiter der Abend fortgeschritten war, desto lockerer wurde die Stimmung. Wir witzelten, tanzten und tranken, bis die Atmosphäre plötzlich kippte.

Pypa und Priska stritten.

Um was es bei ihrem Disput ging, hatte ich zwar nicht mitbekommen; dass sie sich zofften, war allerdings nicht zu überhören. Pypa hatte Priska vor versammelter Mannschaft, offenbar wegen einer Lappalie, gemaßregelt, was sie natürlich so nicht hinnehmen wollte. Die gute Stimmung des Abends war damit mehr oder weniger Geschichte, und bald darauf verabschiedeten sich die Gäste, worüber ich allerdings recht froh war, denn ich war erschöpft.

Pypa und Priska hatten ein großes Haus. Allein das Erdgeschoss war so groß, dass sie allein dort unten gut und gern hätten wohnen können. Da gab es ein Gästebadezimmer, eine separate Gästetoilette, ein geräumiges Wohnzimmer und angrenzend daran das Esszimmer. Zudem besaß das Haus einen großen Hauswirtschaftsraum und eine geräumige Küche. Oben waren drei weitere große Räume und das Badezimmer. Unterm Dach befand sich Pypas Refugium.

Langsam stieg ich die Treppe hinauf, verschwand im Gästezimmer, legte mich auf das Bett und schloss die Augen. Ich freute mich immer noch, hier sein zu dürfen, und genoss eine Weile dieses wohlige Gefühl, das sich bei dem Gedanken an meine neu gewonnene Familie eingestellt hatte. Danach schlüpfte ich in meinen Schlafanzug und wälzte mich schlaflos hin und her. Ich kam einfach nicht zur Ruhe. Es war wirklich unfassbar, was in den letzten Wochen auf mich eingeprasselt war, und nun war ich im Haus meines Bruders und fand keinen Schlaf. Ich versuchte, mich nicht zu bewegen und hielt meine Augen so lange geöffnet, bis sie irgendwann von selbst zufielen.

Nach unruhigem Schlaf wachte ich früh am Morgen auf. Pypa und Priska schliefen noch. Ich schlich mich nach unten, ging ins Wohnzimmer und sah mich um. Weder gestern noch bei meinem ersten Besuch hatte ich wirklich registriert, wie schön sie es hatten. *Gemütlich hier,* dachte ich. Am liebsten hätte ich gleich mit dem Aufräumen angefangen, wagte jedoch nicht, auch nur einen Gegenstand zu berühren. Mir fiel auf, dass lediglich ein Foto von Priskas Sohn aus ihrer ersten Ehe auf dem Schrank stand. Von Pypas Kindern hing weder ein Bild an den Wänden noch stand eins auf einem Schrank. Pypa hatte mir bei unseren ersten Treffen erzählt, dass er kein gutes Verhältnis mehr zu ihnen habe. Lediglich zu seinem jüngsten Sohn gab es Kontakt, wenn auch eingeschränkt.

Nach einer gefühlten Ewigkeit standen auch Pypa und Priska auf. Gemeinsam kümmerten wir uns darum, dem Chaos des Vorabends Herr zu werden, räumten die Gläser vom Tisch, und Priska ordnete sie in die Geschirrspülmaschine ein. Pypa deckte unterdessen den Tisch und kochte Kaffee und Eier. Nach einem ausgedehnten Frühstück machte ich mich auf den Weg nach Hause. Der Abschied fiel mir schwer, doch ich war für den Sonntagmittag mit Toni verabredet. Müde, aber überglücklich kam ich vor seinem Haus an. Toni hatte schon eine Weile auf mich gewartet. Er kam sofort zum Auto gelaufen und öffnete die Tür.

»Na, wie war es bei deinem Bruder?«, begrüßte er mich und drückte mir einen Kuss auf den Mund.

»Lass mich erst mal rein, dann erzähle ich dir alles in Ruhe.« Ich ging direkt ins Haus, streifte mir die Schuhe ab und drängte mich an ihm vorbei. »Hast du schon Kaffee gekocht?«, fragte ich ihn grinsend auf dem Weg in die Küche, wo ich eine Zigarette aus der Schachtel zog. Ich nahm einen kräftigen Zug und pustete mit erhobenem Kopf den Rauch gegen die Decke.

»Erzähl schon, spann mich nicht zu sehr auf die Folter. Wie war es bei Pypa?« Nervös fuhr Toni sich mit den Händen durch die Haare. »Ich musste den ganzen Abend an dich denken.«

»Hätte ich gewusst, wie nett alle sind, hätte ich dich gleich mitgenommen. Jetzt habe ich ein schlechtes Gewissen.«

»Ach Schatz, das macht doch nichts, dann komme ich eben das nächste Mal mit.« Toni wedelte mit einer Zeitschrift umher. Er öffnete das Fenster und der Rauch löste sich auf.

»Super war es. Ich wurde von seinen Freunden aufgenommen, als würde ich schon immer dazugehören. Alle waren sehr nett, und es war ein lustiger Abend«, erzählte ich ihm. »Allerdings haben sich die beiden später noch vor allen anderen gestritten. Worum es ging, habe ich gar nicht mitbekommen, aber Pypa hat Priska vor versammelter Mannschaft heftig getadelt.«

»Wie, die beiden haben sich vor ihren Gästen gestritten? Seltsam«, runzelte er die Stirn, ging aber nicht weiter darauf ein, denn es gab ja noch viele andere Dinge zu berichten.

Wenige Tage später saß ich in der Küche am Tisch und grübelte vor mich hin, was ich Pypa zum Geburtstag schenken könnte. Mir wollte partout nichts einfallen. Schließlich kannte ich ihn erst ein paar Wochen und wusste nicht so recht, womit ich ihm eine Freude machen konnte. Ich war außerdem ein wenig geknickt, denn ich hätte sehr gern seinen Ehrentag gemeinsam mit ihm verbracht. Da sein Geburtstag auf einen Wochentag fiel, war die Feier auf den darauffolgenden Samstag gelegt worden. Pypa und Priska hatten es sich zur Gewohnheit gemacht, dass sie sich an ihren Geburtstagen von der Arbeit freinahmen, um etwas Schönes zu unternehmen, und ich wäre nur zu gern mit von der Partie gewesen. Schade, dachte ich, nachdem Priska mir ihre Pläne am Telefon mitgeteilt hatte. Ich fühlte mich ausgegrenzt, was natürlich vollkommener Quatsch war, wie mir auch Toni recht schnell klarmachte. Der verstand zwar mein Gefühl, ihm war aber auch klar, dass ein romantischer Geburtstagsausflug mit dem Ehepartner nicht unbedingt etwas war, zu dem man die Schwester mitnahm.

Ich versuchte, meine negativen Gedanken zu verdrängen und kam schließlich auf die Idee, ein Pesto für Pypa zuzubereiten. Ein selbst gemachtes Pesto und Eintrittskarten für ein Konzert – *das klingt doch gut*, dachte ich. Und er würde etwas Selbstgemachtes bekommen. Ich spannte Toni mit ein und übertrug ihm die Feinarbeiten; er gestaltete ein Etikett, und fertig war das perfekte Geschenk.

Ich war froh, Toni an meiner Seite zu haben. Dieser Besuch würde für mich wesentlich entspannter werden als die beiden Male zuvor. Nicht, dass ich etwas auszusetzen gehabt hatte; aber seltsam war es dennoch für mich gewesen. *Vermutlich muss Toni sich jetzt auch erst mal einer Begutachtung unterziehen*, grinste ich, als wir in die Hofeinfahrt bogen. Pypa kam zur Tür und wir wurden mit offenen Armen empfangen. Toni wurde, genau wie ich zuvor, von meinem Bruder und seiner Frau herzlich aufgenommen. All diejenigen, die auch am Kohl-Essen teilgenommen hatten, waren wieder mit von der Partie. Sympathische Menschen, die Toni genau wie vorher mich sofort in ihre Runde aufnahmen. Priska hatte sich mächtig ins Zeug gelegt, um ihrem Mann einen schönen Geburtstagstisch zu gestalten. Es gab vorzügliches Essen und Priska erhielt wieder viel Lob für ihre Mühe.

Doch zu den anwesenden Gästen gesellte sich auch ein ungeladener Besucher – Bence. Dieser für mich immer noch kaum greifbare Mann hatte sich wieder klammheimlich in unsere Gespräche eingeschlichen. Mir war es unangenehm, schließlich feierten wir Pypas

Geburtstag und ich wollte ihn an diesem Tag nicht mit meinen Geschichten belasten. Aber es war unumgänglich, alle wollten schließlich wissen, ob es Neues von meiner Angelegenheit zu berichten gab. Somit waren wir beide das Gesprächsthema Nummer eins an diesem Abend.

Seit ich die beiden kennengelernt hatte, war mir nicht verborgen geblieben, dass es häufig zu Sticheleien zwischen ihnen kam. Leider war das auch an diesem Abend so. Man hatte fast den Eindruck, als teile Priska ihrem Mann absichtlich unwichtige Aufgaben zu, sobald Pypa und ich uns länger unterhielten. Ich fragte mich, warum sie das wohl tat. Auch Toni war das aufgefallen, aber er schenkte dem nicht dieselbe Beachtung wie ich. Da sie das mit Vorliebe genau dann tat, wenn ich mit meinem Bruder sprach, bezog ich Priskas Verhalten auf mich und fühlte mich verletzt. War sie vielleicht in irgendeiner Form eifersüchtig auf mich? Oder mochte sie mich insgeheim doch nicht? *Schluss jetzt, Sophie!*, befahl ich mir und schob den Gedanken von mir fort. Für mich war es im Moment am wichtigsten dazuzugehören, und ich wollte jede Minute mit Pypa und Priska genießen. Auch Toni fühlte sich bei ihnen wohl.

Wir hatten viel über Bence gesprochen und ich konnte mir allmählich ein immer besseres Bild von ihm machen. Pypa hatte mir auch über die Streitigkeiten zwischen ihm und Glora berichtet und mir E-Mails zwischen den beiden gezeigt. Auch Bence hatte Pypa E-Mails geschickt.

Diese Familie ist ganz schön zerstritten, dachte ich. Und ich hatte geglaubt, dass es nur bei uns zuhause so gewesen sei. Aber an der Binsenweisheit ›Das andere Ufer ist immer grüner‹ ist halt etwas dran. Unterm Strich hatte auch mein lieber Bruder Pypa zu niemandem aus seiner Familie mehr Kontakt, was mir für ihn unendlich leid tat.

13

Bence verklagt mich

*E*s war Frühling geworden. Mir ging es richtig gut und ich hatte das Gefühl, alles zu haben, was ich brauchte. Wie zerbrechlich der Frieden allerdings war, merkte ich, als ich zum Briefkasten ging und unter den unzähligen Werbeblättchen ein Schreiben meiner Anwältin entdeckte. Seit ich vor sechzehn Jahren erfahren hatte, dass Werner nicht mein leiblicher Vater war, zog sich mir jedes Mal der Magen zusammen, wenn ich anwaltliche Post sah. So auch diesmal. Vergessen war der herrliche Frühlingstag und ich stieß einen tiefen Seufzer aus. Konnte es denn nicht wenigstens einmal eine Zeit lang einfach ruhig und schön sein? Offensichtlich nicht.

Ich ging in die Küche, öffnete den Brief und sah meine Ahnung bestätigt. Bence pochte auf den Vertrag, den ich damals unterschrieben hatte. Er hatte beim Landgericht beantragt, dass ich für jeden Versuch, die Vaterschaft gerichtlich feststellen zu lassen oder ein Verfahren anzustrengen, zu einer Vertragsstrafe von 5.112,92 Euro verurteilt werden solle. Natürlich wurde ich auch gleichzeitig aufgefordert, jegliche Behauptung zu unterlassen, wonach Bence mein Vater beziehungsweise Erzeuger oder seine Kinder meine Geschwister seien. Außerdem beharrte er auf einem Kontaktverbot, nach dem ich weder seine Ehefrau, seine Kinder, Schwiegerkinder noch deren Kinder kontaktieren oder sie mit meinen Angelegenheiten behelligen dürfe. Doch nicht nur das, ich sollte außerdem verurteilt werden, 10.225,84 Euro zuzüglich fünf Prozent Zinsen zu zahlen.

Das kann doch wohl nicht wahr sein! Ich griff zum Telefon. Leider war Toni nicht zu erreichen. So rief ich kurzerhand Pypa an und erzählte ihm von dem Brief.

»Die haben mit Sicherheit einfach die Textbausteine aus der Klageerwiderung zum Vaterschaftsfeststellungsverfahren kopiert; der Wortlaut ist exakt derselbe«, schimpfte ich in den Hörer.

»Der Mann zieht aber auch alle Register. Meine Güte, was wird der sich wohl noch alles einfallen lassen. Mensch, sei doch mal still, das nervt!«, sagte Pypa.

»Warum soll ich still sein?«, rief ich empört.

»Du doch nicht! Ich meinte Priska.«

»Was soll ich denn tun, wenn das Gericht mich tatsächlich verurteilt? Ich habe das Geld nicht, ich kann so eine Strafe nicht bezahlen. Nicht, dass ich wegen Bence noch ins Gefängnis komme.«

»Bleib locker«, beruhigte mich Pypa. »Der will dich doch bloß einschüchtern, so wie er es immer getan hat. Er kann einfach nicht verlieren und meint vielleicht sogar wirklich, er sei im Recht. Aber du hast doch anwaltlichen Beistand. Morgen früh rufst du Frau Ziegler an, und die wird dir bestätigen, dass er mit dieser Aktion nicht durchkommt.«

»Meinst du wirklich?«, fragte ich verunsichert.

»Ja, mit Sicherheit«, bekräftigte Pypa. »Sag mal, wie hoch war noch mal der Streitwert zu der Klage?«

Ich blätterte nervös in meinem Aktenordner.

»Pypa, hier steht sogar etwas von zwanzigtausend Euro, das ist ja noch mal mehr.«

»War klar; erstens steigt er immer ganz hoch ein, zweitens verdient sich sein Anwalt dumm und dämlich an ihm. Aber das kriegen wir in den Griff, verlass dich drauf. So, das Essen ist fertig, Priska wird schon ungeduldig. Kopf hoch, Schwesterchen! Wir hören voneinander.«

Trotz der tröstenden Worte meines Bruders war ich ziemlich geknickt, als ich den Hörer auflegte. Und obendrein hatte mich Priskas ständiges Dazwischenfunken genervt. Konnte man nicht ein einziges Mal ein Gespräch führen, ohne dass sie ständig mitmischen musste? Warum tat sie das bloß? Ich verdrehte die Augen und stieß einen resignierten Seufzer aus. Vielleicht war es einfach ihr Naturell.

***

Meine Anwältin erwies sich erneut als Meisterin ihres Fachs. Sie verfasste eine Stellungnahme, in der sie mit klaren, aber sachlichen Worten beantragte, die Klage abzuweisen. Sie widerlegte jeden einzelnen von Bences Vorwürfen und schaffte es außerdem, Prozesskostenhilfe für mich durchzusetzen. Letzteres tat mir besonders gut, weil ich mittlerweile genau wusste, dass diese nur bewilligt wird, wenn das Gericht eine Aussicht auf Erfolg erkennt.

Ha, dachte ich erfreut, *er kommt wahrscheinlich wirklich nicht durch damit!* Man konnte den Stein, der mir vom Herzen fiel, förmlich plumpsen hören. Trotzdem hatte mich natürlich auch dieser

Brief wieder verletzt. Ich hatte mir so oft vorgenommen, Bences Nadelstiche nicht mehr an mich heranzulassen, aber ich war nun mal ein Gefühlsmensch und konnte nicht verstehen, warum dieser Mann mit so harten Bandagen kämpfte, anstatt sich einfach dem offiziellen Vaterschaftsverfahren zu stellen. Dass er sich nicht ewig davor drücken konnte, musste doch auch ihm klar sein.

Die Strafe folgte auf dem Fuß, denn nachdem das Oberlandesgericht Bences Beschwerde abgewiesen hatte, wurde er aufgefordert, sich in einem Gesundheitsamt in Österreich zur Probeentnahme einzufinden.

Meine Freude darüber hielt allerdings nicht allzu lange vor, denn Bence unternahm weiterhin alles, um sich der Blutentnahme zu entziehen. Wie ich durch meine Anwältin erfuhr, war er der Entnahme einfach ohne Entschuldigung ferngeblieben. Als das Gericht ihn schließlich per Einschreiben mit Rückschein zur Entnahme aufforderte, konnte das Schreiben angeblich nicht zugestellt werden.

Nee, ist klar, das kann ja mal passieren, dachte ich mit einem Hauch von Zynismus, *vor allem, wenn man rund um die Uhr Hauspersonal beschäftigt.*

Frau Zieglers Worte hallten in meinen Ohren nach: ›Machen Sie sich auf einen langwierigen Prozess gefasst!‹ Ja, das musste ich wohl wirklich, und die Vorhersage war ja auch längst eingetroffen, aber aufgeben wollte ich auf keinen Fall. Meine Anwältin war ihrerseits genauso fest entschlossen, das Ganze durchzufechten, egal wie lange es dauern würde. Sie beantragte daher eine Zwangsvorführung zur Blutentnahme.

»Der Kerl wehrt sich mit Händen und Füßen und steht einfach nicht zu dem, was er damals verbockt hat.« Pypa, den ich natürlich gleich angerufen hatte, war völlig außer sich. »Vermutlich werden sie ihn in Handschellen zur Entnahme bringen müssen.«

Wie recht Pypa mit seiner Prognose hatte, sollte sich bald zeigen. Bence machte von seinem Weigerungsrecht Gebrauch. Auch diese Weigerung war natürlich an eine gerichtliche Entscheidung gebunden. Als Grund hatte er wieder einmal den Vertrag angegeben, der zwischen uns geschlossen worden war. Er behauptete, er sei nach der maßgeblichen Vertragslage nicht verpflichtet, an einer Vaterschaftsfeststellung mitzuwirken. Ich habe ja unterschrieben und mich rechtswirksam verglichen, außerdem habe ich eine beachtliche Summe Geld dafür erhalten und mich zur Unterlassung jeglicher Vaterschaftsfeststellung verpflichtet.

Recht hatte er damit natürlich, doch wie wir beide wussten, war es vollkommener Quatsch, sich darauf zu berufen, denn der Vertrag war sittenwidrig und damit völlig wertlos. Es lief also auf eine erneute Verzögerungstaktik hinaus. Meine Lieblingsformulierung aus

Herrn Eicks Brief war übrigens diese: ›Bence Horváth kann nicht unter Verstoß gegen die vertraglichen Vereinbarungen angehalten werden, eine Körperverletzung über sich ergehen zu lassen, die gegen die Unterlassungspflichten verstößt.‹ Nur der guten Ordnung halber werde mitgeteilt, dass der Beklagte angesichts des rechtswirksam abgeschlossenen Vertrages zwischenzeitlich Leistungs- und Verfahrensstrafklage vor dem Landgericht erhoben habe.

Eine Körperverletzung? Ein kleiner Pikser war also eine Körperverletzung! Wenn es nicht so traurig gewesen wäre, hätte ich herzhaft gelacht. Dieser Mann war sich wirklich für nichts zu schade. Was für ein Melodramatiker! Und wie unverfroren! Doch Frau Ziegler war eine Meisterin darin, Dinge auf den Punkt zu bringen und die abenteuerlichen Behauptungen des gegnerischen Anwalts zu widerlegen: ›Im Übrigen wollte der Antragsgegner hier damals ein Gesamtpaket schnüren. Ihm kam es darauf an, nicht mehr als Vater genannt und festgestellt zu werden. Er wollte sich dieser Gefahr durch Zahlung einer Geldsumme entledigen. Er hätte sich sicherlich nicht bereiterklärt, den Geldbetrag zu zahlen, wenn nicht gleichzeitig die Antragstellerin auf die Vaterschaftsfeststellung und die Benennung als Vater verzichtet hätte.‹ Außerdem wies Frau Ziegler darauf hin, dass der Vertrag mit Bence persönlich geschlossen hätte werden müssen. Er jedoch habe sich anwaltlich vertreten lassen, somit sei auch der Vertrag nichtig.

Mir wurde erst in diesem Moment richtig klar, was das Ziel und der Zweck dieses ganzen Vertrags gewesen waren. Der Gesetzgeber hatte 1998 ein neues Gesetz erlassen, wonach nichteheliche Kinder erbrechtlich den ehelichen Kindern gleichgestellt werden sollten. *Clever*, dachte ich, *er wollte mich damals wohl schnellstmöglich loswerden, damit ich nicht am Ende unter dieses neue Erbrecht falle.* Mir wurde übel und nur allzu gern hätte ich eine Tasse gegen die Wand geknallt, aber irgendwie hing ich doch an meinem Porzellan.

Auch Frau Ziegler hatte allmählich den Eindruck gewonnen, dass der Prozess absichtlich in die Länge gezogen werden sollte. Es folgten weitere unschöne Schriftsätze und es gingen Beschlüsse und Verkündigungstermine hin und her. Ich heftete nur noch alles nach Datum in den mittlerweile zweiten Aktenordner ab. Eine Never Ending Story.

***

Wir hatten zwar gerade erst zarte Bande geknüpft, doch man merkte schon jetzt, dass wir eine richtige Familie waren. Auch Pypa empfand das so. Wir hatten tolle Gespräche geführt und es hatte sich eine innige Vertrautheit entwickelt. Ich hätte trotzdem gern auch Roman und Glora kennengelernt, aber in erster Linie war ich froh, zumindest ihn und seine Frau zu haben.

Ich hatte einen tiefen Einblick in Pypas Leben gewonnen und er in meins. Dennoch wurde ich nicht wirklich schlau aus seiner Beziehung zu Priska. Ich schalt mich für solche Gedanken, schließlich war bei mir selbst beziehungstechnisch ebenfalls nicht alles besonders glatt gelaufen. Trotzdem machte ich mir Sorgen um meinen Bruder. Man hört ja oft den Spruch, dass die Frau die Hosen in der Beziehung anhat, aber in Priskas und Pypas Beziehung nahmen die Auseinandersetzungen dramatische Ausmaße an. Pypa musste sie sogar für den Kauf eines Fahrradschlauchs um Erlaubnis bitten, wie ich einmal ungewollt mitangehört hatte. Warum um alles in der Welt war diese Frau nur so? Hatte ihre Kindheit vielleicht auch Spuren bei ihr hinterlassen? Ihre Eltern waren beide arbeiten gegangen, selbst als sie noch ganz klein war. Sie hatte früh den Haushalt regeln und alles Mögliche organisieren müssen. Vermutlich kam daher ihre organisatorische Gabe, aber vielleicht auch der Zwang, alles an sich zu reißen. Sie verstand es hervorragend, Feiern auszurichten oder Veranstaltungen zu organisieren. Auch die Berlinreise, die wir für den Herbst geplant hatten, war von ihr organisiert worden, doch trotzdem war ihr Verhalten oft etwas zu viel des Guten.

Tief im Inneren hatte ich immer noch die leise Hoffnung, einmal mit Bence sprechen zu können. Ich wäre trotz allem immer noch zu einem Gespräch bereit gewesen und hoffte, dass Bence dem Vorschlag des Landgerichtes folgen würde, an einer Mediation teilzunehmen. Pypa glaubte allerdings nicht daran und holte mich während eines Telefonats auf den Boden der Tatsachen zurück:

»Vergiss es, das macht der feine Herr niemals. Der wird sich doch keiner Mediation stellen.« Im Hintergrund vernahm ich wieder Priskas Einwürfe, war aber immer noch nicht bereit dazu, Pypa zu sagen, dass mich das störte. Meine Angst, meinen gerade dazugewonnenen Bruder wieder zu verlieren, war zu groß.

Pypa sollte recht behalten. Herr Eick schlug vor, dass ausschließlich er als Anwalt, eine ausgesuchte Richterin sowie meine Anwältin und ich bei der Sitzung anwesend sein sollten. Dem konnte ich natürlich so nicht zustimmen. Eine Mediation hätte anders ausgesehen. Somit war auch diese Chance vertan. Der Wunsch, mit meinem Vater ein Gespräch führen zu können, hatte sich wieder einmal nicht erfüllt. Es begann wieder eine Zeit des scheinbar ewigen Wartens und der Hoffnung, endlich eine Entscheidung zu erhalten.

Vor über zweieinhalb Jahren hatte ich den Antrag auf Feststellung der Vaterschaft gestellt. Mittlerweile war es schon wieder Herbst geworden, und ich war keinen Schritt weiter. Dennoch, ich hatte mir fest vorgenommen, mein Leben nicht nur von diesem Verfahren abhängig zu machen. Unsere Berlinreise stand vor der Tür.

14

Berlin, Berlin, wir fahren nach Berlin

Tonis und meine Leidenschaft, mit dem Motorrad Kurztrips zu unternehmen, hatten wir für den Berlintrip hintenangestellt. Eigentlich hätte es sich angeboten, das lange Wochenende über den Tag der Deutschen Einheit hinweg noch einmal für eine Tour zu nutzen. Die Saison neigte sich dem Ende, aber wir konnten uns nicht zweiteilen. Außerdem freuten wir uns darauf, mit Pypa und Priska sowie Rita und Ulf nach Berlin zu reisen. Zu Rita und Ulf hatte sich im Laufe der Zeit fast so etwas wie eine Freundschaft entwickelt. Wir waren uns sympathisch und Ulf fuhr genau wie wir gern Motorrad.

Den Trip hatte Priska bis ins letzte Detail geplant und eigentlich konnte nichts mehr schiefgehen. Das allerschönste Herbstwetter begleitete uns und wie verabredet hatten wir Pypa, Priska, Rita und Ulf am Hauptbahnhof getroffen. Im Reisegepäck hatten wir kleine Leckereien wie Frikadellen, Wurst, Käse und Sekt, mit denen wir es uns im Abteil gemütlich machten.

Irgendwann kam, wie sollte es auch anders sein, wieder das Thema Bence zur Sprache. Pypa hatte mir schon recht früh erzählt, dass sie alle einen Erbverzichtsvertrag unterschrieben hatten. Er, Roman und Glora und auch Hermine hatten jeweils eine Abfindung von rund zweihunderttausend Euro erhalten und auf ihren Pflichtteil verzichtet. Diesen Vertrag hatte Pypa, nachdem er mich kennengelernt hatte, einem Rechtsanwalt zur Prüfung vorgelegt. Priska hatte ebenfalls eine recht ordentliche Summe erhalten.

»Priska und ich haben ein Testament gemacht. Meine Kinder kriegen nix, denn die haben es nicht verdient, dass ich ihnen was vererbe«, meinte Pypa beiläufig.

»Wie, deine Kinder bekommen nichts? Das verstehe ich nicht«, hakte ich nach und schüttelte den Kopf. Ich war über Pypas Aussage schockiert. *So spricht man doch nicht über seine Kinder*, dachte ich.

Ich hatte es mit meinen Jungs bestimmt nicht immer einfach gehabt, aber ich hätte nie so abwertend über sie gesprochen und ganz sicher würde ich sie niemals enterben. Ungläubig sah ich ihn an: »Aber sie haben doch einen Anspruch auf ihren Pflichtteil.«

»Na ja, so wie die sich gebärden, kriegen sie halt nichts«, bestätigte er mir erneut mit einem schelmischen Lächeln im Gesicht.

»Gut, dann bekomme ich eben alles«, grinste ich und versuchte, seine Aussage ins Lächerliche zu ziehen.

Noch ehe Pypa antworten konnte, entgegnete Priska lachend: »Nein, das bekomme alles ich!«

»Na ja, wenn ihr meint. Ihr müsst ja wissen, was ihr macht.« Dass sie mit ihrer Aussage einen wunden Punkt bei mir getroffen hatten, ahnten sie höchstwahrscheinlich nicht.

Er hat wohl doch mehr von Bence mitbekommen, als ich zunächst angenommen habe, überlegte ich und ging nicht weiter darauf ein. Mir fehlte einfach der Mut, etwas dazu zu sagen. Ich hatte immer noch Angst, meinen Bruder zu verlieren, und war nicht in der Lage, mich gegen ihn zu stellen oder meine ehrliche Meinung zu diesem Thema zu vertreten. Nur allzu gern hätte ich ihm meine Denkweise dazu klargemacht. Ein Blick in Tonis Augen verriet mir, dass er das Gleiche dachte.

***

Eine Stadt, in der Hektik Normalität zu sein scheint – kein Wunder bei 3,5 Millionen Einwohnern –, nahm uns schließlich in Empfang. Schon die Menschenmengen im Bahnhof sorgten dafür, dass ich mich unwohl fühlte. Ich war nun fast zehn Jahre lang das Leben in einer Kleinstadt gewohnt und fühlte mich regelrecht erschlagen von den vielen Eindrücken.

Genervt folgte ich Pypa, der den Bus ausfindig gemacht hatte, welcher uns zu unserer Unterkunft bringen sollte, einem schicken Loft mitten in der Stadt. Der Bus war hoffnungslos überfüllt und wir verbrachten die Fahrt stehend und eng aneinandergedrängt.

Priska hatte eine wirklich tolle Unterkunft für uns gefunden. Das Loft befand sich in einem alten, wieder hergerichteten Fabrikgebäude und verfügte über drei kleine Schlafzimmer, zwei Badezimmer und eine große Wohnküche, die in den nächsten Tagen unser Zuhause sein sollten. Auch die große Dachterrasse war ein Traum. Wir teilten die Zimmer untereinander auf und packten rasch unsere Sachen aus. Danach mussten noch ein paar Einkäufe besorgt werden. Für den Abend hatten wir uns einen Stadtbummel vorgenommen.

Es war ein entspannter und lustiger Abend, bis plötzlich Pypas Handy einen Ton von sich gab, der den Eingang einer SMS ankündigte. Priska wartete nicht einmal darauf, bis Pypa die Nachricht gelesen hatte, stützte sich am Tisch ab und fuhr Pypa an:

»Wer ist das, wer hat dir geschrieben?«

Noch bevor Pypa überhaupt die Chance hatte, selbst auf sein Handy zu schauen, riss sie ihm das Telefon aus der Hand und fixierte das Display.

»Was soll das? Gib mir sofort mein Handy wieder zurück!« Pypa versuchte vergeblich, ihr das Handy aus der Hand zu nehmen. Doch Priska war viel zu sehr damit beschäftigt, die Nachricht zu lesen. »Los, gib mir mein Handy wieder. Sag mal, spinnst du?«

Priska warf das Handy über den Tisch und ließ sich beleidigt auf die Bank plumpsen. Die gute Laune war dahin. Der Abend war gelaufen. Irritiert tranken wir unsere Getränke aus, packten unsere Sachen zusammen und fuhren zurück zur Unterkunft.

»Sag mal, was ist denn mit Priska los?«, fragte Toni. »Wieso reißt sie Pypa das Handy aus der Hand? Das ist doch ungeheuerlich, findest du nicht? Hoffentlich gibt es nicht noch mehr solcher Szenen. Ich finde, sie sollten ihre Diskrepanzen unter sich ausmachen, Sophie. Das hat hier nichts zu suchen. Mir war das sehr unangenehm, dir nicht?«

»Natürlich fand ich das unangenehm. Man steht daneben und weiß nicht, wie man sich verhalten soll. Aber wir wissen auch nicht, *warum* sie so reagiert hat.« Ich nahm Toni in den Arm und wir genossen die letzten Sonnenstrahlen des Tages auf der Dachterrasse.

Schon als wir die Reise planten, hatten wir uns vorgenommen, an einem Abend schick essen zu gehen. Zufällig arbeitete Ulfs Bruder in einem noblen Restaurant in Berlin und hatte uns empfohlen, dort einen Tisch zu reservieren. Gespannt warteten wir darauf, was auf uns zukommen würde. Unsere Erwartungen wurden übererfüllt. Es gab mehrere Gänge mit Gerichten, die auf den riesengroßen Tellern zwar etwas verloren wirkten, aber allesamt hervorragend schmeckten, und zu jedem Gang gab es einen anderen vorzüglichen Wein. Wir waren begeistert. Für uns war es das erste Mal, dass wir so etwas Tolles aßen.

Erst spät bemerkten wir, dass außer uns fast alle Gäste das Restaurant verlassen hatten. Wir waren in guter Stimmung und Ulfs Bruder setzte sich zu uns. Später kamen noch zwei Frauen dazu, die wohl öfter im Restaurant zu Gast waren und die er ebenfalls an unseren Tisch bat. Wir unterhielten uns angeregt, bis wir bemerkten, dass zwischen Pypa und Priska ein neuer Streit im Anmarsch war.

Pypa hatte Priska, die die ganze Zeit über schnippische Bemerkungen machte, mehrmals gebeten, ihren Mund zu halten, bis er völlig die Fassung verlor und sie laut vor versammelter Mannschaft anblaffte. Der Auslöser für Priskas erneute Entgleisung war wohl die

Anwesenheit der beiden Damen oder irgendetwas, das die beiden gesagt oder getan hatten. Was genau das war, hatte keiner von uns mitbekommen. Wir wurden also schon wieder unfreiwillig Zeugen einer heftigen Auseinandersetzung. Mir platzte der Kragen. Ich fand es unglaublich schade, dass dieser schöne Abend erneut mit einem Ehestreit enden musste.

»Geht's noch? Könnt ihr eure Streitereien nicht unter euch ausmachen? Das ist ja wie im Kindergarten hier!«, zischte ich wütend, bevor ich aufstand und nach draußen ging.

Rita und Ulf kamen mir hinterher, nach kurzer Zeit folgte uns auch Toni nach draußen. Wir diskutierten darüber, was wohl nun schon wieder mit Priska losgewesen sein könnte. Nach einer Weile kam Priska ebenfalls aus dem Gastraum und eilte wütend auf mich zu.

»Eins will ich dir sagen: Meine Ehe geht dich gar nichts an, damit das klar ist!« Ihr Gesicht war rot vor Zorn und sie fuchtelte mit ihrem Zeigefinger vor meinem Gesicht herum.

Ich war über ihren Auftritt erschrocken.

»Dann benehmt euch auch so, dass nicht jeder mitbekommt, was bei euch im Argen liegt, und macht uns nicht die ganze Zeit zu unfreiwilligen Zeugen.«

Was ist nur in sie gefahren?, fragte ich mich, als sie nur einen Moment später hysterisch aufschrie:

»Der kommt nicht, der bleibt hier. Der kommt bestimmt nicht raus.«

Ich schüttelte den Kopf. Priskas Verhalten war wirklich unterirdisch, auf keinen Fall das einer erwachsenen Frau.

»Nun bleib mal locker, Pypa unterhält sich doch nur noch ein bisschen und wird dann schon kommen.« Toni ging auf sie zu und versuchte, ihren Zorn zu bändigen.

In diesem Moment kam Pypa nach draußen und meinte grinsend zu Toni:

»Lass uns doch noch etwas hier bleiben!«

Nun riss mir endgültig der Geduldsfaden.

»Meine Güte, nun komm endlich. Warum musst du noch Öl ins Feuer gießen?«, herrschte ich ihn an, bevor ich ihn unsanft am Arm fasste und ihn hinter mir her zog.

Pypa war angetrunken und hatte wahrscheinlich seinen Spaß daran, Priska gehörig zu ärgern. *Warum um alles in der Welt muss er sie jetzt auch noch vor uns bloßstellen?*, fragte ich mich. Schweigend und enttäuscht fuhren wir zurück ins Loft.

Schlaftrunken hantierte ich am nächsten Morgen an der Kaffeemaschine herum. Dass Pypa auf dem Sofa in der Wohnküche lag, bemerkte ich erst, als ich mich umdrehte und meinen Bruder sah, der sich gerade die Augen rieb. Er hatte die Nacht dort verbracht. Wir deckten den Tisch und Toni besorgte Brötchen. Rita und Ulf waren mittlerweile auch aufgestanden. Plötzlich erschien Priska aus dem Schlafzimmer.

»Da bist du ja. Komm an den Tisch, Toni hat für dich in der Bäckerei das letzte Kümmelbrötchen ergattert.«

Ich versuchte, die angespannte Situation zu entschärfen, doch Priska reagierte nicht. Wütend stand sie da und begann gleich, auf Pypa einzureden. Schon am frühen Morgen stritten sich die beiden erneut. Abermals wurden wir unfreiwillig Beobachter der Szenen ihrer Ehe.

Ich nahm Priska zur Seite und verschwand mit ihr in ihrem Schlafzimmer. So hatte ich Priska noch nie erlebt, sie stand nun vor mir wie ein Häufchen Elend.

»Du glaubst gar nicht, wie ähnlich er seinem Vater ist«, schniefte sie. »Ich weiß nicht mehr, was ich machen soll!«

Ich war total überrascht und wusste nicht, wie ich mit der Situation umgehen sollte. Ich hatte nicht vor, mich zwischen die beiden zu stellen, also versuchte ich, sie abzulenken.

»Komm, wir wollen los. Mach dich fertig, es ist schon so spät. Wir wollen doch noch was erleben in Berlin.«

»Nein, ich komme nicht mit, fahrt ihr allein.«

Sie tat mir leid, dennoch überredete ich sie, sich nun fertigzumachen, damit wir endlich losfahren konnten.

Die Streitereien zwischen Pypa und Priska setzten sich auch in den nächsten Tagen fort. Dank der beiden Streithähne war unsere Berlinreise ganz anders verlaufen, als wir es uns vorgestellt hatten. Ich hatte Pypa und Priska von einer neuen Seite kennengelernt und war entsetzt darüber, dass sie offensichtlich nicht fähig waren, ihre Eheprobleme alleine mit sich auszumachen. Ich war genervt und freute mich umso mehr, bald wieder nach Hause fahren zu können. Toni wäre am liebsten gleich abgereist, aber ich konnte ihn davon abhalten.

Wieder daheim ließen Toni und ich unserem Frust freien Lauf, indem wir eine Flasche Wein köpften und den Urlaub dabei Revue passieren ließen. Wir waren inzwischen zusammengezogen und teilten uns eine kleine Doppelhaushälfte.

»Schade, unsere Tage in Berlin hatte ich mir anders vorgestellt. Warum verhalten die beiden sich bloß so? Ich begreife das nicht«, meinte Toni und schenkte mir ein Glas Wein ein.

»Na ja, wir wissen halt nicht, was sich hinter der Fassade der beiden verbirgt, ich vermute aber, dass Priska Angst hat, Pypa zu verlieren.« Ich setzte mich auf seinen Schoß und drehte das Weinglas in meinen Fingern; dabei betrachtete ich die rote Flüssigkeit, wie sie hin und her schwappte.

»Ja schon, aber ihr Verhalten ist doch vollkommen überzogen. Sie scheint ja quasi auf alles und jeden eifersüchtig zu sein!«

»Sie machen sich beide das Leben schwer, und wenn wir da sind und das mitbekommen, weiß ich nicht, wie ich mich verhalten soll.«

»Vielleicht brauchen sie Publikum«, scherzte Toni.

»Mag sein, aber es ist ihre Angelegenheit. Ich nehme die Sache so, wie sie ist. Lass uns die Ereignisse in Berlin als Lebenserfahrung abhaken.«

15

Bence wehrt sich

Wieder einmal meldete sich mein Magen zu Wort, als ich den Briefkasten leerte. Mit einem unguten Gefühl ging ich in die Küche und öffnete den offiziell aussehenden braunen Umschlag. Als ich den Beschluss des Gerichtes las, verschwammen die Buchstaben förmlich vor meinen Augen: »Den Anträgen des Antragsgegners wird nicht stattgegeben. Der Antragsgegner hat die Untersuchung zur Feststellung der Vaterschaft zu erdulden.« Überwältigt vor Freude rief ich Toni an.

»Du wirst nicht glauben, was ich gerade vor mir liegen habe. Bence muss zum Aderlass, das Oberlandesgericht hat alle seine Einsprüche abgelehnt!«

»Siehst du, Schatz«, sagte Toni, dessen Stimme sich nun ebenfalls aufgeregt anhörte, »ich habe es dir immer gesagt. Du bist im Recht und niemand kann dir verwehren, deinen wirklichen Vater feststellen zu lassen. Ich freue mich so für dich.«

Ausgelassen tanzte ich mit dem Brief in der Hand in meiner Küche herum und konnte nicht glauben, dass endlich eintrat, worauf ich so lange hingearbeitet und gewartet hatte. *Das muss gefeiert werden*, dachte ich, *heute Abend gibt es ein Festmahl mit allem Drum und Dran.*

Ich ließ meine Hausarbeit Hausarbeit sein, schnappte mir Jacke und Autoschlüssel und fuhr zum Einkaufen. Auf dem Parkplatz vor dem Supermarkt atmete ich die frische kalte Luft ein und versuchte zu realisieren, was gerade passiert war. Nach zwei Jahren und sieben Monaten, in denen Bence alles Erdenkliche versucht hatte, um sich der Vaterschaftsfeststellung zu entziehen, war ich nun meinem Ziel so nah. Es war ein unbeschreibliches Gefühl. Bence hatte seine Rechnung ohne den Wirt – nämlich mich – gemacht. Vielleicht hätte er ja daran denken müssen, dass der Apfel eben nicht weit vom Stamm fällt und seine eigene Tochter sich womöglich genauso wenig unterbuttern ließe wie er selbst. Die Mitglieder der Familie Horváth waren allesamt stur und zielstrebig. Wenn sie sich in etwas verbissen hatten, dann ruhten sie nicht, bis alle Mittel ausgeschöpft waren, um genau das zu erreichen, was sie sich vorgenommen hatten.

Nun, ich selbst war dieser Familie offensichtlich nicht nur optisch ähnlich, und nun hatte ich mein Ziel erreicht. Bence würde sich nicht aus der Affäre ziehen können. Nach einer Freudenzigarette mit herrlich runden Rauchkringeln stopfte ich meinen Einkaufswagen mit allem voll, was mir in die Finger kam, und fuhr nach Hause.

Kaum angekommen klingelte das Telefon. Es war Pypa. Beschwingt nahm ich den Hörer ab.

»Na, Brüderchen?«

»Hallo Sophie, du klingst aber aufgekratzt. Was ist los? Ich wollte mich schon längst mal wieder gemeldet haben. Gibt es etwas Neues?«

»Du glaubst es nicht, Pypa«, sagte ich fröhlich, doch noch bevor ich weitersprechen konnte, fiel er mir bereits ins Wort.

»Nein, oder? Sag nicht, du hast Post vom Gericht? Spann mich nicht auf die Folter, was ist rausgekommen?«

»Sie haben alle seine Anträge abgelehnt!«

»Wow, dann muss er jetzt zum Aderlass, nicht wahr? Das wird aber auch höchste Zeit. Das Ganze läuft doch bestimmt schon zwei Jahre, oder?«

»Und sieben Monate«, ergänzte ich.

Im Hintergrund vernahm ich wieder einmal Priskas drängende Stimme, die sich in unsere Unterhaltung schob. Und diesmal, vermutlich ausgelöst durch meine euphorische Stimmung, konnte ich den Mund einfach nicht mehr halten und fragte Pypa äußerst genervt, ob es eigentlich unmöglich sei, einmal in Ruhe mit ihm zu sprechen.

»Das reicht mir langsam! Wenn Priska mit mir reden will, dann soll sie mich halt selbst anrufen, aber nicht ständig dazwischenquatschen.«

Pypa nahm den Ball auf und raunzte nun seinerseits seine Frau an:

»Sei doch mal ruhig, ich möchte in Ruhe mit Sophie telefonieren. Das geht nicht, wenn du ständig reinredest!« Dann war Ruhe.

»Ist dir denn klar, dass Bence Beschwerde gegen den Gerichtsbeschluss einlegen und die Sache damit weiter verzögern kann?«, fragte Pypa.

So weit hatte ich noch gar nicht gedacht und seine Worte trafen mich mit voller Wucht.

»Ja, da könntest du recht haben. Aber meinst du, er macht das? Er ist doch mit allem, was er bisher gegen mich unternommen hat, schließlich gescheitert. Er muss doch irgendwann einsehen, dass er sich nicht ewig wehren kann.«

»Schwesterchen, erstens ist Bence unberechenbar, zweitens kann er nicht verlieren. Er ist der King und alle anderen müssen vor ihm kuschen. Das ist sein Selbstverständnis. Ich wette, er wird Beschwerde erheben. Und ich traue ihm auch zu, dass er wie angedroht bis zum Bundesverfassungsgericht geht.«

Von einer Sekunde auf die andere war mein Triumphgefühl, das mich den ganzen Tag lang begleitet hatte, wie weggeblasen und mir wurde mulmig zumute.

»Glaubst du ernsthaft, dass er so weit gehen wird?«, fragte ich mit dünner Stimme.

»Ja, ich rechne damit. Ich will dir die Hoffnung nicht nehmen, aber dieser Mann nimmt Niederlagen nicht einfach hin.«

»Na, dann hilft es nichts, dann muss ich halt abwarten, bis die Beschwerdefrist abläuft«, erwiderte ich geknickt.

»Ja, das wirst du müssen. Aber das schaffst du auch noch, so lange wie du bereits gewartet hast. Oh, jetzt muss ich aber, das Essen ist fertig. Bis dann, Schwesterchen.«

»Bis dann, Pypa, danke, dass du da bist! Grüß Priska von mir.«

Hatte ich mich wieder einmal zu früh gefreut? Der Gedanke ließ mich nun nicht mehr los, und der Beschluss, den ich schon als vorgezogenes Geburtstagsgeschenk angesehen hatte, lag mir plötzlich schwer im Magen.

Es kam genauso, wie Pypa vorausgesagt hatte. Verzweifelt saß ich einige Tage später in meiner Küche und las die knallhart verfasste Beschwerdeschrift in ihrem unverständlichen Juristendeutsch. Die Zeitschinderei ging mit abenteuerlichen Begründungen weiter. Als ich sie las, konnte ich die Tränen nicht mehr zurückhalten. Wieder einmal fragte ich mich, warum mein leiblicher Vater sich so verhielt. Ging es nur ums Geld? Steckte noch etwas anderes dahinter, wovon ich nichts wusste? Eine Antwort fand ich nicht. Weinend griff ich zum Telefonhörer und rief Toni an.

»Ich kann nicht mehr, Toni, ich bin total am Ende. Bence hat tatsächlich Beschwerde gegen den Beschluss des Oberlandesgerichtes eingereicht und mit einer Verfassungsbeschwerde gedroht. Toni, warum macht der das bloß? Ich will doch nur mein gutes Recht und mehr nicht. Wie kann es sein, dass er sich derart gegen mich zur Wehr setzt?«

»Ich bin gleich bei dir, Schatz. Koch dir einen Kaffee und versuch dich zu beruhigen. Ich komme, so schnell ich kann.«

Toni schien geflogen zu sein. Ehe ich mich versah, stand er in der Tür und ich fiel ihm weinend in die Arme. Er sagte nichts, hielt mich einfach fest im Arm und ließ mich so lange weinen, bis der Tränenfluss allmählich versiegte. Nach einer gewissen Zeit löste ich mich aus seinen Armen und schaute ihn an.

»Ich verstehe das genauso wenig wie du«, sagte Toni und strich mir liebevoll über die Wange. »Ich glaube allerdings, dieser Mann ist erstens eiskalt und ein totaler Egoist, und es geht ihm zweitens wirklich nur ums Geld. Dass er angesichts der Faktenlage jedoch mit dem Verfassungsgericht droht, finde ich ganz schön dreist. Vermutlich will er dich damit wieder nur zermürben.«

»Und das wird er nicht schaffen, dieser Mistkerl«, schimpfte ich, während meine Trauer langsam der blanken Wut Platz machte. »Ich lasse mich nicht einfach abfertigen, und von dem schon mal gar nicht. Der wird mich noch kennenlernen! Und wenn es an seinem Anwalt liegt, der sich eine goldene Nase an ihm verdienen will, dann soll er sich halt dumm und dämlich bezahlen. Wenn er den Krieg haben will, dann bekommt er ihn.«

»Genauso ist es. Der Mann weiß gar nicht, was er verpasst hat mit dir. Du bist stark und lässt dich nicht unterkriegen, das habe ich von Anfang an bei dir bewundert. Und ich stehe hinter dir, darauf kannst du dich immer verlassen. Gemeinsam stehen wir das bis zum Ende durch.«

»Ach Toni, es tut so gut, dass du da bist und mir Kraft gibst. Ich liebe dich!«

»Ich dich auch. Ich fahre jetzt zurück zur Arbeit. Wenn was ist, melde dich. Vielleicht rufst du jetzt am besten Pypa an, der wartet ja auch ungeduldig auf Nachrichten.«

»Ja, das werde ich gleich machen.«

Ich gab ihm einen Kuss und sah ihm hinterher, als er um die Ecke bog. *Er ist einfach der Beste*, dachte ich und ging ins Haus zurück, um Pypa anzurufen.

»Hallo Schwesterchen«, trällerte Pypa in den Hörer. Er war merklich erfreut, meine Stimme zu hören. Aber noch ehe er weitersprechen konnte, gingen die Pferde mit mir durch.

»Er hat es gewagt, er hat tatsächlich Beschwerde beim Oberlandesgericht eingereicht. Pypa, was für ein Mensch ist unser Vater? Ich bin so am Boden. Toni musste eben von der Arbeit kommen, um mich zu trösten. Ich dachte, ich klappe zusammen. Ich glaube, ich schaffe das alles nicht mehr. Ich kann nicht mehr klar denken. Wie und wo soll das enden?«

»Hab ich mir doch gedacht, Sophie, der geht bis zum Letzten. Es würde mich aber wundern, wenn das Oberlandesgericht nicht zu deinen Gunsten entscheidet. Der ist nun schon überall abgeprallt, lass dich also durch die Schreiberei seines Winkeladvokaten nicht einschüchtern. Das ist Geschreibsel auf einem Stück Papier, mehr nicht. Glaub mir, damit kommt er nicht durch!«

»Trotzdem macht es mich im Moment nieder und ich frage mich, warum er das tut.«

»Das hast du dich schon so oft gefragt, aber du wirst keine Antwort bekommen. Schon gar nicht von ihm. Er verleugnet dich und steht nicht zu seinem, sorry, Ausrutscher. Mach dir keinen Kopf. Alles wird gut, glaub mir.«

»Aber der wird auch noch Verfassungsbeschwerde erheben.«

»Na und, dann lass ihn doch! Denn auch damit kommt der am Ende nicht durch.«

»Es zerrt an meinen Nerven, Pypa. Meine Kraft ist fast verbraucht und ich merke, wie mich diese Geschichte immer weiter nach unten zieht.«

»Dafür hast du doch jetzt uns. Schließlich sind wir für dich da und helfen dir, wo es nur geht.«

»Ja, ich weiß und ich bin euch auch dankbar«, gab ich kleinlaut zu.

***

Dankbar war ich wirklich. Die Gespräche, in denen Pypa und Priska mir immer wieder geduldig zuhörten, halfen. Er und seine Frau waren überhaupt sehr hilfsbereit. Sie hatten mir beim Umzug geholfen, und wenn ich etwas brauchte, bekam ich es von ihnen. Ich beschloss, nicht mehr zu weinen. Dieser Mann war es nicht wert, dass ich auch nur noch eine einzige Träne seinetwegen vergoss. Trotzdem hatte ich das Gefühl, ich müsste platzen.

Ich ging ins Internet und machte mich auf die Suche nach Gleichgesinnten. Mit meinem Laptop auf dem Schoß suchte ich nach dem Forum, in dem ich schon damals meine Geschichte veröffentlicht hatte, fand es jedoch nicht mehr. Bei meiner Recherche stieß ich aber auf einen interessanten Blog. Ich fand einige Beiträge von gehörnten Kuckucksvätern und gerade mal zwei Berichte von Kuckuckskindern.

Ich entdeckte die Geschichte von Charlotte, eines Kuckuckskinds aus der Wiener Neustadt, das genau wie ich auf der Suche nach ihren Wurzeln war. Ihre Geschichte beeindruckte mich und ging mir sehr nahe; sofort fühlte ich mich mit ihr verbunden. Zweimal hatte sie sich einem Vaterschaftstest stellen müssen, und zweimal war der Mann, der ihr genannt worden war, nicht der Vater. Ihre Mutter hüllte sich in Schweigen. *Wie sich die Geschichten doch ähneln*, grübelte ich, *immer diese Mütter!* Sie bürden ihren Kindern eine Lebenslüge auf und wissen nicht, welchen Schaden sie damit anrichten. Der fehlende Teil, der einen ausmacht, ist so enorm wichtig und nicht einfach zu ersetzen. Ich fühlte, wie ich angesichts Charlottes Erzählung traurig wurde. Auch mir fehlte die Hälfte meiner Identität.

Ich überlegte nicht lange und beschloss, selbst etwas in diesem Blog zu schreiben. Auf der Plattform war eine E-Mail-Adresse hinterlegt. Also schrieb ich dort hin und stellte mich und meine Geschichte vor. Max, der Betreiber der Seite, nahm sich meiner Geschichte an. Er gab mir den Namen ›Marta Pandora‹, denn unter meinem realen Namen wollte und konnte ich nicht schreiben. Beide Verfahren, das Vaterschaftsfeststellungsverfahren und die Klage auf Unterlassung, waren noch nicht abgeschlossen; ich hatte Angst vor möglichen juristischen Folgen. Ich fand den Namen äußerst passend. Voller Enthusiasmus verfasste ich meine Geschichte, die in einzelnen Teilen vorgestellt werden sollte. Einen Tag vor Heiligabend würde der erste Teil veröffentlicht werden. Ich war gespannt wie ein Flitzebogen.

Die Weihnachtstage selbst hatten wir fest verplant. Am zweiten Feiertag waren wir mit Pypa und Priska verabredet. Rita und Ulf sollten auch zu uns stoßen und wir freuten uns sehr darauf, die beiden wiederzusehen. Ahnungslos holte ich die Post aus dem Briefkasten und war erstaunt, dass ein paar Tage vor dem Fest noch ein Brief von meiner Anwältin darunter war.

»Das kann nichts Gutes sein. Ich mag den Brief gar nicht öffnen. Komisch, dass solche Post immer zum Wochenende und vor Feiertagen eintrudelt.«

Toni stand erwartungsvoll vor mir.

»Mach schon auf, das sind bestimmt gute Nachrichten. Das Oberlandesgericht hat sicher schon entschieden, denn die wollen ihren Schreibtisch leer haben vor den Feiertagen«, grinste er mich an.

»Ich trau mich nicht. Vielleicht haben sie die Beschwerde ja angenommen.« Mit zitternden Händen überreichte ich ihm den Brief.

»Bitte öffne du ihn.« Argwöhnisch beobachtete ich, wie er den Brief aus dem Umschlag nahm. Tatsächlich war der Inhalt ein Beschluss, das konnte ich sofort erkennen. »Zeig her.«

Ich riss ihm den Brief wieder aus der Hand und meine Augen wanderten automatisch auf den unteren Teil: ›Die Beschwerde des Beklagten wurde nicht angenommen.‹

»Yes, yes, ich habe gewonnen. Ich bin auf der Siegerseite, ich bin meinem Ziel so nah!«

Jetzt tanzte ich im wahrsten Sinne des Wortes um Toni herum, meine Freude war kaum zu bändigen.

»Das ist das schönste Weihnachtsgeschenk für dich, meine Kleine. Komm, wir köpfen darauf eine Flasche Sekt.«

Toni verschwand in den Hauswirtschaftsraum und holte eine Flasche von unserem besten Sekt. Währenddessen ging ich ins Wohnzimmer und drehte die Musik lauter. Ausgelassen und völlig übermütig tanzten wir und unsere Stimmung war auf dem Höhepunkt, als das Telefon klingelte.

»Hey Schwesterchen, wollte mal nachfragen, wie es dir geht.«

»Das trifft sich gut, ich hätte dich gleich auch noch angerufen. Es gibt Neuigkeiten. Das Oberlandesgericht hat entschieden!«

»Nee, sag bloß, das ging aber schnell. Erzähl mal, spann mich nicht so auf die Folter!«

»Dreimal darfst du raten«, lachte ich ins Telefon.

»Schatzi«, wandte Pypa sich an Priska, »das Oberlandesgericht hat entschieden! Sag schon, Sophie, haben sie die Beschwerde nicht zugelassen?«

»Genau, er ist abgeschmettert worden, sang- und klanglos ist er gescheitert.«

»Warte, ich mach mal den Lautsprecher an, damit Priska mithören kann.«

Ich las die Begründung noch einmal vor und im Hintergrund hörte ich Priska aufschreien:

»Jetzt machen wir ein Fass auf! Das werden wir Weihnachten gebührend feiern.«

»Auf jeden Fall. Und ich glaube nicht, dass er noch Verfassungsbeschwerde erhebt.«

»Warten wir es ab, Sophie«, mahnte Pypa. »Ich sagte dir bereits mehrfach, Bence ist unberechenbar. Aber er sollte sich, wenn er sich dazu entscheidet, vorher gut informieren. Was hat Professor Weiß noch gemeint? Wenn er gut beraten ist, wird er es dulden. Er wird auch beim Bundesverfassungsgericht nicht durchkommen. Genieße jetzt erst einmal deinen Sieg. Feier schön, wir sehen uns am zweiten Weihnachtsfeiertag.«

»Bis dann, Brüderchen.«

Ich legte den Hörer auf und dachte an Pypa. Seine Unterstützung tat mir unendlich gut, genau wie die von Toni. Ich war so froh, nicht mehr alles alleine durchstehen zu müssen.

Gespannt schaltete ich am nächsten Morgen meinen Computer ein. Ich öffnete die Seite für Kuckucksväter und -kinder und sah, dass meine Geschichte online war. Es war genauso ein sonderbares Gefühl wie damals, als ich mich im Fernsehen gesehen hatte. Ich empfand es so, als würde ich die Geschichte einer Fremden lesen. Die ersten Kommentare dazu waren auch schon abgegeben worden. Charlotte hieß mich herzlich willkommen. Obwohl ich von meinen Kindern, von Toni, Pypa und Priska jegliche Unterstützung bekam – das hier war etwas anderes, wie ich bald bemerkte. Charlotte, das Kuckuckskind aus Österreich, teilte mein Schicksal und man begriff sehr schnell, dass uns das in ähnlicher Weise geprägt hatte. Obwohl sie ein paar Jahre jünger war als ich, dachte sie genau wie ich, verhielt sich in vielen Dingen wie ich, sprach aus, was ich gerade dachte und umgekehrt.

Es verging bald kein Tag mehr, an dem wir nicht ausgiebig miteinander chatteten. Ich fühlte mich wohl unter meinesgleichen und die herzlichen und mitfühlenden Kommentare zum ersten Teil meiner Geschichte taten mir gut. Voller Freude über die Unterstützung wartete ich ungeduldig darauf, dass der zweite Teil meiner Erzählung erschien, was am ersten Weihnachtstag geschehen sollte.

Heiligabend hatten wir besinnlich verbracht. Am ersten Weihnachtsfeiertag waren wir zu Tonis Familie gefahren. Eigentlich hatte ich mir vorgenommen, ihnen von mir zu erzählen, doch mir hatte der Mut gefehlt. Ich war mir nicht sicher, ob sie meine Lebensgeschichte nachempfinden und verstehen konnten. Am Ende entschied ich mich dagegen, ihnen mein Herz auszuschütten, denn damit ging es mir in diesem Moment besser.

Wie besprochen fuhren wir am frühen Nachmittag los. Wir hatten uns im Kino verabredet. Anschließend sollte es Fondue bei Pypa und Priska geben. Rita und Ulf waren auch dabei.

»Wahnsinn, das hast du aber wieder einmal sehr hübsch hergerichtet.«

Ich kam aus dem Staunen nicht heraus. Priska stand in der Küche und schien mein Lob nicht gehört zu haben, denn sie reagierte gar nicht. Der Esszimmertisch glänzte in weihnachtlicher Stimmung. Viele rote Kerzen, rote Servietten und silberne Unterteller rundeten die Dekoration ab. Priska hatte sich wahrhaft ins Zeug gelegt. Jeder hatte eigene, zu Hause vorbereitete Leckereien mitgebracht, und so war der Tisch voll mit Köstlichkeiten. Es war ein gelungener zweiter Weihnachtsfeiertag. Natürlich kam, obwohl Weihnachten, auch das leidige Thema Bence Horváth wieder einmal zur Sprache.

»Wie lange hat er Zeit, eine Verfassungsbeschwerde zu erheben?«, fragte Pypa in die Runde.

»Ich glaube, bis Ende Januar 2012. Meinst du wirklich, dass er so weit geht?«

»Abwarten, Schwesterchen. Ich hoffe zwar nicht, aber du weißt ja inzwischen, mit wem du es zu tun hast.«

»Tja, da bleibt mir nichts anderes übrig als zu hoffen, dass er es nicht tut. Gegen Ende Dezember wird übrigens der dritte Teil im Blog veröffentlicht. Denkst du, dass Glora das liest?«

»Wieso sollte sie das lesen? Die weiß doch gar nicht, dass die Geschichte online ist.«

»Nun ja, suche mal im Internet nach ›Horváth‹ und ›Vaterschaftsfeststellung‹, dann erscheinen der Blog und meine Geschichte«, lächelte ich Pypa an. Mir war sehr viel daran gelegen, dass Glora es las.

»Meinetwegen kann sie es lesen oder auch lassen, das ist mir so egal. Die soll versauern in ihrem geliebten Amerika.«

Pypa hob das Glas und prostete mir zu. *So ein Schelm*, dachte ich und prostete zurück. Ich fragte mich aber auch, warum er so abfällig über seine Schwester sprach. Bis auf kleine verbale Spitzen von Priska, die immer noch nicht zulassen konnte, dass Pypa und ich uns alleine unterhielten, geschweige denn einen kurzen Moment zu zweit verbrachten, verlief der Abend ohne Zwischenfälle.

***

Gespannt wartete ich, ob vor der Jahreswende noch etwas von der Gegenseite kommen würde, und erwartete gleichzeitig den dritten Teil meiner Geschichte im Blog. Eigentlich hatte ich mir gewünscht, mit Pypa und Priska Silvester zu feiern, doch sie hatten andere Pläne, was ich sehr bedauerlich fand. An meiner Sehnsucht, bei ihm zu sein, hatte sich nichts geändert. Nach über fünfzig Jahren hatte ich endlich einen Bruder, der mir das gab, was ich all die Jahre so schmerzlich vermisst hatte, nämlich Familienzugehörigkeit.

Am Neujahrstag war schließlich der vierte Teil meiner Geschichte online gegangen. In diesem Teil ging es um das unmoralische Angebot, den sittenwidrigen Vertrag, den Bence mir untergejubelt hatte. Auch Priska hatte einen Kommentar hinterlassen und schrieb, dass diese Winkeladvokaten schon damals hätten wissen müssen, dass solche Verträge ungültig seien und gegen die guten Sitten verstießen. Ich erhielt viel positives Feedback zu meiner Geschichte, was mir guttat. Meine Entscheidung, auf diesem Blog zu schreiben, war richtig gewesen.

In dieser Zeit wurde mein Briefkasten wieder zu meinem besten Freund. Je mehr Tage vergingen, in denen keine Post von Herrn Eick einging, desto größer wurde meine Hoffnung, dass Bence keine Beschwerde beim Bundesverfassungsgericht einreichen würde. Das Einzige, was Anfang Januar eingegangen war, war die Kopie eines Schreibens, welches das Amtsgericht an Bence geschickt hatte.

Man ginge davon aus, dass Bence im Hinblick auf die Entscheidung des Oberlandesgerichtes nun an einer Blutentnahme mitwirke, hieß es darin. Ich gab meinerseits ebenfalls die Hoffnung nicht auf, dass Bence jetzt zur Vernunft kommen würde.

Auf das Schreiben des Amtsgerichtes erwiderte Herr Eick, dass man derzeit die Erfolgsaussichten einer Verfassungsbeschwerde prüfe und der Beschluss des Oberlandesgerichtes dort kurz vor Weihnachten eingegangen sei, womit die Verfassungsbeschwerde bis Ende Januar 2012 beim Bundesverfassungsgericht eingehen müsse. Er schlug daher folgende Vorgehensweise vor: Er werde unverzüglich mitteilen, ob die Verfassungsbeschwerde eingelegt werde oder nicht. Bei Nichteinhaltung oder Zurückweisung würde Bence selbstverständlich bei der Vaterschaftsfeststellung mitwirken. Bei Annahme der Verfassungsbeschwerde müsse das vorliegende Verfahren bis zur Entscheidung ausgesetzt werden.

Das hatte gesessen! Also doch, dachte ich. Er würde es wagen, das höchste deutsche Gericht anzurufen, um sich vor mir zu schützen. Dieses Mal konnte ich nicht weinen. Es hatte schon zu viele Tränen gegeben.

Ich schnappte mir das Telefon und rief Pypa an. Er war außer sich und konnte ebenso wenig glauben wie ich, was ich ihm vorgelesen hatte.

»Sophie, dann wird er die Verfassungsbeschwerde auch erheben. Dieser alte störrische Kerl, der hat sie doch nicht mehr alle!«

16

In höchster Instanz

*B*ence hatte seine Ankündigung wahr gemacht. Einen Tag vor Fristablauf war die Verfassungsbeschwerde beim Bundesverfassungsgericht eingegangen. Hatte er so lange gebraucht, um zu überlegen? Oder hatte er gehofft, ich würde meine Klage auf Feststellung der Vaterschaft zurückziehen? Wer wusste das schon. Zumindest bekam ich eine Kopie der Verfassungsbeschwerde zugesandt. Siebenundzwanzig Seiten lang, gespickt mit weit hergeholten Behauptungen, schlecht recherchierten Unterstellungen, dreisten Unwahrheiten und wahrscheinlich alten Textbausteinen aus den Schriftsätzen von Herrn Eick.

Bence berief sich auf die Verletzung seiner Grundrechte: Schutz von Ehe und Familie, allgemeines Persönlichkeitsrecht, Recht auf körperliche Unversehrtheit und Vertragsfreiheit. Abschließend hatte Herr Eick auch noch kräftig auf die Tränendrüse gedrückt und dem Gericht wortreich erklärt, wie schwer es dieser zeitlebens hart arbeitende Mann doch gehabt habe. All das kam mir bekannt vor und ich war es leid, immer wieder dasselbe lesen zu müssen.

Obwohl ich es in meinem tiefsten Inneren geahnt hatte, reagierte ich dennoch geschockt, als mich die Realität wieder einmal einholte. Ich saß vollkommen paralysiert auf meinem Küchenstuhl und starrte auf das vor mir liegende Papierbündel, bis mich das Telefon aus meinen Grübeleien riss.

»Hallo«, murmelte ich in den Hörer.

»Schwesterchen, hallo. Hast du schon was Neues?« Pypa schien einen siebten Sinn dafür zu haben, wann er am besten anrief.

»Pypa, du wirst es kaum glauben, aber das Schreiben, das ich gerade in Kopie bekommen habe, setzt dem Ganzen wirklich die Krone auf. Siebenundzwanzig Seiten mit erfundenen Behauptungen, die unter die Gürtellinie gehen und ihn als Märtyrer dastehen lassen. Er habe sein Leben lang berufliche und private Höchstleistungen vollbracht, um in einem fremden Land eine wundervolle Familie aufzubauen. Er wisse überhaupt nicht, warum er jetzt so bestraft werde. Er habe um das Leben seiner Frau bangen müssen, als ich ihn Anfang der Neunzigerjahre im Krankenhaus regelrecht überfallen habe. Abgesehen davon, dass sich der Vorfall im Krankenhaus völlig anders zugetragen hat, war das auch nicht in den Neunzigern, sondern Anfang 2000. Die kriegen noch nicht einmal eine Verfassungsbeschwerde korrekt auf die Reihe.« Ich war wütend und redete mich immer mehr in Rage. »Er müsse seine Familie vor mir schützen; ich habe ihn belagert und seinen Familienfrieden zerstört. Dabei ist *er* doch derjenige, der mich über den Tisch gezogen, der mich belogen und betrogen hat. Er hat einen sittenwidrigen Vertrag unter bewusst falschen Voraussetzungen mit mir abgeschlossen. Ich hasse ihn! Ich weiß nicht, was ich tun werde, wenn ich ihm das nächste Mal begegne.«

Ich war fix und fertig. Pypa ließ mich gewähren, bis die schlimmste Wut verraucht war und ich mich langsam wieder beruhigte.

»Pypa, bist du noch da?«, fragte ich zögerlich und ein bisschen beschämt.

»Ja, ich bin noch da, und es tut mir unglaublich leid, dass ich recht hatte, aber ich hatte dich ja schon vorgewarnt, dass ich das mehr oder weniger erwartet habe. Schlimmer als die Tatsache an sich ist allerdings die Art und Weise, wie er das Ganze betreibt. Kein Verantwortungsgefühl, keine Moral, nichts. Manchmal könnte ich echt kotzen, mit so einem Menschen verwandt zu sein!«

Eine wirklich harte Aussage, die Pypa da getroffen hatte. Erst jetzt wurde mir so richtig klar, wie verletzt auch er selbst sein musste und wie sehr auch er unter Bences Regime gelitten hatte. Doch er hatte keine Wahl, er konnte die Verwandtschaft zu diesem Mann nicht verleugnen.

»Sophie, das ist zwar jetzt ein Schlag in den Nacken. Aber es kommt ja nicht unerwartet. Der wird nicht durchkommen damit, glaub mir!«

Ich seufzte in den Hörer:

»Das Ganze ist nur so langwierig, es nervt so gewaltig und ich möchte endlich wieder zur Ruhe kommen. Immer dieses leidige Thema. Und ich habe auch Angst, dass wir beide uns eines Tages streiten. Das möchte ich auf gar keinen Fall. Dich will ich um nichts in der Welt verlieren.«

»Quatsch, warum sollten wir uns streiten, das ist doch albern. Scanne mir die Verfassungsbeschwerde bitte ein, ich möchte sie gern haben.«

»Ja, mach ich, ich will sie sowieso einscannen, weil ich sie in den Blog setze. Die Leute sollen lesen, wozu ein Vater fähig ist.«

Ich spürte, wie mir die Tränen hochkamen und mein Kloß im Hals immer dicker wurde. Vor Pypa aber wollte ich mir keine Blöße geben. Ich beendete das Gespräch unter dem Vorwand, noch kochen zu müssen.

Erstarrt hockte ich in der Küche, vor mir lag die seitenlange Verfassungsbeschwerde auf dem Küchentisch. Ich bemerkte nicht einmal, dass Toni von der Arbeit gekommen war, obwohl er wie immer schon beim Reinkommen »Hallo Schatz, ich bin da!« gerufen hatte. Als ich nicht aufstand, um ihn zu begrüßen, wie ich es sonst immer tat, lugte er um die Ecke und sah mich am Küchentisch sitzen. Er musste wohl gleich das Anwaltsschreiben entdeckt haben, denn er griff sofort danach; die fett gedruckte Überschrift war ihm nicht entgangen.

»Oh nein, ich fasse es nicht. Wie tief will der Kerl denn noch sinken?«, donnerte er und warf das unsägliche Schriftstück zurück auf den Tisch. »Komm her.«

Er zog mich vom Stuhl und drückte mich fest an sich. Nach einem Augenblick trat ich einen Schritt zurück und sah ihm fest in die Augen.

»Es ist unglaublich, oder? Dieser Mann geht sogar vor das höchste deutsche Gericht, um sich gegen einen Sachverhalt zu wehren, von dem er schon seit Jahrzehnten genau weiß, dass er stimmt. Er verweigert mir die Gewissheit über meine Abstammung, nur weil es ihm unbequem ist. Es ist nicht zu glauben. Aber dass ich jemals einknicke, darauf kann er lange warten. Ich lasse mich nicht verleugnen, und es ist so sicher wie das Amen in der Kirche, dass er damit nicht durchkommen wird. Nichts und niemand wird mich davon abbringen, mein Recht auf Kenntnis meiner Abstammung durchzusetzen.«

An erholsamen Schlaf war in dieser Nacht nicht zu denken. Immer wieder wachte ich auf und wälzte mich von einer auf die andere Seite, bis ich erschöpft wieder in einen kurzen Schlummer fiel. Gerädert stand ich am nächsten Morgen auf. Ich musste funktionieren, ob ich wollte oder nicht. Täglich hatte ich mit Menschen und deren Leid zu tun, aber keiner konnte auch nur erahnen, dass es mir selbst alles andere als gut ging.

Am nächsten Tag scannte ich die Verfassungsbeschwerde ein und mailte sie Pypa; danach wollte ich sie im Internet veröffentlichen.

Auf dem Blog hatte ich mittlerweile noch andere Kuckuckskinder kennengelernt, mit denen ich mich intensiv austauschte. Es war ein gutes Gefühl, dass es Menschen mit dem gleichen Schicksal gab, die mich verstanden. Für Außenstehende ist es oft nicht nachzuvollziehen, wie Kuckuckskinder ticken und was es mit einem macht, seine komplette Identität plötzlich ganz neu überdenken zu müssen.

Wie versprochen hatte auch Pypa einen Kommentar zu meinem Artikel abgegeben. Er hatte wirklich Talent, Dinge kurz und prägnant auf den Punkt zu bringen. Er schrieb, dass auch seine eigene Kindheit nicht immer leicht gewesen sei und er sich mit seinem Vater überworfen habe. Während er selbst seiner Halbschwester offen gegenüberstehe und sich freue, dass sie in sein Leben getreten sei, sähen das seine ältere Schwester und sein jüngerer Bruder anders. Sie hätten sich auf die Seite seines Vaters gestellt, der nun mit allen Mitteln zu verhindern suche, Sophie als seine Tochter anzuerkennen. Ein lächerliches Unterfangen, denn er sei sicher, dass Sophie seine Schwester sei, und verlieren würde sein Vater am Ende auch in höchster Instanz. Vor allem die Mittel, derer sein Vater sich bediene, trügen dazu bei, dass er so langsam, aber sicher endgültig den Respekt vor ihm verliere.

Mein ganzer Körper war mit Gänsehaut überzogen, als ich Pypas Kommentar zum ersten Mal las. Er hatte sich offen gegen unseren Vater gestellt und auch das Verhalten der Geschwister öffentlich kritisiert. Was für ein Schritt!

Bald darauf fragte Max, der Betreiber des Blogs, Pypa, ob er meine Kuckuckskindgeschichte auch aus seiner Sicht beschreiben wolle. Es interessierte ihn, wie es für Pypa gewesen war, als er erfuhr, dass er noch eine Halbschwester hatte. Als Pypa Max' E-Mail erhielt, rief er bei mir an, um mich zu informieren, dass er wirklich gern etwas dazu schreiben wolle, und ich war gespannt, was dabei herauskommen würde. Wir hatten zwar schon ein paar Mal darüber gesprochen, aber es ist ja immer etwas anderes, ob man Dinge nur anschneidet oder sich umfassende Gedanken macht, die man dann auch auf Papier bringt. Pypa hatte seinen Beitrag in null Komma nichts fertig geschrieben.

Die Überschrift lautete: ›Mein Vater zeugte ein Kuckuckskind!‹ Er beschrieb darin, wie ich ein halbes Jahr zuvor nach einigen vorhergehenden Telefonaten und E-Mails vor seiner Tür gestanden habe und ihm sofort die Ähnlichkeit zwischen mir und seiner Schwester Glora aufgefallen sei. Obwohl wir uns ja eigentlich fremd gewesen seien, hätten wir gleich einen guten Draht zueinander gehabt. Er sprach außerdem noch einmal darüber, dass viele Dinge, die sein Vater vor Gericht anführen würde, nicht im Entferntesten der Wahrheit entsprächen. Auch darüber, dass es ihn manchmal wütend und traurig mache, wie sehr Bence sein eigenes Wohlergehen über das von allen anderen stelle und mit welchen Taktiken er dies tue. Und das Ganze nur, um nicht zugeben zu müssen, was er damals getan hatte: seine Ehefrau mit meiner Mutter betrogen und mich gezeugt zu haben. Ein Kind also, das gerade einmal zehn Wochen älter sei als er selbst. Das, was Bence seine Familie nenne, sei in Wirklichkeit er allein und niemand sonst. Pypa betonte, dass er ja schon einiges von seinem Vater gewohnt sei, aber trotzdem niemals auch nur im Traum daran gedacht habe, dass dieser sich so verhalten könne, wie er das nun gegenüber seiner Schwester tue. Irgendwann müsse doch mal Schluss sein. Er habe früher geglaubt, dass jeder Mensch irgendwann zur Einsicht kommen würde. Doch ihm sei nun klar geworden, dass sein Vater diese Einsicht wohl einfach nicht besitze. Er hoffe, dass seine Schwester die lange Suche nach ihrer Identität bald erfolgreich abschließen könne, aber in der Zwischenzeit habe sie zumindest schon einmal einen Bruder dazugewonnen.

Pypas sehr emotionaler Kommentar ging mir gewaltig unter die Haut. Nun hatte er sich sogar öffentlich zu mir bekannt. Tief im Inneren hatte ich mir das schon lange gewünscht und gehofft, er würde klare Worte für das Verhalten des Vaters finden und eventuell auch die Geschwister einmal zur Rede stellen. Zumindest hatte er ihr Verhalten nicht gut geheißen, und das auf einer öffentlichen Plattform. Ich rief ihn an, um mich bei ihm zu bedanken.

Im nächsten Teil meines Berichts ging es um Bences zweites Abfindungsangebot, das er mir gemacht hatte, um mich dazu zu bewegen, die Vaterschaftsfeststellung nicht weiter zu verfolgen. Ich freute mich, als ich sah, dass meine Schwägerin ihn gelesen hatte, denn sie hatte nun ebenfalls einen Kommentar im Blog verfasst. Darin stand, dass sie es erschreckend finde, dass ein Mensch seinem eigenen Kind verweigerte zu erfahren, wer es sei und woher es komme. Auch alle folgenden Generationen, Enkel, Urenkel, hätten darunter zu leiden. Und bei allen sei in der Familiengeschichte eine Riesenlücke. Sie sprach auch die Folgen an, die so etwas haben könne. Wie würde es Bence wohl selbst gehen, wenn er seinerseits nicht wisse, woher er komme?

Nachdem ich auch Priskas Zeilen gelesen hatte, freute ich mich sehr, war aber gleichzeitig auch etwas verwirrt. Damit hatte ich nun wirklich nicht gerechnet. Auf der einen Seite stand sie hinter mir und verurteilte Bences Verhalten. Auf der anderen Seite versuchte sie, mich zu bevormunden und stellte sich häufig zwischen Pypa und mich. Ich war gespannt, was die Zeit wohl noch bringen würde.

In der Zwischenzeit halfen mir der Zuspruch und das Verständnis der anderen Kuckuckskinder. Mir war mittlerweile bewusst geworden, dass ich wohl nie die Chance bekommen würde, mit meinem Vater ein Gespräch zu führen. Meinen ehemals größten Wunsch – mit ihm zu sprechen – konnte ich wohl ein für alle Mal vergessen. Ich sah es als großes Geschenk an, dass ich Pypa und Priska kennengelernt hatte, und vor allem, dass ich wusste, wer mein Vater sein sollte.

Ich lernte andere Kuckuckskinder kennen, denen es noch schlechter ging als mir, weil ihre Mütter eisern schwiegen und sie niemals in Erfahrung bringen würden, wer ihr richtiger Vater war. Bei meinen eigenen Recherchen hatte ich gelesen, dass schätzungsweise jedes zehnte Kind ein Kuckuckskind ist. Früher hatte man Kuckuckskinder sogar als Wechselbälger bezeichnet. *Balg* war dieses stigmatisierende Wort für einen Menschen, dessen Existenz letztlich aus einer Lüge besteht, für die er selbst nicht verantwortlich ist. Es war unfassbar, wie ungerecht es manchmal im Leben zugehen konnte.

***

Ich hatte versucht, dem anstehenden Gerichtstermin gelassen entgegenzusehen, aber erneut machte mir mein Bauch einen gehörigen Strich durch die Rechnung. Obwohl ich eigentlich sicher sein konnte, dass Bence mit seiner Unterlassungsklage nicht durchkommen würde, war ich nervös. Immerhin war ich ja die Angeklagte. Angeklagt, einen sittenwidrigen Vertrag anzufechten und meine Identität feststellen zu lassen. Es war unglaublich.

Wir hatten uns spät auf den Weg gemacht. Als wir das Gerichtsgebäude erreichten, warteten Pypa, Priska, Rita und Ulf bereits. Von der anderen Seite der Straße sah ich, wie mein Sohn Finn abgehetzt heranstürmte. So war er, bei ihm wurde alles auf den letzten Drücker erledigt. Aber so liebte ich ihn auch. Und als ich sah, wer sich alles aufgemacht hatte, um mich zu unterstützen, wurde mir warm ums Herz.

Das Landgericht, ein sehr altes Gebäude, das 1891 im Stil des Historismus erbaut worden war, strahlte eine Atmosphäre aus, die einen unweigerlich in ihren Bann zog. Doch an diesem Tag ging der ehrfurchtgebietende Eindruck an mir vorbei. Das Gebäude war so verwinkelt, dass wir den Saal erst einmal suchen mussten. Es war ein kleiner überschaubarer Raum mit alten Holzbänken, bei dem man sich automatisch fragte, wer hier wohl schon alles gesessen und auf ein mildes Urteil oder auf Gerechtigkeit gehofft hatte. Meine Anwältin zeigte mir, wo ich mich hinzusetzen hatte. Links von mir war der Platz des Klägers und vor mir auf einer kleinen Erhöhung befand sich das Richterpult. Meine Begleiter hatten auf den Holzbänken hinter mir Platz genommen.

Die Richterin, eine junge, dynamisch wirkende Frau, begrüßte uns freundlich. Als der Anwalt meines vermeintlichen Vaters verspätet in den Sitzungssaal platzte, löste sich meine leise Hoffnung in Luft auf, Bence hier anzutreffen. Grußlos nahm er seinen Platz ein. Auch von Pypa und Priska hatte er keine Notiz genommen. Er überreichte der Richterin ein ärztliches Attest und entschuldigte Bence, der bedauerlicherweise erkrankt sei. *Wie fein*, dachte ich, *so ein Feigling!* Denn es war bekannt, dass er sich erst vor Kurzem putzmunter im arabischen Ausland aufgehalten hatte.

Zuerst wurden die Zuständigkeiten erörtert. Das Landgericht war für diesen Prozess nicht zuständig und würde den Fall an das Familiengericht verweisen. Trotzdem ließ die Richterin durchblicken, dass es sich um einen sittenwidrigen Vertrag handle und Bence nicht umhinkommen werde, sich einem Vaterschaftstest zu stellen. Die siegessichere Miene des gegnerischen Anwalts wich, seine Kinnlade klappte nach unten. Ich freute mich zwar über die Aussage der Richterin, musste mich aber nun schon wieder auf meine »Lieblingsbeschäftigung« einstellen: warten.

Nach der Sitzung hatten wir uns auf dem Flur versammelt und Herrn Eick nachgeschaut, der das Gebäude eilig verließ und den Eindruck erweckte, von der richterlichen Einschätzung ziemlich aus der Fassung gebracht worden zu sein. Frau Ziegler erklärte mir die weitere Vorgehensweise und eröffnete mir dann noch eine Neuigkeit, die mich aus dem Konzept brachte.

»Frau Nielsen, ich werde den Norden verlassen und nach Süddeutschland gehen.«

»Was? Nein! Das können Sie doch nicht machen!« Ich war kurz davor, in Hysterie auszubrechen, doch meine Anwältin fasste mich an den Arm.

»Beruhigen Sie sich, ich nehme Ihre Akten mit. Ich kann und will Ihren Fall nicht abgeben. Mir liegt persönlich sehr viel daran und ich werde Sie auch weiterhin vertreten.«

»Danke, vielen lieben Dank, Frau Ziegler.« Erleichtert fiel ich ihr um den Hals. »Gott sei Dank, ich dachte schon, Sie verlassen mich. Das hätte ich nicht mehr verkraftet.«

Zwischen meiner Anwältin und mir hatte sich eine sehr gute Beziehung entwickelt. Ich mochte ihre Art trotz der kühlen Professionalität, die sie manchmal ausstrahlte.

Zuhause sah ich als Erstes im Blog nach. Als ich die neuesten Kommentare las, traute ich meinen Augen nicht. Meine Halbschwester Glora hatte unter dem Nicknamen ›@peace‹ einen Kommentar zu meiner Erzählung ›Oder sollen wir noch einmal fünfzigtausend Euro drauflegen?‹ verfasst. Mir stockte der Atem.

@peace schrieb, sie sei die leibliche eheliche Tochter von Bence. Sie bedaure, dass ich meinen Vater nicht kenne, und betonte, dass sie mein Vorgehen positiv bewerte. Jedoch könne sie mich nicht zwingen, mit mir in Kontakt zu treten. Sie schrieb, dass ihr Mann seinen Vater auch nicht kenne und ich aufpassen müsse, dass die ›Vögel der Sorge‹ sich nicht ein Nest über mein Haupt bauen würden.

Was hatte denn das zu bedeuten? Sehr kryptisch.

Pypa lachte laut in den Hörer, als ich ihm davon erzählte.

»Das ist typisch Glora. Mir hat sie auch immer solche Sprüche geschickt, was mich total genervt hat. Nimm es dir nicht so zu Herzen.«

Ich vernahm ein Echo und vermutete, dass Pypa den Lautsprecher angestellt hatte.

Priska rief lachend aus dem Off:

»Warte mal ab, ich werde auch noch mal was von mir geben!«

Tatsächlich dauerte es nicht lange, bis ihr nächster Kommentar erschien: Auch sie finde es toll, dass Glora mein Vorgehen befürworte. Außerdem verstehe sie ganz und gar, dass ich gern meine wirklichen Verwandten kennenlernen würde. Und Glora als etablierte leibliche Tochter könne ja versuchen, der Halbschwester zu ihrem rechtmäßigen Status zu verhelfen, indem sie auf ihren Vater entsprechend einwirke. Denn falls Bence der Meinung sei, ich sei nicht seine Tochter, habe er das Problem ja längst aus der Welt schaffen können, indem er sich einfach diesem vermaledeiten Vaterschaftstest stellte. Dann wäre auch längst in der wundervollen Familie Horváth wieder ›Peace‹ eingekehrt.

Toni, der gerade den Rasen mähen wollte, kam ins Wohnzimmer. Er beugte sich über die Sessellehne und schüttelte den Kopf über Gloras Kommentar, fand Priskas Antwort aber äußerst treffend.

»Dieser Name allein, ›@peace‹! Und wenn sie sich tatsächlich Frieden wünscht, könnte sie selbst eine Menge dazu beitragen.«

Da hatte er völlig recht, so sah ich das auch.

17

Die Bombe platzt

Nicht nur meine Ungeduld und mein oft nicht zu bändigendes Temperament gehörten zu mir. Ich hatte auch Eigenschaften, die ich sehr an mir mochte, zum Beispiel mein Organisationsgeschick. Deshalb hatte ich mich schon früh um günstige Unterkünfte für unseren bevorstehenden Urlaub gekümmert. Es war an der Zeit, endlich mal wieder wegzufahren. Jeden Cent dafür hatten wir uns vom Mund absparen müssen, denn die monatlichen Raten für die Prozesskostenhilfe hatten ein recht großes Loch in unserem Geldbeutel hinterlassen.

Pypa und Priska hatten sich vorgenommen, an den Wörthersee zu fahren, nachdem Pypa seinen Wunsch begraben hatte, allein mit dem Fahrrad über die Alpen zu fahren. Sie planten unter anderem, ein paar Tage im ›Berghof‹ zu verweilen, einem Gasthof, der ganz in der Nähe von Bences Haus lag. Ich fragte mich, warum die beiden wohl ausgerechnet dorthin fahren wollten, aber Pypa hatte mir erzählt, dass es ihnen dort einfach gut gefiele. Ich fragte mich auch, ob es Pypa nicht wehtun würde, in der Nähe seines Vaters zu sein und keinerlei Kontakt zu ihm zu haben. Oder waren sie vielleicht mit Bence verabredet? Die Begründung, ihnen würde es dort gefallen, konnte ich irgendwie nicht ohne Weiteres glauben.

Da waren sie wieder, meine Zweifel, die mich so oft in meinem Leben begleitet hatten. Ich versuchte, meine negativen Gedanken zu verdrängen und beschloss, mich stattdessen auf unseren eigenen Urlaub zu konzentrieren.

Die traumhafte Landschaft brachte mich wie immer ins Schwärmen. Unsere erste Etappe hatten wir mühelos geschafft. Kurz hinter dem Irschenberg hatte ich eine Übernachtungsmöglichkeit gebucht, denn so wie früher ganz ohne Zwischenstopp in einem Rutsch an die Adria zu fahren, wollten wir uns nicht mehr zumuten. Früh am Morgen ging es nach einem ausgiebigen Frühstück weiter, und schon bald türmten sich die Alpen vor uns auf. Ich liebte diesen Anblick und war immer wieder aufs Neue fasziniert davon.

Impulsiv wie ich war, kam mir eine Idee:

»Was meinst du, wollen wir über den Wörthersee fahren und Bence einen Besuch abstatten?« Meine Augen funkelten.

»Das ist nicht dein Ernst, oder?« Toni schaute kopfschüttelnd zu mir herüber.

»Natürlich, das ist mein voller Ernst. Dann kannst du selbst mal sehen, wie er wohnt, und dir ein besseres Bild von dem machen, was ich dir erzählt habe. Mir macht es wirklich nichts aus, und ehrlich gesagt bin ich auch neugierig. Stell dir vor, wir würden ihn sehen, dann könnte ich ihm endlich einmal die Meinung sagen.«

»Wenn ich ihn sähe, würde ich mich vermutlich eher vergessen. Meinst du, dass du das verkraften kannst?«

»Ja, klar! Und wenn nicht, fahren wir schnell wieder weg.«

Entspannt lehnte ich mich zurück und genoss es, durch die schöne Landschaft chauffiert zu werden.

»Genau wie damals«, entfuhr es mir und ich kramte meine Zigaretten hervor.

»Soll ich anhalten? Oder wollen wir direkt weiterfahren?«

»Nein, wir fahren da jetzt vorbei.«

Als wir den malerischen Ort erreicht hatten, bemerkten wir nicht, dass wir schon an Bences Anwesen vorbeigefahren waren.

»Stopp, wir müssen umdrehen und dann rechts in den kleinen Weg hineinfahren.«

Abrupt trat Toni auf die Bremse und drehte um, dann fuhren wir zurück und er lenkte das Auto in den kleinen unscheinbaren Weg hinein. Ich atmete tief durch und stieg aus; Toni kam gleich hinterher. Es hatte sich seit meinem letzten Besuch hier nichts verändert. Lediglich die Pflanzen waren höher gewachsen, sodass wir von Bences Haus nichts sehen konnten. Heimlich schlichen wir an dem Zaun entlang, der neben Bences Grundstück verlief, und nahmen den unebenen Weg, der vermutlich zum See führte. Wir blickten uns um. Mit Macht wurde ich an die Szene erinnert, als ich damals vor seinem Gartentor gestanden hatte. Mir wurde übel und ich eilte zum Auto zurück.

»Toni, lass uns bitte schnell losfahren. Mir ist schlecht, ich möchte hier weg!«

Wie konnte ich nur so dumm sein?, dachte ich und drehte mich nicht einmal mehr um.

»Es sollte nicht sein, Schatz. Dein Körper hat dir Signale gesendet. Und das war gut so.«

»Okay, lass es uns vergessen und weiterfahren. Ab in den Urlaub!«

Je näher wir unserem Urlaubsziel kamen, desto besser ging es mir. Fernab von meiner Geschichte und all den Erfahrungen, die ich gemacht hatte, genossen wir zwei Wochen lang die kleine Hafenstadt Grado an der Adria sowie Domaso, einen wunderschönen kleinen Ort am Comer See. Vierzehn wunderbare Tage lang war Bence Horváth nicht mehr als eine Randnotiz in meiner Gefühlswelt.

***

Nach dem Urlaub schickte mir Priska eine E-Mail, die den Link zu einem Artikel enthielt: ein Onlinemagazin aus Bences österreichischer Wahlheimat. Der Artikel zeigte ein Bild, auf dem Bence zu sehen war, wie er neben einer Fußballmannschaft posierte. Seine Hände hielt er gefaltet vor seinem Bauch, so als habe er gerade eine Ansprache gehalten. Bence trug eine blaue Hose, ein kurzärmeliges, gelb kariertes Hemd, sein Kopf war mit einem Baseballcap bedeckt. Mir stockte der Atem, und nachdem ich das Bild eine Zeit lang betrachtet hatte, las ich den Text dazu:

›Am Sonntag fand ein Fußballspiel zwischen Flüchtlingen und dem örtlichen Fußballverein statt. Der Veranstalter zeigte sich sehr erfreut über die gute Atmosphäre sowohl auf dem Platz als auch auf den Rängen sowie das gesellige Zusammensein mit Einheimischen und Flüchtlingen nach dem Spiel und bedankt sich besonders bei Hermine und Bence Horváth, die als Schirmherren und großzügige Sponsoren diese Veranstaltung erst möglich gemacht haben.‹

Der Schmerz, den ich eben noch beim Anblick des Bildes gespürt hatte, verwandelte sich augenblicklich in Wut. Ich konnte es einfach nicht fassen. *Nach außen gibt er sich als Wohltäter mit weißer Weste, und mich zerrt er vor Gericht,* fluchte ich. Wütend schob ich meine Arbeit beiseite und rief Priska an.

»Wo hast du das denn her? Das kann nicht angehen! Der sponsert irgendwelche Fußballmannschaften! Weißt du, wie weh mir das tut, so etwas zu sehen?«

»Ich habe es während meiner Frühstückspause zufällig im Netz gefunden. Du, ich kann gerade nicht; lass uns später darüber reden«, meinte sie nur kurz und legte auf.

Okay, sie hatte wohl gerade keine Zeit, aber ein wenig mehr Empathie hätte ich mir von ihr schon gewünscht. Vor allem, da sie ja wusste, dass mir alles ziemlich nahe ging, was mit Bence zu tun hatte. Da saß ich nun und wusste nicht, wie ich das alles einzuordnen hatte. *Sicher hat Priska es nur gut gemeint,* redete ich mir ein.

Als Toni am Abend von der Arbeit kam, hatte ich mich beruhigt und zeigte ihm den Bericht von Bence und das Foto.

»Eigentlich müsste man hinfahren und dem Reporter reinen Wein einschenken, was für ein Mensch sich hinter dieser Fassade versteckt. Das ist das Allerletzte! Aber sag mal, Priska hätte sich ja eigentlich denken können, dass dir die ganze Sache ziemlich nahe geht. Das hätte echt nicht sein müssen.«

»Ich weiß auch nicht, vielleicht hat sie nicht darüber nachgedacht, dass es mir schlecht damit gehen könnte. Aber nun möchte ich darüber nicht mehr sprechen. Lass uns unseren Feierabend genießen!«

So emotionsgeladen ich auch war, ich hatte mich oft auf mein Bauchgefühl verlassen können. Ich spürte, dass sich in der Beziehung zu Pypa und Priska seit der Rückkehr aus dem Urlaub etwas verändert hatte. Die Herzlichkeit war verlorengegangen und wir wurden nicht mehr so oft eingeladen oder angerufen wie früher. Ich hatte jedoch noch immer nicht den Mut, mit Pypa darüber zu sprechen. Zu groß war meine Angst, ihn zu verlieren. Warum nur waren die beiden plötzlich so zurückhaltend uns gegenüber? Hatten wir etwas Falsches gesagt oder getan oder gab es vielleicht andere Gründe, warum sie sich entschieden hatten, den Kontakt zu uns zu reduzieren? Ich fühlte mich zunehmend ausgegrenzt.

Du bist aber auch empfindlich, versuchte ich mir selbst gut zuzureden und ließ den Dingen erst einmal ihren Lauf.

***

Seit dem Eingang der Verfassungsbeschwerde waren sieben Monate vergangen. Dass das Warten auf eine Entscheidung so viel Zeit in Anspruch nehmen würde, damit hatte ich nicht gerechnet. Immer wieder war ich auf die Internetseite des Bundesverfassungsgerichtes gegangen und hatte dort ähnlich gelagerte Entscheidungen und Urteile nachgelesen. *Wie dumm von mir*, dachte ich schließlich. Ich würde doch sowieso eine Nachricht erhalten, ob die Verfassungsbeschwerde angenommen würde oder eben nicht. Meine Geduld wurde schon wieder auf eine verdammt harte Probe gestellt, denn am liebsten hätte ich schon vorgestern eine Entscheidung erhalten. Mit meiner Ungeduld machte ich nicht nur mir, sondern auch meinen Mitmenschen das Leben schwer.

Im Nachhinein bin ich mir sicher, dass ich Pypa mit meinem Gejammer ziemlich auf die Nerven ging. Ich musste mir von ihm oft den berühmten Spruch des amerikanischen Theologen Reinhold Niebuhr anhören:

›Gott, gib mir die Gelassenheit, Dinge hinzunehmen, die ich nicht ändern kann, den Mut, Dinge zu ändern, die ich ändern kann, und die Weisheit, das eine vom anderen unterscheiden zu können.‹

Mir ging dieser Spruch, gelinde gesagt, fürchterlich gegen den Strich, denn auf mich schien das berühmte Murphy's Law viel eher zuzutreffen. Pypa hatte zwar recht damit, dass ich die Entscheidung nicht selbst herbeiführen konnte, aber er befand sich nicht in meiner Lage und konnte nicht beurteilen, wie ich mich bei alldem fühlte. Und ich fühlte mich mies, richtig mies. Es kam mir so vor, als ob alles Schlechte irgendwie, von wem auch immer, für mich reserviert war und die guten Dinge prinzipiell nur anderen Menschen passierten. Wenn es die Option gab, dass etwas schiefging, obwohl ich eigentlich im Recht war, konnte man darauf wetten, dass es auch schiefging. Ich war es so leid zu kämpfen und jedes Mal wieder zu hören, dass ich mich gedulden müsse. Erst schien der Sieg zum Greifen nah, nur um dann wieder in weite Ferne zu rücken. Ich hatte das Gefühl, darüber reden zu müssen, weil ich sonst platzen würde. Vielleicht hätte ich mir einen Psychologen suchen sollen, aber leider gibt es recht wenige Psychologen, die sich mit Kuckuckskindern und deren Psyche wirklich auskennen.

Das Verhältnis zu Pypa und Priska hatte sich nicht wirklich verbessert. Wir hatten zwar sporadisch Kontakt, aber es hatte auch Streit über Nichtigkeiten gegeben, weswegen die Stimmung gerade etwas angespannt war. Mir hatte Priskas Verhalten nicht gepasst und ihr wahrscheinlich meines nicht.

Ich hatte Priska bei *Facebook* eine Frage gestellt, bekam jedoch keine Antwort. Mein Prinzip lautete, dass im Internet genauso die Etikette gewahrt werden sollte wie auch im realen Leben, wo ich das Nichtbeantworten einer Frage als extrem unhöflich empfand. Vielleicht war es ein Fehler, diesen Maßstab auch an andere anzulegen, aber zumindest unter Verwandten und Freunden sollte dies eine Selbstverständlichkeit sein, fand ich. Sie sah *sich* im Recht, ich hatte *mich* im Recht gesehen, vor allem, weil ich wusste, dass sie bei ihrer Verteidigung nicht die ganze Wahrheit gesagt hatte.

Trotzdem freuten wir uns, sie beim Grillabend wiederzusehen, zu dem Rita und Ulf uns eingeladen hatten. Dieses Mal hatten Pypa und Priska uns nicht vorab angeboten, bei ihnen zu übernachten. Bei jeder Veranstaltung oder Feier, die wir gemeinsam besucht oder dort verbracht hatten, war das bis jetzt der Fall gewesen. Nichtsdestotrotz hatte ich das kleine Körbchen mit unseren Übernachtungsutensilien dabei. *Für alle Fälle*, dachte ich.

Toni hatte wohl bei der Terminabsprache nicht richtig zugehört, weswegen wir viel zu früh bei Rita und Ulf eingetroffen waren. Pypa und Priska hatten eine Fahrradtour gemacht, und Rita bat mich hinüberzugehen, um nachzusehen, ob sie schon wieder zu Hause waren.

»Huhu!«, rief ich übermütig, als ich die beiden auf der Terrasse sitzen sah. »Da seid ihr ja. Wir warten drüben. Wir sind schon länger da, weil Toni geglaubt hat, der Grillabend würde schon um sechs Uhr beginnen. Mein Auto habe ich bei euch geparkt. Ich hoffe, das ist in Ordnung.«

Freudig ging ich auf Pypa zu und nahm ihn zur Begrüßung in den Arm, dann begrüßte ich Priska und wollte sie ebenfalls in den Arm nehmen, doch ich spürte, dass ihr ganzer Körper sich versteifte. Priska hatte mich von oben bis unten gemustert, sie schien immer noch nicht ganz über unseren Streit hinweg zu sein. Da die Frage mit der Übernachtung noch nicht geklärt war, fragte ich trotzdem nach, ob wir eventuell bei ihnen schlafen könnten.

»Du weißt doch, wo dein Zimmer ist«, frotzelte Pypa und ich sah, wie Priska ihre Augen verdrehte.

Ich war erst unsicher, wie ich mich verhalten sollte, ging dann aber hinauf, stellte mein Körbchen im Gästezimmer auf den Tisch und eilte nach unten.

»Ich gehe wieder rüber. Bis gleich«, sagte ich zu meinem Bruder und konnte noch hören, wie Pypa mir hinterherrief, dass sie auch gleich kommen würden.

Rita und Ulf bewohnten eine kleine Doppelhaushälfte, der Garten war längst nicht so groß wie der von Pypa und Priska, aber er war schön und heimelig. Es war ein heißer Sommerabend, die Sonne brannte selbst am Abend noch auf unserer Haut, Musik lief im Hintergrund und die Kohlen im Grill begannen zu glühen. Rita war gerade dabei, den Tisch zu decken, als Pypa und Priska um die Ecke kamen. Sofort rückte Rita einen Stuhl für Priska zurecht und wollte eine Sitzauflage auflegen.

»Ich brauche keine Auflage, ich sitze immer ohne Auflage, das weißt du doch«, gab Priska schnippisch von sich.

Ich runzelte die Stirn. Rita hatte es nur gut gemeint und ich hatte Priska noch nie ohne Auflage sitzen sehen. Wortlos brachte Rita die Auflage wieder weg. Priskas Erscheinung und ihre gesamte Körperhaltung ließen für den Abend nichts Gutes verheißen. Sie ließ keine Möglichkeit aus, kleine verbale Spitzen auszuteilen. Dabei sah sie immer mich an und mir wurde mulmig zumute. Irgendetwas lag in der Luft, das war klar.

Im Verlauf des Abends sprach Rita Priska auf ihr getürktes Profil bei *Facebook* an, was Priska nicht sonderlich gefiel. Mich erinnerte das Thema an unseren Streit, weswegen ich mich nur mit einem Satz in das Gespräch einklinkte.

Das brachte das Fass zum Überlaufen.

»Von dir lass ich mir gar nichts sagen. Was mischst du dich ein, spinnst du? Ich weiß nicht, was das hier zu suchen hat. Und du kotzt mich an. Außerdem kannst du deine Sachen drüben abholen!« Ihr Gesicht war hochrot. »Los, hol sofort deine Sachen ab. Du brauchst dir nicht einzubilden, dass du bei uns schlafen kannst.«

»Sag mal, was ist denn in dich gefahren? Darf ich nicht einmal mehr meine Meinung äußern, ohne dass du sofort aus der Haut fährst?«, schnappte ich zurück.

Pypa verteidigte mich.

»Hey Priska, was ist denn mit dir los? Sag mal, geht's noch? Setz dich jetzt hier hin und beruhige dich. Sophie hat doch gar nichts gemacht. Was soll das?«

Er versuchte, mich in Schutz zu nehmen, aber Priska ließ sich nicht beruhigen und lief wütend und laut schimpfend davon. Wir sahen uns schweigend an, bis Pypa die Stille unterbrach.

»Sie spinnt mal wieder, die hat sie doch nicht mehr alle«, schimpfte er.

Mir wurde das alles zu viel. Ich wollte nur noch weg und auf keinen Fall mehr bei ihnen übernachten. Pypa meinte, das komme nicht infrage, er habe schließlich auch noch ein Wörtchen mitzureden. Er griff nach einer Flasche und schenkte sich einen Schnaps ein. Ich bestand aber darauf, dass Toni unsere Sachen holte und wir nach Hause führen.

Rita bot uns jedoch letztendlich an, bei ihr zu übernachten, und wir nahmen dankbar an. Sie nahm mich in den Arm und flüsterte: »Und jetzt hat Pypa gar keinen mehr.«

Noch lange sollte dieser Vorfall unser Gesprächsthema bleiben. Pypa und Toni hatten unsere Sachen geholt und Pypa bat mich, zu Priska rüberzugehen, um mit ihr zu reden. Ich war jedoch verletzt und gab Pypa deutlich zu verstehen, dass ich ihr nicht hinterherlaufen würde.

»Und wenn sie die Wahrheit nicht vertragen kann, dann ist das ihr Problem. Was verlangst du von mir? Ich laufe niemandem hinterher. Auf der einen Seite ist sie so herzensgut und auf der anderen Seite legt sie permanent solch ein Verhalten an den Tag. Pypa, ich verstehe das nicht. Irgendwann muss ich mich wirklich einmal alleine mit ihr unterhalten, um das klarzustellen«, fügte ich traurig hinzu.

»Oh ja, mach das mal. Geh mal mit ihr weg. Dann hab ich wenigstens meine Ruhe«, antwortete er grinsend. Doch kaum hatte er den Satz ausgesprochen, kippte die Stimmung. »Aber trotzdem müssen wir nicht unser komplettes Leben auf dich einstellen und einrichten. Und wir werden nicht bis an unser Lebensende kämpfen.«

Das hatte gesessen.

»Pypa, die Geschichte mit Bence wird mich ein Leben lang begleiten, und ihr habt das Thema auch dann ständig angesprochen, wenn ich selbst es nicht getan habe. Euer Leben braucht ihr nicht auf mich einzustellen, das habe ich nie verlangt und werde es auch nie verlangen, aber offenbar kann Priska entweder das Thema Bence oder

mich überhaupt nicht mehr ertragen. Also, was soll das alles? Wenn ich euch auf die Nerven gehe, dann könnt ihr mir das sagen. Auch wenn es euch zu viel wird. Aber ihr könnt ja beide keine Konflikte austragen.«
»Du aber auch nicht«, konterte er. »Warum hast du denn vorher nie den Mund aufgemacht?«
»Pypa, weil es sich so ergeben hat und weil ich Angst hatte, dich gleich wieder zu verlieren. Verstehst du? Deshalb habe ich nichts gesagt. Und ich weiß mittlerweile auch, wie deine Frau tickt.«
Musste es erst so weit kommen, dachte ich, als ich meinen Bruder in den Arm nahm. Er war betrunken und fing an, mich mit Glora zu vergleichen; dabei weinte er. Ob ich für ihn vielleicht nur eine Art Ersatz für Glora gewesen war? Sollte Rita recht behalten, dass er nun niemanden mehr hatte?
Zu keinem hatte er mehr Kontakt. Weder zu Roman noch zu Glora oder Bence oder seinen Kindern aus der ersten Ehe mit Beate. Priska hatte an keinem von ihnen ein gutes Haar gelassen. Und überhaupt schien sie über alles und jeden in ihrer Umgebung nur Negatives zu sagen zu haben. Sie lästerte auch über ihre Freunde, selbst über ihre langjährigen besten Freunde Rita und Ulf. Es schien, als würde sie alles und jeden vergraulen wollen und nur auf andere schauen, um vielleicht nicht sehen zu müssen, wie es bei ihr selbst aussah.
Pypa stand auf, er torkelte und nahm mich in den Arm.
»Alles wird gut, Schwesterchen, ich hab dich lieb!«
Ich drückte ihn an mich und ahnte dabei, dass es das letzte Mal sein würde.
»Mach's gut, Brüderchen.«
Pypa löste sich aus meiner Umarmung und wankte davon. Wehmütig sah ich ihm hinterher und war mir sicher, dass ich ihn verloren hatte.
Nach einer kurzen Nacht mit wenig Schlaf fuhren wir ohne Frühstück nach Hause. Die Ereignisse vom Vorabend musste ich erst einmal verdauen.
Mir ging es den ganzen Tag miserabel. Ich zerbrach mir den Kopf, was der Auslöser für Priskas Verhalten gewesen sein könnte, kam aber zu keinem befriedigenden Ergebnis. Nur die Tatsache, dass ich sie kritisiert hatte, konnte doch nicht solch ein Verhalten rechtfertigen.
Abends bekam ich eine nicht besonders freundliche E-Mail von Priska. Ich las Toni die Nachricht vor, bevor ich mich entschied, ihr zu antworten, dass mir nichts daran läge, mich mit ihr zu streiten und ich gern ein Gespräch mit ihr allein führen würde. Ich schlug ihr vor, uns zu verabreden, um gemeinsam essen zu gehen. Ich wollte kein neues Öl ins Feuer gießen.
Einen Tag später erhielt ich eine weitere E-Mail von Pypa und Priska. Sie teilten mir mit, dass sie meine E-Mail gelesen hätten und sich

Gedanken über das – wie sie es nannten – *Ereignis* vom letzten Samstag, meine E-Mail und die weitere Zukunft mit mir machen wollten. Als ich das gelesen hatte, schnürte sich in meinem Körper alles zusammen. *Sich Gedanken über die weitere Zukunft mit mir machen?* Ich las, dass sie der Meinung waren, ich habe Priska mit einer Behauptung ohne Grundlage angegriffen und vor ihren Freunden unmöglich gemacht. Ich habe einen ganzen Monat gebraucht, um überhaupt einmal meine Befindlichkeit zum Ausdruck zu bringen, und das dann auch noch ausgerechnet im Beisein ihrer Freunde getan. Insbesondere Pypa fühle sich jetzt sehr verletzt, weil ich seine Frau so grundlos angegriffen habe. Sie behaupteten, ich würde immer davon sprechen, dass man miteinander reden müsse, aber in der Praxis immer nur austeilen und mich dann über die entsprechende Reaktion wundern. Sie seien jetzt übrigens einige Tage nicht da und hätten auch andere wichtigere Dinge im Kopf und zu regeln; sie würden sich melden.

Sie hatten mit ihrer E-Mail ins Schwarze getroffen. Ich war zutiefst verletzt. Zudem hatten sie die Wahrheit reichlich verdreht. Nervös zog ich an meiner Zigarette. Toni mahnte mich zur Ruhe; er stand auf und wollte mich in den Arm nehmen, aber ich konnte selbst seine Nähe in diesem Moment nicht ertragen.

Ich war nicht mehr in der Lage, auch nur einen klaren Gedanken zu fassen. Ich war so unfassbar wütend, dass ich mir die Tastatur meines Computers schnappte und begann, wild drauflos zu tippen. Alles, was mich so geärgert hatte, kam nun auf den Tisch: Priskas Verhalten mir gegenüber und die unzähligen Ehestreitigkeiten, an denen sie die ganze Welt teilhaben ließen.

Ich war mir bewusst, dass wir nicht mehr miteinander reden würden, wenn ich diese E-Mail abschickte. Aber der Satz, dass sie sich über die Zukunft mit mir Gedanken machen müssten, sprach ohnehin Bände. Ganz so wollte ich es dann doch nicht stehen lassen. Und so bekam auch Pypa noch eine Mail von mir, in welcher meine Wut und Verletztheit deutlich zum Ausdruck kamen. Vieles aus der jüngsten Mail an mich, so schrieb ich, spiegele überhaupt nicht seine eigene Meinung wider, sondern sei klar erkennbar von Priska gesteuert. Ich schloss damit, wie traurig ich es finde, wenn nun alles so enden müsse, ich ihm aber für die Zukunft alles erdenklich Gute wünsche und meine Tür für ihn immer offen stehe. Dann drückte ich erneut auf die Sendentaste.

Es war ein endgültiger Abschied und einer, der von beiden Seiten nicht nett, teilweise nicht einmal besonders anständig verlaufen war. Trotzdem bereute ich keine Zeile dessen, was ich Pypa und Priska geschrieben hatte. Nun würde also gewissermaßen mein ›altes‹ Leben – ohne meinen Bruder und dessen Frau – wieder beginnen.

So kam es, und mir ging es von Tag zu Tag besser dabei.

18

Die Offenbarung

Strahlender Sonnenschein, blauer Himmel und beste Laune begleiteten uns an diesem Samstagmorgen bei der Gartenarbeit. Unser Umzug stand bald an und wir wollten den Garten ordentlich hinterlassen. Unser Haus war recht klein, daher hatten Toni und ich beschlossen, uns ein wenig zu vergrößern. Ich war damit beschäftigt, das Unkraut zu jäten, als die Postbotin kam und mir einen Einschreibebrief überreichte. Ich richtete mich auf, zog meine Gartenhandschuhe aus und wollte den Brief in Empfang nehmen. Als hätte ich eine Vorahnung, zögerte ich jedoch und fragte nach, von wem der Brief komme. Die Postbotin drehte das Schreiben um.

»Von Pypa und Priska Horváth.«

Ich beriet mich kurz mit Toni, der genau wie ich überzeugt war, dass dieser Brief nichts Gutes zu bedeuten hatte, lehnte dann die Annahme ab und wandte mich wieder meiner Gartenarbeit zu.

Ein paar Tage später erhielt ich von meiner Rechtsanwältin, die inzwischen nach Süddeutschland umgezogen war, eine E-Mail mit dem Betreff ›Vaterschaftsfeststellung‹.

Frau Ziegler informierte mich darüber, ein Fax von Pypa und Priska Horváth mit einem an mich gerichteten Schreiben erhalten zu haben. Dieses leite sie nun mit der Bitte um Rücksprache an mich weiter. So hatte ich den unerwünschten Brief also doch noch erhalten. Ich schluckte kurz. Das verhieß wirklich nichts Gutes, und so war es auch.

Priska und Pypa warfen mir vor, dass ich mir unter Vorspiegelung falscher Tatsachen bis hin zu verleumderischen Lügen und falschen Behauptungen ihr Vertrauen erschlichen habe, um mir einen Vorteil in dem laufenden Vaterschaftsfeststellungsverfahren zu verschaffen. Ich sei dabei so weit gegangen, dass ich durch gezieltes Taktieren und Intrigenspiel bewusst ihre Ehe gefährdet habe. Sie würden sich deshalb in jeglicher Form von mir distanzieren; ebenso von ihren vorherigen Aussagen in dieser Angelegenheit. Er, Pypa Horváth, ziehe seine Bereitschaft zur Zeugenaussage für mich hiermit zurück. Aus dem Schreiben ging weiterhin die Forderung hervor, dass ich es unterlassen solle, Kontakt in jeglicher Form zu ihnen aufzunehmen, sie zu verfolgen oder, wörtlich, ›auszuspionieren‹. Sie verboten mir auch, jedweden Kommentar bezüglich einer möglichen Verwandtschaft zu ihm auch nur anzudeuten. Natürlich sollte ich mich auch von ihrem Grundstück fernhalten, sonst würden sie eine Unterlassungsklage anstrengen.

Nicht, dass ich überhaupt in Erwägung gezogen hätte, sie nach einem solchen Schreiben jemals wieder zu besuchen. Aber gut.

Eine Kopie sollten Dr. Eick & Partner sowie die Rechtsanwältin Frau Dr. Ziegler erhalten. Natürlich, wie hätte es auch anders sein sollen.

Es hatte zwei Möglichkeiten gegeben. Die eine wäre gewesen, dass wir einfach mit Anstand auseinandergegangen wären; die andere, ein riesiges Drama daraus zu machen und gleich mit dem Säbel zu rasseln. Offensichtlich hatten sich Pypa und Priska für die Horváth'sche Familientradition entschieden und gleich alles anwaltlich festhalten lassen. Ob sie dachten, ich würde sie weiter belästigen? Ob sie es einfach nur so machten, weil es ihnen vorgelebt worden war oder aber weil sie wussten, dass mein Bedarf an Rechtsstreitigkeiten für die nächsten einhundert Jahre eigentlich gedeckt war und sie mir damit so richtig eins reinwürgen konnten? All das war im Grunde genommen völlig egal. Innerhalb weniger Sekunden schwand meine gerade zurückgewonnene Lebensfreude – *das* hatten sie erreicht. Wieder saß ich in der Küche und inhalierte den Rauch meiner Zigarette. Mir wurde entsetzlich übel und ich rief Frau Ziegler an.

»Frau Nielsen, regen Sie sich nicht auf. Ihr vermeintlicher Halbbruder *muss* als Zeuge aussagen, wenn es zu einer Verhandlung kommt. Sehen Sie es gelassen, wir werden darauf nicht reagieren.«

Gelassen …, als wäre das wirklich so einfach. Zumindest hatte ich nach dieser neuerlichen Eskalation die Hoffnung, dass damit nun Ruhe einkehren würde.

Doch dem war natürlich nicht so. Es schien, als wären Pypa und Priska enttäuscht, keine Reaktion auf ihre E-Mail zu erhalten. Noch einmal schickten sie meiner Rechtsanwältin die Briefe und machten sich diesmal sogar die Mühe, sämtliche Belege für die Annahmeverweigerung mitzusenden. Ihre an mich gerichteten Schreiben seien einmal mit dem postalischen Vermerk ›Annahme verweigert‹ zurückgekommen und ein zweites Mal mit dem Hinweis ›Empfänger an der angegebenen Anschrift nicht zu ermitteln‹. Offensichtlich sei ich umgezogen und habe keinen Nachsendeantrag gestellt. Vielleicht habe sie, Frau Ziegler, ja eine aktuelle Adresse von mir und könne mir den Brief zukommen lassen. Falls Frau Ziegler dies nicht tun wolle, bäten sie um kurze Rückmeldung.

»Was denken die eigentlich, wer die sind, dass deine Anwältin nach deren Nase tanzt? Der ist dem Bence so was von ähnlich.« Toni war außer sich vor Wut und diesmal hatte ich die Aufgabe, *ihn* zu beruhigen. Ich versuchte, die E-Mail aus meinen Gedanken zu verdrängen und konzentrierte mich auf unsere Reise nach Österreich, wo ich endlich meine ›Kuckucksschwester‹, wie ich Charlotte inzwischen nannte, kennenlernen wollte.

***

Da ich weiterhin guten Kontakt zu Max, dem Betreiber des Blogs, pflegte und wir uns auch bei *Facebook* austauschten, teilte er mir mit, dass er von einer Userin namens ›Manuela Haake‹ angeschrieben worden war. Diese Person habe sich ziemlich negativ über mich geäußert. ›Manuela Haake‹ lautete auch der Name des Profils, das meine Schwägerin sich zugelegt hatte, um Pypas Kindern unerkannt nachspionieren zu können; Priska hatte mir das selbst verraten. Auch das war eigentlich irgendwie zu erwarten gewesen, da ich vermutete, dass sie meine Kommentare, die in Bezug auf meine Familie nicht allzu schmeichelhaft ausgefallen waren, in der öffentlichen *Facebook*-Gruppe für Kuckuckskinder gelesen hatte. Max hatte ihr mitgeteilt, dass er sich nicht einmischen würde und die Angelegenheit direkt zwischen ihr und mir zu regeln sei. Toni war nicht glücklich darüber, dass Priska nun Dritte in unseren Streit mit hineinzog, und regte sich fürchterlich auf. Ich war gerührt, dass er so hinter mir stand und sich derart für mich einsetzte. Das hatte ich schon ganz anders erlebt. Aber Toni war ja auch anders als die anderen.

Ich hatte beschlossen, den Streit Streit sein zu lassen und mich stattdessen auf das Treffen mit Charlotte zu freuen. Voller Spannung machten wir uns ein paar Tage später auf den Weg zum Flughafen. Endlich war es so weit, dass ich meine inzwischen sehr lieb gewonnene ›Kuckucksschwester‹ auch persönlich kennenlernen sollte. Fast ein Jahr hatten wir miteinander gechattet. Wir hatten beide das Gefühl, uns schon richtig nahezustehen und freuten uns auf das persönliche Kennenlernen.

Charlotte holte uns vom Flughafen ab, begrüßte uns herzlich und nahm uns dann mit in ihre Wohnung in Wien, wo sie uns ihr Gästezimmer zur Verfügung stellte. Ein wirklich großzügiges Angebot, schließlich kannten wir uns bis dato nur aus dem Internet. Doch die Zuneigung, die wir füreinander empfanden, war echt. Unsere gemeinsame Geschichte hatte uns bereits zusammengeschweißt, bevor wir uns zum ersten Mal trafen.

Uns gefiel es dort sehr und wir verbrachten drei wundervolle Tage mit Charlotte. Alles war unkompliziert, ohne großartige Diskussionen waren wir uns immer schnell darüber einig, was wir unternehmen wollten. Abends saßen wir entspannt auf dem Balkon und redeten bis spät in die Nacht hinein.

»Wann schreibst du wieder für die Seite, Marta?« Charlotte machte sich einen Spaß daraus, mich Marta zu nennen. Ihr gefiel der Name, und sie fand, er passe äußerst gut zu der Rolle, in die mich mein Vater gedrängt hatte.

»Mal sehen; ich weiß noch nicht, was ich mache. Aber ich werde wohl schreiben, wie Pypa und Priska sich verhalten haben. Und darüber, dass das Bundesverfassungsgericht noch nicht entschieden hat«, erwiderte ich ihr.

»Klasse, mach das! Vor allem das mit deinem Bruder und seiner Frau ist wichtig. Sollen die Leute doch wissen, wie sich Menschen drehen, wenn ihnen etwas nicht passt.«

Die Unterstützung, die ich von Charlotte bekam, half mir. Ich hatte in ihr eine Freundin gefunden, die aufgrund ihrer eigenen Geschichte oft genauso empfand wie ich. Ich nahm sie fest in den Arm und Charlotte ließ es allzu gern zu. Manchmal war eine kurze Umarmung hilfreicher als tausend Worte.

Charlottes Wunsch, herauszufinden, woher sie eigentlich kam, würde sich wahrscheinlich nie erfüllen, denn es gab niemanden, der ihr sagen konnte oder wollte, wer ihr leiblicher Vater war. Dennoch verzweifelte sie nicht. Ich bewunderte sie manchmal für ihre Stärke, wusste ich doch genau, wie groß der Wunsch sein konnte, seine eigenen Wurzeln zu finden. Wir redeten lange darüber, und es tat uns beiden gut.

Manchmal ist es fürchterlich schwierig, mit anderen Menschen über die eigene Geschichte zu sprechen. Es ist ein wenig so, als ob man gerade verlassen worden ist und deshalb den besten Freunden immer wieder in den Ohren liegt, dass man den Ex-Partner so sehr vermisst und gar nicht mehr weiß, wie man weitermachen soll. In den ersten Wochen haben alle Verständnis dafür, schließlich ist das eine Ausnahmesituation. Man darf hemmungslos weinen, zu viel Alkohol trinken, mit Eis auf der Couch Frauenfilme anschauen und zu nichts Lust haben. Irgendwann allerdings geht das Leben weiter und man sollte die Geduld der Freunde nicht überstrapazieren, denn es ist schließlich nicht ihr eigener Schmerz, den sie die ganze Zeit auffangen müssen.

Ein bisschen so ist es auch mit dem Gefühl, ein Kuckuckskind zu sein. Manchmal ist der Schmerz darüber, dass man jahrelang belogen wurde, seine Wurzeln nicht kennt und eigene Charaktereigenschaften vordergründig keinen Sinn ergeben, mit dem Schmerz vergleichbar, verlassen worden zu sein. Doch dieser Schmerz begleitet einen länger. Bei Charlotte wusste ich, dass es ihr genauso ging wie mir, und es war eine Wohltat zu wissen, dass wir so viel wir wollten über unsere Geschichten sprechen konnten, ohne dass es uns langweilig oder unangenehm wurde. Ich war dankbar für diese außerordentliche Begegnung und großzügige Gastfreundschaft, und die langen Gespräche mit Charlotte hatten mir geholfen, mich von all dem, was zuhause abgelaufen war, zu distanzieren und neue Kraft zu gewinnen.

***

Beschwingt von der schönen Zeit mit Charlotte kamen wir zuhause an. Noch im Flugzeug war alles weit weg, doch nun hatte der Alltag mich wieder und mit ihm die Frage nach den Gerichtsverfahren. Es gab immer noch nichts Neues. Die Verfahren hatten sich dermaßen in die Länge gezogen, dass ich mit meiner Ungeduld wieder einmal an meine Grenzen stieß und manchmal nicht wusste, woher ich noch die Kraft nehmen sollte, das alles zu überstehen. Nun war da auch noch der Zwist mit Pypa und Priska, der mich immer noch belastete. Ich befand mich in einer Achterbahn der Gefühle: Mal war ich mir sicher, dass ich es nicht mehr aushalten würde, mal ging es mir gut, mal dachte ich, dass ich es nun geschafft hätte, bis etwas Neues geschah, was mich erneut hinunterzog.

So war es auch, als ich eine E-Mail von meinem Sohn Jonas erhielt, der mir mitteilte, dass er von Pypa angeschrieben worden sei. Pypa hatte sich ihm als mein vermeintlicher Halbbruder vorgestellt und Jonas geschrieben, dass er den Kontakt zu mir abrupt abgebrochen habe, weil er bemerkt habe, dass ich ihn belogen und betrogen habe. Er würde gern mit ihm über mich sprechen und hatte Jonas gefragt, ob dieser dazu bereit sei.

Ich traute meinen Augen kaum. Das konnte Pypa doch nicht ernst meinen! Die Buchstaben auf meinem Rechner verschwammen vor mir. Ich nahm mir sofort das Telefon und rief Jonas an, der mich nur mit Mühe beruhigen konnte. Am liebsten hätte ich mich ins Auto gesetzt und wäre zu Pypa gefahren, um ihm den Marsch zu blasen.

»Mama, mach dir doch nicht so viel daraus. Hat Pypa etwa ernsthaft geglaubt, dass ich mich mit ihm über dich unterhalte? Für wie dämlich hält der mich eigentlich? Außerdem habe ich sowieso keine Lust, mich mit solchen Menschen abzugeben.«

Natürlich hatte ich nichts anderes erwartet. Niemals wäre mein Sohn bereit gewesen, sich mit Pypa oder irgendeinem anderen Wildfremden über mich zu unterhalten. Vermutlich hatte Pypa sich Jonas gezielt ausgesucht, weil er Noah und Finn schon kennengelernt hatte und wusste, dass er bei den beiden keine Chance haben würde. Ich fand Pypas Verhalten widerlich. Dass er nun auch noch meinen Sohn in unsere Streitigkeiten hineinziehen wollte, brachte das Fass zum Überlaufen.

Ich überlegte nicht lange, setzte mich an den Rechner und arbeitete am nächsten Teil für die Internetseite. Nachdem ich meine Gedanken niedergeschrieben hatte, schickte ich sie Max per E-Mail zu, der meinen Beitrag auf seinem Blog veröffentlichte.

Ich war mir sicher, dass er deshalb bald Post von Priska oder Pypa bekommen würde. Und genauso war es. Pypa schrieb ihm recht bald, dass er Max und sich diese Mail gern erspart hätte, es aber eigentlich ja nur eine Frage der Zeit gewesen sei, bis ich versuchen würde, öffentlich mit ihm und seiner Frau abzurechnen. Die Zeichen dieses ›psychischen Amoklaufes‹ hätten sich in letzter Zeit verdichtet. Er habe sich bereits vor zwei Monaten von mir distanziert und wolle keinerlei Anschuldigungen mehr über sich auf dieser Seite lesen. Er habe ihm, Max, die Gründe dafür genannt.

Neben vielen weiteren bösen Anschuldigungen mir gegenüber enthielt die E-Mail auch die Unterstellung, ich wisse schon deutlich länger als bisher behauptet, dass Werner nicht mein Vater sei. Er habe mit mehreren Leuten gesprochen und dabei in Erfahrung gebracht, dass ich bereits seit meiner Jugend Kenntnis davon habe. Den Namen meines biologischen Vaters habe ich aus meiner Jugendamtsakte erfahren; die kenne ich aber, so Pypa, auch nicht erst seit 1995, sondern schon sehr viel länger. Auch das sei ein Grund, warum er sich von mir distanziert habe. Er habe erkannt, dass er angelogen worden sei.

Was las ich da? Ich musste die E-Mail ein zweites und drittes Mal durchgehen, bis ich verstand, was Pypa da von sich gegeben hatte. Ich sollte also schon seit meiner Jugend wissen, dass Werner nicht mein Vater gewesen war? Ich war nicht sicher, ob ich lachen oder weinen sollte, denn durchdacht hatte Pypa diese Anschuldigung mit Sicherheit nicht.

Gesetzt den Fall, ich hätte tatsächlich schon sehr viel früher erfahren, dass Werner nicht mein Vater ist, und nehmen wir kurz an, das wäre in meiner Jugend passiert: Warum um alles in der Welt hätte ich dann mit meiner Suche nach dem richtigen Erzeuger und der Kontaktaufnahme so lange warten sollen? Meine Kindheit war der reinste Horror gewesen. Ich hätte doch jeden noch so kleinen Hinweis, dass ich nicht in diese Familie gehörte, als vorgezogenes Weihnachtsgeschenk betrachtet und mich sofort auf die Suche gemacht, um bestenfalls dort rauszukommen. Selbst wenn ich damals vielleicht noch zu jung dafür gewesen wäre und die Chancen schlecht gestanden hätten, hätte ich doch spätestens mit meiner Suche begonnen, als ich volljährig geworden war. Was für ein kompletter Schwachsinn! Was hatte ihn wohl dazu bewogen? Die Furcht, von mir bloßgestellt zu werden?

Es verletzte mich zu sehen, dass die beiden sich offenbar zur Aufgabe gemacht hatten, Schmutzwäsche über mich auszugraben. Natürlich hatte ich eine Vergangenheit, und es gab Dinge in meinem Leben, auf die ich nicht stolz war und für die ich mich heute schämte. Vieles davon, wenngleich nicht alles, hatte ich Priska und Pypa erzählt. Sie wussten sogar vom Missbrauch in meiner Kindheit. Sicher hatten sie mir ein Stück Familie geboten, mir zugehört und waren für mich dagewesen, als es mir schlecht ging. Das war unbestritten und ich war ihnen auch immer noch sehr dankbar dafür, aber es hatte unschön geendet und nahm mich immer noch mit.

Pypa hatte Max aufgefordert, meine mit angeblichen Lügen gespickte Geschichte von der Seite zu entfernen. Ich konnte das ja sogar bis zu einem gewissen Punkt verstehen, aber ich hatte nie mit Klarnamen gearbeitet. Diese Seite war für Kuckucksväter und -kinder gedacht, die dort ihre Erfahrungen mit anderen Betroffenen austauschen konnten. Niemand wusste, wer Pypa wirklich war, und was ich berichtet hatte, war nun einmal die Wahrheit und meine ehrliche Sicht der Dinge.

Max schrieb, dass auf seiner Seite nur seriöse Artikel veröffentlicht würden und Gleiches auch von den Autoren erwartet werde. Dafür gebe es klare Regeln. Dazu gehöre, dass Artikel in einem sachlichen Ton abzufassen seien und alle Beteiligten anonym bleiben müssten, es sei denn, einer namentlichen Nennung werde ausdrücklich zugestimmt. Falls Pypa belegen könne, dass von mir rechtswidrige Inhalte veröffentlicht worden seien, würde er diese selbstverständlich, auch ohne die Zustimmung der Autorin, sofort entfernen. Bis dahin seien ihm jedoch rechtlich die Hände gebunden.

Priska und Pypa hatten ihre an Max gerichtete E-Mail sogar an meine Rechtsanwältin weitergeleitet, was ich jedoch gut fand, denn sie würde mir sagen, falls ich rechtlich irgendetwas zu beachten hätte.

Am nächsten Tag ging es mir besser, aber ich war immer noch nicht ganz darüber weg, was geschehen war, und überlegte, ob ich eventuell nachschauen sollte, ob Priska mit ihrem Zweitprofil etwas über mich geschrieben hatte. Ich loggte mich bei *Facebook* ein und suchte nach dem Namen. Und tatsächlich, ich fand sogar mehrere Profile mit dem Namen ›Manuela Haake‹. Eins davon war anscheinend vollkommen auf mich ausgerichtet. Bereits seit einigen Wochen waren dort Bilder und Sprüche gepostet worden, die mich offensichtlich auf der persönlichen Ebene treffen sollten.

›Manuela Haake‹ hatte sich augenscheinlich viel Mühe gegeben, diese Bilder zusammenzusuchen. Aus ihren Postings konnte man herauslesen, dass meine Kuckuckskindgeschichte nicht der Wahrheit entspräche und ich eine Lügnerin und Betrügerin sei. Eindeutig war zu erkennen, dass Priska alles mitverfolgt hatte, was ich bei *Facebook* geschrieben hatte. *So eine kreative Ader hätte ich auch gern!*, versuchte ich mich mit Galgenhumor zu trösten, war aber angesichts dessen, was ich da im World Wide Web über mich lesen musste, viel zu schockiert.

»Toni«, rief ich, »bitte komm doch mal her und schau dir das an! Das geht jetzt eindeutig zu weit, oder? Sieh dir mal diese Bilder und Kommentare an, das gibt es doch gar nicht.« Empört zeigte ich auf den Bildschirm und musste mich beherrschen, um nicht die Kontrolle zu verlieren.

»Zeig mal her!« Toni nahm den Rechner auf seinen Schoß und sah sich die Bescherung an. »Jetzt reicht es aber! Ich fahr dahin und werde mal Tacheles mit denen reden, denn nun ist der Bogen eindeutig überspannt!«

Ich hatte Mühe, ihn zurückzuhalten. Toni war eigentlich ein ruhiger Mensch, doch wenn es ihm zu viel wurde, dann hatte seine Wut etwas von heiligem Zorn.

Priska und Pypa hatten tief in meinem Leben gegraben. Ich erinnerte mich wieder daran, was Pypa Max geschrieben hatte: Er habe Personen aus meiner Vergangenheit getroffen und dabei mehr aus meinem Leben erfahren, als mir lieb sein könne. Ich beschloss, dem nachzugehen und rief meinen Exmann Hans an, um ihn zu fragen, ob Pypa oder Priska sich bei ihm gemeldet hatten. Wie erwartet oder besser befürchtet, bestätigte Hans meine Vermutung. Pypa habe bei ihm angerufen, aber er habe keinerlei Lust gehabt, sich mit diesem über mich zu unterhalten.

Danach rief ich bei Thomas an, der jedoch, ohne sich zu äußern, den Hörer wieder auflegte. Sogar bei Stefan hatten sie angerufen, aber dieser bestätigte mir wie Hans, dass er keine Lust gehabt habe, sich mit Pypa zu unterhalten.

In der Zwischenzeit wurden die Dinge immer schlimmer, die Priska über mich schrieb. Wie Toni mir empfohlen hatte, kopierte ich alles und druckte es aus. Priska schien viel Zeit dafür aufgewandt zu haben. Ihre Sprüche und Bilder ließen keinen Zweifel daran aufkommen, wer hier gemeint war. Auch wenn ich natürlich wusste, dass ich es nicht hätte ernstnehmen sollen, traf es mich doch sehr. Es gab da etwas in meiner Vergangenheit, und ich hatte große Angst, dass Priska es gegen mich benutzen könnte. Es ging um ein Geheimnis, das sie womöglich von Thomas in Erfahrung gebracht hatten und das für mich beträchtliche Konsequenzen hätte haben können, sowohl beruflich als auch privat. Ich wusste, dass ich Toni die Wahrheit schuldete. Um ganz ehrlich zu sein, hätte ich ihm schon viel früher reinen Wein einschenken sollen, aber ich schämte mich in Grund und Boden für das, was damals geschehen war. Ich war schwach und dumm gewesen und hatte mich unter Druck setzen lassen.

Ich rief Toni zu mir in die Küche und bat ihn, sich zu setzen. Nervös griff ich mir eine Zigarette, inhalierte den Rauch und stieß ihn kräftig wieder aus.

»Du kannst dich sicherlich daran erinnern, was ich dir aus meiner Ehe mit Thomas erzählt habe«, begann ich vorsichtig.

Er nickte und runzelte die Stirn.

»Ja, das kann ich, aber was hat das mit dem, was Priska gerade treibt, zu tun?«, fragte er.

»Hör mir bitte zu.« Schweißperlen bildeten sich in meinen Händen. Nervös rieb ich sie an den Hosenbeinen trocken. »Als wir damals das Haus gebaut haben, war ich arbeitslos, und es war nicht einfach, schnell wieder eine Anstellung zu finden. Ich hatte viele Bewerbungen geschrieben und bekam immer wieder Absagen. Ich gab mir große Mühe, aber Thomas wurde immer wütender, denn uns fehlte mein Gehalt. Er schrie mich an, setzte mich unter Druck und erklärte mir permanent, wie nutzlos und unfähig ich sei. Nicht mal das bekäme ich hin, aber es sei ja auch kein Wunder, denn das Zeugnis von meiner alten Arbeitsstätte sei ja auch mehr als schlecht. Ich hatte davon keine Ahnung gehabt, weil ich mich damals mit der Wortwahl einfach noch nicht auskannte und es für mich ganz passabel geklungen hatte. Später ließ ich es prüfen und mir wurde bestätigt, dass es allenfalls ein Dreierniveau hatte. Doch ich konnte nichts mehr dagegen tun, denn es gab Fristen für den Widerspruch, und die hatte ich durch meine Unwissenheit natürlich verpasst. Thomas tobte, als er davon erfuhr. Ich hatte Angst vor ihm. An einem Nachmittag, ich saß gerade im Arbeitszimmer und schrieb wieder Bewerbungen, kam er rein und motzte wieder einmal herum, ich mache alles falsch. Er schlug vor, mein Zeugnis zu ›optimieren‹. Er meinte, es sei kein Problem. Er würde das für mich machen. Ich wusste einfach nicht, was ich machen sollte, denn er gab mir klar zu verstehen, dass ich die Konsequenzen tragen müsse, wenn ich mich weigern würde mitzumachen. Ich hatte die Wahl zwischen Regen und Traufe. Ich hasste mich dafür, aber ich redete mir ein, dass es ja auch gut für unsere Beziehung wäre, denn wenn ich endlich wieder einen Job hätte, würde alles besser werden. Außerdem würde ich mich einfach unglaublich anstrengen. Ich möchte mich nicht von meiner Schuld freisprechen, Toni, denn mir ist bewusst, dass ich mich mit einer gefälschten Urkunde beworben habe. Meine Angst, dass das auffliegt, hat mich immer begleitet. Aber irgendwann habe ich es verdrängt. Ich habe mir sonst nie in meinem Leben etwas zuschulden kommen lassen, aber das ist etwas, was ich getan habe, und ich bereue es wirklich zutiefst. Ich war schwach und dumm, und ich weiß, dass das keine Entschuldigung ist. Aber ich werde dafür Verantwortung übernehmen und Klarheit schaffen.«

Toni stand auf und nahm mich in den Arm.

»Schatz, haben nicht fast alle Menschen eine Leiche in ihrem Keller? Ich hätte das auch niemandem erzählt. Es war wirklich dumm von dir, aber ich bin dir nicht böse, ehrlich nicht. Ich kann es verstehen, dass du nichts gesagt hast.«

Ich schämte mich immer noch, aber ich war froh, dass Toni mich noch genauso liebte wie vorher. Das war meine größte Sorge gewesen. Mit allem anderen würde ich klarkommen.

***

Priska postete weiterhin fleißig und ich sollte mit meiner Befürchtung recht behalten, denn sie spielte auch auf mein Zeugnis an, und das in einer äußerst geschmacklosen Art und Weise, die einer pubertierenden Vierzehnjährigen besser zu Gesicht gestanden hätte als einer erwachsenen Frau. Auch Pypa mischte mittlerweile fleißig mit und hatte sogar sein Profilbild an die Posts seiner Frau angepasst.

Als Toni das sah, griff er zum Telefon.

»Da rufe ich jetzt an, es reicht.«

Ich konnte ihn nicht davon abhalten. Pypa meldete sich schnell. Toni hatte den Lautsprecher angestellt, damit ich das Gespräch mithören konnte.

»Horváth«, meldete sich Pypa wie immer.

»Hallo Pypa, Toni hier.«

»Hi Toni, was verschafft mir die Ehre?«, fragte mein Halbbruder süffisant.

»Sag mal, was soll das mit den Äußerungen deiner Frau über Sophie im Internet, geht's noch?« Toni hatte Mühe, die Fassung zu wahren. »Und du machst auch noch mit. Wie kommt ihr zwei dazu?«

Pypa reagierte nicht sofort, wahrscheinlich benötigte er Zeit zum Überlegen.

»Na, Hauptsache, du weißt Bescheid, was Sophie so alles macht oder gemacht hat. Wir haben uns nämlich auf die Suche begeben und ein paar Dinge über sie in Erfahrung gebracht, von denen du sicherlich nichts weißt«, höhnte er in den Hörer.

»Natürlich weiß ich alles über Sophie, wir haben keine Geheimnisse voreinander«, erhob Toni seine Stimme.

»Ha, wer es glaubt«, sagte Pypa hämisch. »Und wenn sie nicht aufhört, Lügenmärchen über mich zu erzählen, werde ich mein Wissen über sie anwenden müssen!«

»Die erpressen mich«, flüsterte ich Toni zu. Er winkte ab.

»So, du willst dein Wissen anwenden? Wobei denn? Und ist dir klar, dass du gerade eine Erpressung ankündigst?«

»Ich weiß mehr, als ihr recht sein kann, und du kannst mir nicht weismachen, dass sie dir alles erzählt hat.« Ich hörte ihn lachen.

»Dann erzähle mir doch, was du weißt«, meinte Toni provozierend.

»Nein, das kann ich nicht machen, ich habe jemandem versprochen, nichts zu sagen.«

»Aha, dann weiß ich schon, was du meinst.«

»Wir können uns ja mal treffen und über deine Sophie und ihre Lügen sprechen. Was hältst du davon?«, schlug Pypa herausfordernd vor.

»So wie du mit Jonas über sie sprechen wolltest? Ich glaube kaum. Und nun überlege dir gut, was du weiterhin machen möchtest, Pypa. Geh nicht zu weit, kann ich dir nur sagen. Einen schönen Tag noch.«

Nun hatten wir die Bestätigung, dass Pypa und Priska mit meinem Exmann Thomas gesprochen hatten. Toni kam zu dem Entschluss, dass wir Anzeige erstatten müssten.

Ich informierte mich im Internet über Cybermobbing, stieß auf eine Seite der Opferhilfe und rief dort an. Die Sozialarbeiterin sah sich Priskas Seite an und riet mir ebenfalls zu einer Anzeige; außerdem wollte sie jemanden zu mir schicken, der sich meiner annehmen sollte.

Dieses Angebot lehnte ich jedoch ab. Ich war froh, dass ich ernstgenommen und mir Hilfe angeboten wurde. Dennoch war es nicht so schlimm, dass ich psychologische Unterstützung gebraucht hätte. Wir einigten uns schließlich auf einen Termin am nächsten Tag bei der Opferhilfe.

In meiner Verzweiflung rief ich Karla an. Wir hatten schon lange nicht mehr miteinander telefoniert und ich wollte ohnehin gern wissen, wie es ihr zwischenzeitlich ging.

»Ja, Jacob?«

»Hallo Karla, ich bin's, Sophie.«

Stille.

»Karla, bist du noch da?« Keine Antwort. Die Leitung war stumm. *Komisch*, dachte ich, *eben hat doch noch alles funktioniert.* Vielleicht stimmte etwas mit dem Telefon nicht. Erneut wählte ich die Nummer. Nach dem zweiten Klingeln wurde abgenommen.

»Karla?«

»Lass mich in Ruhe!«, hörte ich sie sagen. Wieder war die Leitung tot. Was hatte das nun wieder zu bedeuten? Ich wählte ein drittes Mal. Diesmal nahm sie überhaupt nicht mehr ab. Ich war wie vom Donner gerührt. *Was ist denn bloß mit Karla los?*, fragte ich mich.

Und dann wurde mir schlagartig klar, was passiert sein musste. Das konnten nur die Horváths gewesen sein. Ich erinnerte mich nun wieder an den Besuch, den ich Karla einmal gemeinsam mit Pypa und Priska abgestattet hatte. Natürlich, die beiden mussten noch einmal bei Karla gewesen sein und ihr irgendetwas erzählt haben, das Karla veranlasste, nicht mehr mit mir zu sprechen. Was sollte ich jetzt tun? Ich hatte immer ein ausgezeichnetes Verhältnis zu Karla gehabt und war ihr zu tiefem Dank verpflichtet, weil sie mir vor Jahren endlich die Wahrheit erzählt hatte. Als das Ganze mir keine Ruhe mehr ließ, setzte ich mich kurzerhand ins Auto und fuhr zu ihr.

»Ja bitte?«, rauschte es durch die Sprechanlage.

»Karla, ich bin's, Sophie. Wir müssen miteinander reden, ich muss wissen, was los ist.«

»Verschwinde und lass mich in Ruhe!«

»Aber Karla, warum denn? Sprich doch wenigstens mit mir, damit ich weiß, was überhaupt passiert ist.«

Erneut Stille, wie vorher am Telefon. Ich klingelte noch mehrmals und rief Karlas Namen, aber es kam keine Reaktion. Mein Gott, meine Tante, die sich immer rührend um mich gesorgt hatte, hatte mich eiskalt abgewiesen. Und dabei kannte sie mich doch in- und auswendig. Wie konnte sie sich denn derart manipulieren lassen? Ich war fassungslos und gab es schließlich auf.

Am nächsten Morgen fuhren Toni und ich wie verabredet zur Opferhilfe. Toni hatte meine Hand fest umfasst und signalisierte mir mit jeder Geste und jedem Wort, dass er für mich da war. Einer jungen Sozialarbeiterin überreichte ich die Dokumente und berichtete erst einmal ein wenig über die Suche nach meinem Vater und wie ich Pypa und Priska kennengelernt hatte. Die Sozialarbeiterin machte sich Notizen und schüttelte fortwährend den Kopf. Dann berichtete ich über die Ereignisse mit Pypa und Priska.

»Ich bin der Meinung, Sie sollten Anzeige erstatten. Das ist eindeutig Cybermobbing und muss sofort unterbunden werden.«

Sie öffnete den Internetbrowser und sah sich das Profil von ›Manuela Haake‹ noch einmal an. Bestürzt betrachtete sie es und fragte:

»Was ist bloß vorgefallen, dass Menschen, die eigentlich zu Ihrer Familie gehören, sich so verhalten?«

»Nichts Schwerwiegendes«, antwortete Toni an meiner Stelle. »Ein harmloser Zwischenfall zwischen Sophie und ihrer Schwägerin, der erstens deren Schuld war und außerdem überhaupt keinen Anlass gibt, sich so aufzuführen, wie sie und ihr Mann es jetzt tun!«

Ich gab der Dame die ausgedruckten E-Mails und die Briefe von Pypa und Priska sowie die Bilder und Postings von ihrem Internetprofil.

»Die haben Sie aufgefordert, sie nicht mehr zu belästigen, wegen dieses belanglosen Streits zwischen Ihnen?«

»Ja«, antwortete ich. »Mein Bruder ist offensichtlich in die Fuß-
stapfen unseres Vaters getreten. Eigentlich will ich mich damit auch
gar nicht mehr beschäftigen. Allerdings geht das, was ich Ihnen hier
vorgelegt habe, meiner Ansicht nach eindeutig zu weit.«

»Ich werde Ihnen helfen. Als Erstes werde ich Ihnen einen Termin
bei der Polizei besorgen. Und wenn Sie möchten, begleite ich Sie
auch dorthin. Dann werde ich Ihre Tante anrufen und fragen, ob
Pypa und Priska Horváth bei ihr waren oder sie telefonisch kontaktiert haben.«

Wir bedankten uns und vereinbarten, wieder zu telefonieren. Ich
versuchte, nun etwas Abstand zu dem Ganzen zu gewinnen.

Dabei kam mir jedoch eine, wie ich fand, blendende Idee.

19

Neue Pläne

Ab und zu hatten wir davon geträumt, nach Bayern zu gehen. Toni hatte bayrische Wurzeln, lebte aber seit mehr als vierzig Jahren in Norddeutschland und vermisste manchmal seine alte Heimat, in der er auch noch Familie hatte. Ich hatte Bayern immer geliebt, mochte die Kultur, die Menschen und die Lebensart. Jedes Mal, wenn ich dort gewesen war, hatte ich mir gut vorstellen können, einfach dazubleiben. Ich malte mir aus, wie schön es sein könnte, dort noch einmal ganz von vorne anzufangen, und ließ meiner Fantasie freien Lauf, denn ich konnte meinem Umfeld nichts Positives mehr abgewinnen. Meine Kinder und Tonis Tochter waren erwachsen, was hielt uns also noch?

Beschwingt von meinem, wie ich fand, grandiosen Einfall ging ich ins Internet und sah mich nach Wohnungen und Stellen für Toni und mich um. Abends überraschte ich Toni mit meiner Idee.

»Was hältst du davon, die Zelte hier ganz abzubrechen und nach Bayern zu gehen?«, fiel ich gleich mit der Tür ins Haus. Erwartungsvoll sah ich ihm in die Augen.

»Wie, die Zelte hier abbrechen? Du meinst, wir sollten von hier weggehen?«

»Ja, Schatz, mich hält hier nichts mehr. Ich habe das Gefühl, Abstand zu brauchen, und könnte mir vorstellen, dass mir das dort unten gelingt. Ich habe heute mal im Internet nachgeschaut. Und stell dir vor, ich könnte dort meinen Job weiter ausüben. Auch für dich ließe sich bestimmt etwas finden.« In meinen Augen funkelte es wie schon lange nicht mehr. Und wieder einmal überraschte mich mein wunderbarer Mann, der normalerweise nicht zu der spontanen Truppe gehörte.

»Eigentlich spricht nichts dagegen. Vielleicht kannst du dann wirklich einen Strich unter alles machen. Ein Neuanfang kann durchaus positiv sein. Wir können ja mal eine Zeit lang beobachten, was es konkret da unten an Arbeitsstellen und Wohnungen gibt.«

Gesagt, getan. Ungeduldig, wie ich war, setzte ich mein Vorhaben sofort in die Tat um und fand mehrere gute Stellenangebote. Toni war begeistert und bat mich, auch für ihn Bewerbungen zu schreiben, die wir dann zusammen mit meinen losschickten.

Bereits nach einer Woche bekam Toni die Einladung zu einem Vorstellungsgespräch. Ihm wurde schon im Telefonat signalisiert, dass er gebraucht würde, schließlich war das Allgäu eine Motorradhochburg; mit seiner jahrzehntelangen Erfahrung hatte er dort offensichtlich gute Karten. Wir waren gespannt, wie es für uns weitergehen würde.

Unterdessen rang ich sehr mit mir, was ich in Bezug auf die Anzeige machen sollte, zu der mir die Mitarbeiterin der Beratungsstelle geraten hatte. Ich fühlte mich unwohl bei dem Gedanken, die Polizei einzuschalten. Was würde das nach sich ziehen? Und was würde es bringen? Bald schon wären wir in Bayern und damit nicht mehr in der Nähe von Priska und Pypa. Nach gründlichen Überlegungen entschied ich mich, den Termin abzusagen und auf eine Anzeige gegen Priska und Pypa zu verzichten. Also rief ich die Dame von der Opferhilfe an, erklärte ihr die Situation und bedankte mich für ihre Mühe.

Sie konnte meine Entscheidung verstehen, hatte aber eine unschöne Nachricht für mich. Obwohl sie Karla erreicht und ihr die Situation erklärt hatte, hatte diese ihre Entscheidung bekräftigt: Sie wollte nicht mit mir reden. Ich war traurig, denn ich hatte gehofft, es käme anders, doch das musste ich wohl erst einmal so akzeptieren, auch wenn es mir schwerfiel.

Ich suchte weiter eifrig nach Wohngelegenheiten in Bayern. Wir hatten das Gebiet bereits eingegrenzt und ich konnte vor meinem geistigen Auge schon sehen, wie ich im Grünen auf einem mit Blumen dekorierten Balkon sitzen würde.

Plötzlich riss mich das Klingeln des Telefons aus meinen Tagträumen.

»Nielsen«, meldete ich mich und bekam feuchte Hände. Auf dem Display leuchtete eine süddeutsche Nummer.

»Guten Tag, Frau Nielsen, mein Name ist Hofer. Ich habe Ihre Bewerbung vor mir liegen, und wir haben großes Interesse, Sie näher kennenzulernen.« Vor Freude hätte ich fast laut in den Hörer gejauchzt. »Ihre Bewerbung sieht für uns sehr vielversprechend aus. Wo wollen Sie denn hinziehen?«

Ich atmete tief ein und versuchte damit, meine Aufregung zu verbergen.

»Wir haben vor, ins Ostallgäu zu ziehen.«

»Das wäre ja passend. Wunderbar. Wir benötigen Personal in der Region. Ich schicke Ihnen gleich den Terminvorschlag für ein Vorstellungsgespräch. Ich denke, es wird Anfang bis Mitte Januar werden. Einige Kollegen befinden sich nämlich gerade im Urlaub. Und dann kommen die Feiertage. Ich hoffe, es ist Ihnen recht so.« *Mann, ist der nett*, dachte ich und am liebsten wäre ich kurz in der Wohnung auf und ab gehüpft vor Freude.

»Ja, danke, die Terminschiene ist absolut in Ordnung. Ich kann mich da ganz nach Ihnen richten und habe dann auch noch genug Zeit, hinsichtlich einer Wohnung Nägel mit Köpfen zu machen. Ich freue mich sehr, dass Sie mich einladen wollen.«

Herr Hofer bedankte sich für meine Flexibilität und wünschte mir alles Gute. Dass unser Vorhaben so schnell umsetzbar werden würde! Ich hatte wirklich nicht damit gerechnet, selbst mit meinem schlechten Originalzeugnis – ich hatte aus meinen Fehlern gelernt und das gefälschte Exemplar vernichtet –, sofort eine Einladung zu bekommen. Ich fühlte mich befreit und war gespannt, ob die Zukunft schönere Aussichten für Toni und mich bereithalten würde.

***

Eigentlich wollte ich mich von Priskas provokantem Verhalten nicht mehr beeinflussen lassen und hatte mir vorgenommen, ihr Profil ›Manuela Haake‹ nicht mehr zu besuchen. Doch wie ist das mit guten Vorsätzen? Man hält sie nicht lange durch. Irgendwann war meine Neugier stärker und ich entdeckte mein vorgezogenes Geburtstagsgeschenk von ihr, ein Bild mit einem schwarzen T-Shirt, das die Aufschrift ›Heul doch!‹ trug. Natürlich hatte sie auch dazu passende Kommentare unter dem Bild hinterlassen, die in meine Richtung gingen. ›STUPID IS STUPID‹. Obwohl ich mir geschworen hatte, ihre albernen, kindischen Sticheleien nicht mehr ernst zu nehmen, hatte Priska es doch wieder einmal geschafft, mich zu verletzen. Ich war kurz versucht, die Sache doch noch an die Polizei zu geben. Dann fiel mir jedoch etwas Besseres ein. *Wie wäre es, wenn ich den Spieß einfach umdrehe?* Sie schien mein Profil ja regelmäßig zu besuchen, eine Idee wäre es zumindest. Also schrieb ich auf meinem eigenen Profil, dass ich wegen des Cybermobbings durch meinen Halbbruder und dessen Frau die Opferhilfe eingeschaltet habe und nun Anzeige erstatten würde. Und siehe da, sofort hatte der Spuk ein Ende, das Profil ›Manuela Haake‹ war noch am gleichen Tag nicht mehr aufrufbar.

Als Toni am Abend nach Hause kam, berichtete ich ihm von dem aufregenden Telefongespräch mit Herrn Hofer. In meiner Euphorie, von der auch Toni sich schließlich anstecken ließ, schlug ich vor, unbedingt vor dem Vorstellungsgespräch schon einmal nach Bayern zu fahren.

Und das taten wir dann auch. Wir verbrachten drei wunderschöne Tage in einer herrlichen, schneebedeckten Landschaft, in denen wir uns auf das Leben in unserer neuen Wahlheimat einstimmten. Zuhause schmiedeten wir voller Begeisterung weitere Pläne und konnten es kaum erwarten, im Januar wieder dort hinzufahren.

Während ich dabei war, die Koffer zu packen, ließ ich die letzten Monate Revue passieren. Es war hart gewesen und deprimierend, was alles auf mich eingeprasselt war. Ich hatte mehrere Menschen, die mir etwas bedeutet hatten, verloren und konnte immer noch nicht ganz begreifen, was alles passiert war.

Doch nun würde ein neuer Lebensabschnitt anbrechen und ich war sicher, die richtige Entscheidung getroffen zu haben. Es hatte keinen Sinn mehr, hierzubleiben. Umso mehr freute ich mich auf das anstehende Vorstellungsgespräch.

Es schien sich alles zu fügen, denn auch in puncto Unterlassungsklage sollte es endlich weitergehen. Der nächste Gerichtstermin würde genau an dem Tag stattfinden, an dem ich zu meinem Bewerbungstermin nach Bayern fuhr, was allerdings kein Problem war, denn meine Anwesenheit war nicht zwingend notwendig. Es reichte aus, wenn meine Anwältin meine Interessen vertrat.

Das Vorstellungsgespräch verlief gut. Wir hatten sofort einen guten Draht zueinander und die neue Firma hatte mir schon während des Gesprächs signalisiert, dass ich eingestellt werden würde. Man war dort auf der Suche nach erfahrenen Kräften, und da ich über einige Erfahrung in dem geforderten Bereich verfügte, erfüllte ich alle Anforderungen. Damit waren wir unserem Ziel einen großen Schritt nähergekommen. Obwohl ich noch keine schriftliche Zusage bekommen hatte, kündigten wir den Mietvertrag für unser Haus und bekamen bald darauf auch den Zuschlag für eine neue Unterkunft in Bayern. Wie versprochen ließ mein neuer Arbeitsvertrag nicht lange auf sich warten. Wir waren bereit. Es gab noch ein paar Dinge, die geregelt werden mussten, doch dann konnte es losgehen!

Mit einer Tasse Kaffee gönnte ich mir eine Pause und sah in meinem Postfach nach, ob sich etwas Neues ergeben hatte. Tatsächlich, Frau Ziegler hatte mir eine E-Mail geschrieben. Im Anhang war ein Schreiben des gegnerischen Anwalts an das Amtsgericht beigefügt, welches die Unterlassungsklage gegen mich betraf. Das Verfahren würde bis auf Weiteres ausgesetzt werden, da das Bundesverfassungsgericht noch nicht entschieden habe. Er hatte es also erneut geschafft, auch bei der Unterlassungsklage mit seiner Verzögerungstaktik durchzukommen. Ich stöhnte genervt auf. Seine Unterstellungen, die wie gewohnt unverschämt ausfielen, zielten wieder einmal allesamt unter die Gürtellinie. Trotzdem war mir klar, dass das Amtsgericht die Unterlassungsklage abweisen würde. Ich hatte also nichts zu verlieren. Daher schloss ich mein E-Mail-Programm und schenkte Eicks Tiraden keine weitere Beachtung mehr.

Auch mein Vater schien sich jedoch der Sachlage bewusst zu sein, denn bereits kurze Zeit später erhielt ich ein weiteres Angebot, das die ›Sache‹ schnell und sauber aus der Welt schaffen sollte. Im Falle der erwiesenen Vaterschaft sollte ich mich verpflichten, gegen eine Abfindung von zweihunderttausend Euro auf meinen Pflichtteil am Erbe zu verzichten, um sicherzustellen, dass es im Erbfall nicht zu Streitigkeiten zwischen den erbberechtigten Kindern käme. Doch der Vertrag würde noch weitreichender sein. Falls ich ihn unterschriebe, dürfe ich weder ihn noch meine Geschwister jemals wieder kontaktieren, keine Öffentlichkeitsarbeit mehr betreiben und auch im Internet nichts mehr über das Thema schreiben. Und natürlich sollte ich es tunlichst unterlassen, mit meiner Geschichte öffentlich aufzutreten.

Das haben sich die beiden ja vorzüglich ausgeheckt, dachte ich. Dieser Mann hatte nichts, aber auch gar nichts verstanden. Mir ging es immer noch nicht ums Geld, mir ging es um Gerechtigkeit. Ich wollte ihm zeigen, dass er mit mir so nicht umgehen konnte. Seinen Vertrag konnte er sich gelinde gesagt in den Hintern schieben. Vermutlich wollte er unbedingt sicherstellen, dass Liebling Romans Erbe nicht in Gefahr geriet. Schließlich hatten alle ja bereits auf ihren Pflichtteil verzichtet. Aber da war ich, das Kuckuckskind, das er nicht auf dem Plan gehabt hatte und welches nun seine heile Welt durcheinanderbrachte. Ich war mir sicher, dass er mich mit aller Macht loswerden wollte. Ich war diejenige, die die Öffentlichkeit darüber informierte, wie er mit Menschen umging. Ein solcher Eklat war seinem guten Ruf eindeutig nicht zuträglich. Ich schnaubte wütend. Nein, ich würde nicht nach seiner Pfeife tanzen. Ich würde mir nicht diktieren lassen, wie ich mich zu verhalten hatte. Ich würde mir nicht verbieten lassen, öffentlich zu sagen, dass er mein Vater war. Und ich würde mir nicht verbieten lassen, meine Geschwister auch Geschwister zu nennen. Auch wenn es nur Halbgeschwister waren.

Zuerst müsste einmal geprüft werden, wie hoch sein Vermögen tatsächlich sei, um den realen Pflichtteilsverzicht zu errechnen, hieß es weiter. Nach den Informationen, die Pypa mir gegeben hatte, stand die angebotene Summe in keinem Verhältnis zu Bences tatsächlichem Vermögen. Es war für mich eindeutig, dass ich hier ein zweites Mal über den Tisch gezogen werden sollte. Nein, ich würde mich darauf nicht einlassen. Mit mir würde es keinen Vertrag geben. Und wenn doch, dann nur zu *meinen* Bedingungen. Basta! Sollte er doch sehen, wie er damit klarkäme. Schimpfend lief ich im Wohnzimmer auf und ab, während ich, in wilde Selbstgespräche vertieft, den angestauten Dampf abließ.

Welche Ironie, dachte ich. *Denkt er wirklich, er kann das ein zweites Mal mit mir machen?* Da hatte er sich aber geschnitten. Ich erinnerte mich, wie ich mich damals gefühlt hatte, als ich den sittenwidrigen Vertrag unterschrieb. Immer wieder hatte ich mir deswegen Vorwürfe gemacht. Auf gar keinen Fall würde ich das wieder tun. Bence schien mich ja für äußerst naiv zu halten. *Pech gehabt*, dachte ich. So wie ich all die Jahre mit der ständigen Zurückweisung und dem Auf und Ab meiner Gefühle hatte leben müssen, so würde er nun damit leben müssen, dass er einmal nicht das bekam, was er wollte. Insgeheim war ich ein wenig erfreut über diesen Gedanken. Er hatte damals über mein Leben entschieden und wollte es immer noch. Doch der Unterschied zwischen damals und heute war, dass ich heute ein Wörtchen mitzureden hatte, und es war mir völlig egal, ob mein Verhalten ihn nun erfreute oder nicht.

Meine Gedanken hämmerte ich in den Computer, denn ich musste sowieso noch den letzten Teil für meine Internetgeschichte schreiben. Ich war noch nicht ganz fertig, als Toni von der Arbeit kam. Er blickte mir über die Schulter und las, was ich geschrieben hatte.

»Sag mal, kapieren diese Menschen denn gar nichts? Selbst wenn du jetzt darauf eingehen würdest, müssest du doch erst einmal wissen, auf was du verzichtest. Diese Abfindung hat doch mit seinem wirklichen Vermögen nicht das Geringste zu tun. Der hat dich schon damals vorsätzlich betrogen.« Toni holte tief Luft und gab mir einen Kuss auf die Stirn.

»Richtig«, erwiderte ich, »ich werde Frau Ziegler entsprechend instruieren. Ich möchte, dass sein wahres Vermögen offengelegt wird, bevor ich mir Gedanken über dieses Angebot mache. Und wenn es zu irgendwelchen Verhandlungen kommen sollte, dann bestimmt nicht zu seinen Bedingungen. Mal sehen, wie Herr Eick reagiert. Wer weiß, vielleicht hat Pypa damals ja übertrieben mit seinen Angaben.«

»So wie der Mann lebt, glaube ich nicht, dass Pypa übertrieben hat. Aber warten wir ab, was passiert.«

***

Alle Dinge, die im Vorfeld zu erledigen waren, hatten wir geregelt. Wir hatten eine Abschiedsparty gegeben und uns von der Familie und unseren Freunden verabschiedet, die wir nun nicht mehr so oft sehen würden wie bisher. Es war ein schöner Abend, an dem wir gefeiert und viel gelacht hatten, der aber natürlich auch ein wenig traurig gewesen war.

Unser Haus glich mittlerweile der Lagerhalle einer Spedition. Alles, was nicht niet- und nagelfest war, hatten wir verpackt für unser traumhaft schönes, typisch bayrisches Haus unweit der Alpen; man konnte sogar die Zugspitze sehen. Als der Lkw mit zwei unserer Freunde als Umzugshelfer in die Einfahrt bog, wurde mir aber doch etwas mulmig zumute. Schließlich war Bayern nicht gleich um die Ecke und wir würden nicht mal einfach so eben zurück nach Hause fahren können. Damit alles zeitlich passte, würde Toni noch am Abend aufbrechen. Unsere Freunde Andreas und Willi hatten sich extra freigenommen, um uns das Wochenende über zu helfen; sie würden sich genau wie ich am nächsten Morgen auf den Weg nach Bayern machen. Willi sollte Tonis Auto fahren und Andreas den Transporter mit all unserem Hab und Gut.

Nachdem Toni sich auf den Weg in den Süden gemacht hatte, kümmerte ich mich um die letzten Reinigungsarbeiten, bevor ich auf meiner Luftmatratze in einen tiefen Schlaf fiel.

Das war es also, dachte ich am nächsten Morgen, steckte den Schlüssel ein letztes Mal ins Schloss und warf ihn dann bei einer Nachbarin in den Briefkasten. Sie hatte sich angeboten, die Endabnahme für uns zu übernehmen. Acht Stunden Autofahrt lagen vor mir. Acht Stunden, in denen ich Zeit hatte, alles noch einmal Revue passieren zu lassen. Zu meiner eigenen Überraschung stellte ich fest, dass es mir gut ging. Obwohl die Nacht kurz und ungemütlich gewesen war, fühlte ich mich befreit und voller Tatendrang. Ich lächelte, drehte das Radio lauter und drückte das Gaspedal. Einem Neustart stand nun nichts mehr im Weg.

***

Es war Frühling geworden im Allgäu, mittlerweile war es April 2013. Die ersten Vögel zwitscherten von den Dächern und unsere Motorräder standen startbereit in der Garage. Es herrschte eine wunderbare, friedvolle Ruhe, bis Frau Ziegler sich meldete.

Sie hatte den Anwalt meines mutmaßlichen Vaters mit Pypas Aussage konfrontiert, wonach sich Bences Vermögen auf dreißig bis vierzig Millionen Euro belaufen sollte. Natürlich teilte uns Herr Eick wenig überraschend mit, dass die genannten Zahlen völlig illusorisch seien. Nach seinen Informationen besäße Herr Horváth nicht einmal ein Zehntel dessen. Dies sei ja auch bereits deutlich daran zu erkennen, wie viel die anderen Kinder als Abfindung erhalten hätten. Gespräche wolle er daher allein auf der Grundlage der Zahlen führen, die den Vereinbarungen mit den anderen Kindern Horváth zugrundegelegen hätten, und er sehe auch nicht ein, warum ausgerechnet ich mehr bekommen solle als die anderen Kinder.

Oh, das sieht er nicht ein? Das war aber nicht mein Problem, denn ich erinnerte mich daran, wie mir Pypa erzählt hatte, dass auch er bei

Unterzeichnung keinerlei Kenntnis über das wahre Vermögen von Bence gehabt hatte. Frau Ziegler würde sich um die passende Antwort darauf kümmern, dessen war ich mir sicher.

***

Dank *Facebook* hatten wir problemlos Kontakt zu unseren Freunden halten können. Sie fehlten uns, doch das Leben in Bayern und der Abstand zu allem hatten mir eine neue Gelassenheit und Lebensfreude geschenkt, die ich lange vermisst hatte. Auch mit Charlotte chattete ich immer noch fast täglich. Sie war auch die Erste gewesen, der ich von der Anfrage eines Journalisten erzählt hatte, der meine Geschichte gern in der Zeitschrift ›Neue Post‹ veröffentlichen wollte. Charlotte fand die Idee gut und auch mir hatte der Gedanke immer besser gefallen. Sicher, ich hatte bereits auf dem Blog einige Fakten zu meiner Herkunft und zu dem, was geschehen war, veröffentlicht, doch die Leserschaft des Blogs war halt auch sehr speziell. Fachpublikum sozusagen. Sollte meine Geschichte nun wirklich in einer renommierten Zeitschrift veröffentlicht werden, würden mehr Menschen davon erfahren, und die Öffentlichkeit musste sowieso hinsichtlich des Themas ›Kuckuckskinder‹ viel stärker sensibilisiert werden, wie ich fand.

Ich beschloss, dem Vorschlag zuzustimmen und machte einen Termin mit dem Journalisten. Herr Hillmann war ein aufgeschlossener, netter Mensch, der mir versprach, meine Geschichte würde auf keinen Fall in reißerischer Form erscheinen. Ende Juni sollte es so weit sein. Mir blieb also genügend Zeit, mich an den Gedanken zu gewöhnen, mein Bild in einer Zeitschrift zu sehen. Außerdem freute ich mich ein bisschen darüber, es Bence heimzuzahlen.

Die Blumen auf meinem Balkon, auf deren Anblick ich mich im Norden schon so gefreut hatte, blühten. Die Sonne schien und eigentlich hätte alles gut sein müssen.

Doch es hatte sich etwas verändert. *Ich* hatte mich verändert. Ich fühlte mich einsam. Wir hatten unser Bestes gegeben, neue Bekanntschaften zu schließen, aber es hatte nicht gut funktioniert. Die Bayern waren ein eingeschworener Haufen, der Fremde nicht gern an sich heranließ, und so waren Toni und ich auf uns allein gestellt. Was anfangs noch in Ordnung gewesen war, begann mich nun mehr und mehr zu stören. Die ausschließliche Zweisamkeit ging mir auf die Nerven, mir fehlte der persönliche Freiraum, und so wichtig Toni auch in meinem Leben war, ich vermisste meinen Enkelsohn, meine Kinder und den Austausch mit alten Freunden.

Mit gerunzelter Stirn saß ich in der Küche und blickte auf die Alpenlandschaft. Wir hatten so vieles ausprobiert, um Kontakte zu knüpfen, diverse Veranstaltungen besucht, waren in einem Motorradfahrer-Forum angemeldet, hatten Kollegen gefragt, ob sie mit uns ausgehen wollten, doch der gewünschte Erfolg war ausgeblieben. Würden wir in Bayern am Ende noch vereinsamen? Ich hatte in den letzten Wochen und Monaten oft in unserem Garten gestanden und in Richtung Norden geschaut. Vielleicht war der Umzug doch zu überstürzt gewesen?

Ich wollte zwar Toni nicht damit belasten, schließlich wohnten wir gerade einmal ein paar Monate hier, doch ich musste mir eingestehen, dass ich enormes Heimweh hatte. Am liebsten hätte ich mich in mein Auto gesetzt und wäre nach Hause gefahren.

Meine Veränderung blieb auch Toni nicht verborgen, und je schlechter es mir ging, desto mehr klammerte er sich an mich. Er ließ mich keinen Moment aus den Augen. Er wollte mir zeigen, dass er für mich da war, aber damit engte er mich letztlich so ein, dass ich kaum noch Luft bekam. Toni selbst ging es gut im Allgäu; er war mit dem Menschenschlag vertraut und ihm machte es nicht so viel aus, keinen Kontakt zu anderen Menschen zu haben. Ich wusste einfach nicht, wie lange ich diesen Zustand noch ertragen würde.

Auch meinen Kollegen war meine Veränderung schon aufgefallen. Ich suchte nach Ausreden, um nicht zugeben zu müssen, dass ich am liebsten nur zurück nach Hause wollte. Beinahe täglich stand ich im Garten und weinte, doch sobald Toni von der Arbeit kam, huschte ich schnell ins Badezimmer und machte mich frisch, damit er nicht sah, wie schlecht es mir tatsächlich ging.

Eines Tages brach es dennoch aus mir heraus.

»Ich kann nicht mehr«, fuhr ich ihn an, »du gehst mir auf den Geist! Alles geht mir auf den Geist, hörst du? Ich kann nicht mehr!« Toni zuckte zusammen und wusste nicht, wie ihm geschah. Seine Augen füllten sich mit Tränen und er versuchte, mich in den Arm zu nehmen. »Lass mich in Ruhe, ich will nicht mehr!« Ich drehte mich um und schrie ihn an: »Ich will nach Hause, hier ist alles so anders. Ich kann diesen Dialekt nicht mehr hören! Ich will einfach nur noch weg. Hier sind wir einsam und verlassen! Ich kann das nicht mehr!«

Toni stand wie angenagelt da und sah mich verwirrt an. Er kannte zwar meine Ausbrüche schon, doch dieser hier war von ganz besonderer Qualität. Sein Gesichtsausdruck ließ deutlich erkennen, wie verletzt er von meinem Verhalten war.

Trotz meines Wutanfalls und meiner Ungerechtigkeit ihm gegenüber ließ er allerdings dieses Mal nicht locker:

»Ich habe dir schon so oft gesagt, dass ich immer für dich da bin, und wenn es dir hier so schlecht geht, müssen und werden wir eine Lösung finden. Gleich morgen werde ich bei meinem ehemaligen Arbeitgeber anrufen und fragen, ob sie mich wieder einstellen.«

Ich sah ihn verdutzt an. Damit hatte ich nicht gerechnet. Weinend fiel ich ihm um den Hals und fühlte mich plötzlich unendlich erleichtert. Der Druck, den ich die ganze Zeit gespürt hatte, war verschwunden. Mit einem Schlag wurde mir klar, wie ungerecht und unfair mein Verhalten gewesen war, und ich brachte vor lauter Scham nur noch ein ›Entschuldigung, Schatz‹ heraus, bevor ich die Treppe hinauf ins Schlafzimmer rannte und mich auf mein Bett warf. Toni ließ mich erst einmal in Ruhe. Er wusste, ich würde zu ihm kommen, wenn ich mich wieder gefasst hätte. Als ich mich beschämt ins Wohnzimmer zurückschlich, sah ich ihn zusammengekauert auf dem Sofa sitzen. Er war verletzt. Mir tat es unendlich leid.

»Es tut mir so leid, dass ich dich so angeschrien habe. Ich habe dich als meinen Blitzableiter benutzt. Bitte verzeih mir.« Ich wischte mir übers Gesicht und am liebsten wäre ich im Erdboden versunken.

Toni sah mich an und strich sanft über meinen Arm.

»Wir bekommen das hin, wir haben bislang alles geschafft. Warum also nicht wieder zurück?«

Ich hatte zwar keine Ahnung, wie das funktionieren sollte, aber letztendlich war es mir egal. Ich wollte nur eins: nach Hause.

Toni telefonierte schon bald mit seinem ehemaligen Arbeitgeber, der sogar froh war, dass er wiederkommen wollte. Für mich war es nicht so einfach. Es gab kaum Stellenangebote im Norden, die meinem Jobprofil entsprachen. Ich hatte auch nicht den Mut, meinen Kollegen zu erzählen, was in mir vorging, denn ich hatte Angst, nicht verstanden zu werden. Toni sah es gelassener, ihm war egal, was andere über ihn dachten. So schmiedeten wir weiter heimlich Pläne und hofften, dass sich bald eine Chance für uns ergeben würde, zurück in den Norden zu gehen.

***

Als Außendienstmitarbeiterin genoss ich einen gewissen Grad an Freiheit. Daher nutzte ich die Chance und fuhr am Tag, an dem meine Geschichte veröffentlicht werden sollte, gleich zum Supermarkt. Ich war sehr gespannt darauf, was Wolfgang Hillmann geschrieben hatte.

Auf dem Weg zurück zum Auto blätterte ich bereits in der Zeitschrift, bis ich meinen Artikel fand. Mir lief ein Schauer über den Rücken, als ich mich und Bence, mit einem Balken über den Augen, dort abgebildet sah. Ich setzte mich ins Auto, kramte nach den Zigaretten und las meine eigene Geschichte. Kurz und prägnant war sie geworden. Nachmittags scannte ich den Artikel ein und postete ihn in der öffentlichen Gruppe für Kuckuckskinder, denn dort war die Anteilnahme an meiner Geschichte groß gewesen. Die ersten Kommentare folgten bereits kurze Zeit später. Das Verhalten der Familie Horváth war für viele unfassbar.

Einige Tage später, ich war gerade damit beschäftigt, Feierabend zu machen, klingelte mein Telefon. Frau Ziegler war äußerst verärgert. Herr Eick hatte sie wütend kontaktiert und sich fürchterlich darüber aufgeregt, dass ich meine Geschichte in einer Zeitschrift veröffentlicht hatte. Pypa und Priska hatten ihm den Artikel zugespielt.

»Die beiden haben den Artikel an Herrn Eick geschickt?«

»Ja, Frau Nielsen. Herr Eick hat mir mitgeteilt, dass deshalb nun keine Verhandlungsbasis mehr vorhanden ist und Ihnen kein weiteres Angebot unterbreitet werden wird. Die Gegenseite will nun die Entscheidung des Bundesverfassungsgerichtes abwarten. Herr Eick ist vor Wut fast geplatzt.« Auch Frau Ziegler klang wütend. So hatte ich meine Anwältin in all den Jahren noch nie erlebt.

»Das ist mir egal«, erwiderte ich bestimmt, »ich brauche den nicht und sein Geld schon gar nicht. Viel wichtiger ist es, ihm zu zeigen, dass er mit mir nicht umgehen kann, wie er es gern hätte.«

Es ging mir nicht ums Geld, sollte er sich sein Angebot doch sonst wohin stecken. Nachdem ich mich ein wenig beruhigt hatte, rief ich Wolfgang Hillmann an, um mich für die Reportage zu bedanken und ihm zu erzählen, was im Anschluss vorgefallen war.

»Da haben Sie ja mit voller Wucht ins Schwarze getroffen, Frau Nielsen. Ein durchaus cleverer Schachzug Ihres Bruders und seiner Frau. Da sie den Artikel an den Rechtsanwalt geschickt haben, wurde Herr Horváth davon in Kenntnis gesetzt. Das ist natürlich positiv für die beiden, aber bedeutet im Umkehrschluss für Sie leider nun, dass der vorgeschlagene neue Vergleich wieder zurückgezogen wurde.«

»Das ist mir wurscht, ich hätte eh kein Geld angenommen, nicht nach seinen Bedingungen.«

»Das wissen wir, aber die anderen nicht! Das ist der kleine, aber feine Unterschied. Frau Nielsen, Sie sollten ein Buch schreiben! Das könnte ein Bestseller werden«, lachte er in den Hörer.

»Ja«, murmelte ich gequält, »vielleicht.«

Wir telefonierten noch eine Weile und vereinbarten, auf alle Fälle in Kontakt zu bleiben, denn Hillmann wollte gern wissen, wie meine Geschichte ausgehen würde.

20

Mein Vater hört mir zu

Noch saß ich in meinem bayerischen Exil fest, 800 Kilometer von meinen Lieben entfernt, und fühlte mich allein und ausgegrenzt. Ich verbrachte oft ganze Nachmittage vor dem Computer, stöberte auf Internetseiten herum und chattete mit meinen Freunden.

So auch heute. Wieder einmal war ich auf den Bericht gestoßen, in dem Bence als wohltätiger Sponsor einer österreichischen Fußballmannschaft gefeiert wurde. Warum war dieser Mann auf der einen Seite nur so großzügig und sozial engagiert, während er seine eigene Tochter nicht in sein Leben lassen wollte? Es war einfach nicht fair und versetzte mir jedes Mal einen Stoß, wenn ich darüber nachdachte. Aber ich musste wohl damit leben, auch wenn ich es beim besten Willen nicht verstehen konnte. Ich wusste nur nicht genau, wie. *Mist*, dachte ich, *ich brauche wirklich jemanden zum Reden*. In der Hoffnung, jemanden zu finden, mit dem ich mich austauschen könnte, loggte ich mich auf meinem Profil bei *Facebook* ein. Ich hatte Glück und stieß auf Marcus, einen Kuckucksvater, der seine Geschichte ebenfalls im gleichen Portal veröffentlicht und mir auch beim Schreiben meiner Berichte geholfen hatte. Ich schrieb ihn an und fragte, ob wir telefonieren könnten. Leider hatte er keine Zeit, da er mit seinen Kindern beschäftigt war, und vertröstete mich auf später. Ein Gefühl der Verzweiflung machte sich breit und gleichzeitig überfiel mich die unbestimmte Angst, wegen Bences Unterlassungsklage womöglich ins Gefängnis zu müssen. Irgendwann war ich überhaupt nicht mehr Herrin meiner selbst.

Ich hatte versucht, Toni anzurufen, doch ich konnte ihn nicht erreichen. Allein mit der Angst und kurz davor, eine Panikattacke zu bekommen, musste ich irgendetwas tun, um mich zu beruhigen.

Ohne weiter nachzudenken, loggte ich mich auf der Internetseite ein, auf der ich meine Geschichte veröffentlicht hatte. Da ich dort Administratorrechte besaß, konnte ich einfach tun, was ich in dem Moment für richtig hielt. Aus einem Impuls heraus löschte ich sämtliche Berichte, Kommentare und sogar mein Profil ›Marta Pandora‹.

Gut, dachte ich, *ein Problem gelöst.* Ich fühlte mich zwar etwas besser, aber war noch weit entfernt davon, wirklich klar denken zu können. Was nun? Ich zog eine Zigarette aus der Packung und inhalierte nervös. Drei Züge, vier Züge, es half einfach nicht. Meine Gedanken fuhren Achterbahn.

Plötzlich fand ich mich in der Küche wieder, wo ich wie fremdgesteuert das Telefon in die Hand nahm und Bences Nummer wählte.

»Horváth.«

Oh Gott, er ist tatsächlich dran!, schoss es mir durch den Kopf.

»Hier ist Sophie, deine Tochter! Wir müssen reden. Ich kann nicht mehr und ich will das alles nicht mehr!«, rief ich verzweifelt in den Hörer.

Einen Moment herrschte unerträgliche Stille am anderen Ende.

»Im Moment ist es schlecht, ich habe Besuch. Ruf mich doch heute Abend noch mal an.«

Im Hintergrund waren Stimmen zu hören; es schien wirklich ein schlechter Zeitpunkt zu sein.

»Okay, wann passt es dir denn?«

»Neunzehn Uhr wäre gut. Bis heute Abend.«

Seine Stimme hatte warm und weich geklungen. Ich starrte das Telefon in meiner Hand ungläubig an. Ich war aufgewühlt und wusste nicht so recht, wohin mit mir und meinen Gefühlen. Bis Toni endlich nach Hause kam, war ich schon mindestens fünfmal unruhig in jedem Raum der Wohnung auf- und abgelaufen. Als ich schließlich seinen Schlüssel im Schloss hörte, überfiel ich ihn bereits an der Haustür.

»Toni, du wirst nicht glauben, was ich heute gemacht habe. Ich habe bei Bence angerufen!«

»Du hast was?«

»Du hast richtig gehört, ich habe Bence angerufen. Und stell dir vor, er hatte Besuch und hat deshalb vorgeschlagen, ich solle mich um sieben noch mal melden. Toni, er hat mich zum allerersten Mal nicht abgewimmelt!«

»Aber warum hast du bei ihm angerufen?«, fragte Toni kopfschüttelnd.

»Er war nett, Toni! Weißt du, was mir das bedeutet?«

»Natürlich weiß ich das, meine Kleine!« Toni fühlte mit mir, aber er dachte auch sofort an eine neuerliche Enttäuschung. »Steigere dich besser nicht so da rein. Du weißt, mit wem du es zu tun hast und wie oft du am Ende enttäuscht wurdest.«

»Ich weiß, aber vielleicht ist es ja dieses Mal anders. Was mache ich denn jetzt? Ich kann es kaum erwarten, bis ich ihn anrufen kann.«

»Komm, lass uns was essen, ich habe Hunger.«

»Essen, ich? Nein, ich esse jetzt nichts. Das würde postwendend wieder herauskommen.«

Während Toni aß, ging ich weiter nervös auf und ab und blickte unablässig auf die Uhr, deren Zeiger sich gefühlt nur millimeterweise weiterbewegten.

Schließlich war es neunzehn Uhr. Ich zog mein Handy aus der Hosentasche, ging ins Schlafzimmer und sah aus dem Fenster. Dank des Föhnwetters konnte ich bis zur Zugspitze sehen, doch der Anblick der traumhaft schönen Landschaft konnte mich nicht beruhigen. Meine nassgeschwitzten Hände rieb ich an der Hose trocken. *Jetzt oder nie!*, sagte ich mir und drückte mit zitternden Fingern auf die Wahlwiederholung. *Was ist, wenn sein Angebot gar nicht ernst gemeint gewesen war und er mich eigentlich nur schnell abwimmeln wollte?*, schoss es mir durch den Kopf. Doch noch ehe ich zu Ende denken konnte, hörte ich Bences weiche, sympathische Stimme.

»Horváth«, meldete er sich.

Ich versuchte, mich zu sammeln.

»Ich bin's noch mal, wir müssen reden.« Ich wartete seine Reaktion darauf erst gar nicht ab, sondern setzte sofort erneut an: »Das geht alles nicht mehr so. Ich möchte nur noch meine Ruhe. Mir wird alles zu viel. Warum bist du so weit gegangen und hast auch noch diese Verfassungsbeschwerde erhoben? Hast du dich je gefragt, wie es mir mit all dem geht?« Ich hielt inne, weil es am anderen Ende verdächtig still war. Hatte er etwa aufgelegt? »Bist du noch da?«

Kurze Pause.

»Ja, ich bin noch da. Glaubst du, mir geht es besser damit? Wir hatten einen Vertrag. Und an den hast du dich nicht gehalten und ihn mit Füßen getreten!«

Der Vertrag. Falscher Ansatz! Wütend donnerte ich ins Telefon: »Bence, der Vertrag – du weißt genauso wie ich, dass er nicht das Papier wert ist, auf dem er geschrieben steht. Ich verstehe dich nicht. Warum lehnst du mich so ab? Ich bin genauso dein Fleisch und Blut wie deine anderen Kinder! Was genau habe ich dir eigentlich getan?«

»Versetz dich mal in meine Lage. Auf einmal ist da aus heiterem Himmel noch ein Kind.«

Bence bewahrte die Fassung, während ich fast dabei war, sie zu verlieren.

»Was? Du wusstest doch, dass es mich gibt. Regine hat es mir erzählt. Du sollst mich sogar damals mit ihr im Kinderheim besucht haben.«

Bence schwieg. Dachte er nach? War das vielleicht ein gutes Zeichen? Ich öffnete die Balkontür, trat hinaus und gab Toni ein Zeichen, dass ich unbedingt eine Zigarette brauchte. Bence ging nicht auf meine letzte Bemerkung ein und lenkte das Gespräch in eine andere Richtung.

»Wer hat dir erzählt, dass ich so viel Geld besitzen soll? Das ist alles total übertrieben.«

»Pypa hat es mir erzählt«, antwortete ich rasch und steckte mir die Zigarette in den Mund, die Toni mir gebracht hatte.

»Ach der, der hat doch keine Ahnung. Ich habe nicht mehr so viel. Schließlich muss ich von dem Firmenverkauf meinen Lebensunterhalt bestreiten, und wir reisen viel. Was denkt der sich? Du würdest auch nicht mehr bekommen als die anderen Kinder!«

Da war es wieder, das liebe Geld. Ich atmete tief durch und versuchte, mich zu sammeln.

»Bence, ich weiß nicht, ob ich es dir irgendwie begreiflich machen kann, aber bist du schon einmal auf den Gedanken gekommen, dass es mir gar nicht um das Geld geht? Und überhaupt, wie stellst du dir das vor? Soll ich wieder einen Vertrag unterschreiben? Was wäre mit der Vaterschaftsfeststellung? Ich möchte doch nur, dass wir einen Konsens finden, und ich wünsche mir, dass wir uns einigen. Ich möchte ein Gespräch mit dir. Ich möchte dir in die Augen sehen und ich will Antworten auf meine Fragen. Das ist doch nicht zu viel verlangt!«

Ich hatte gar nicht bemerkt, dass die Zigarette in meiner Hand bereits verqualmt war, bis mir ein beißender Schmerz verriet, dass ich mir gerade die Finger am Filter verbrannt hatte.

»Das können wir gern machen. Gib mir mal deine Telefonnummer und beruhige dich«, hörte ich ihn sagen, während ich die Kippe auf den Boden fallen ließ und nun heftig an der kleinen Brandblase lutschte, die sich sofort gebildet hatte. Tränen schossen mir in die Augen, die allerdings nichts mit der kleinen Verbrennung zu tun hatten.

»Wie wollen wir denn nun verbleiben?«, schniefte ich.

»Ich werde noch einmal mit meinem Anwalt sprechen, und du hörst dann von uns.«

Anwalt! Hatte ich richtig gehört? Konnte mein Vater nicht ein einziges Mal eine Entscheidung ohne seinen ach so tollen Anwalt fällen? Wir hätten uns doch einfach treffen und miteinander besprechen können, wie es mit uns weitergehen sollte. Aber nein, der Anwalt spinnt ja im Hintergrund die Fäden.

»Du hast ja jetzt meine Telefonnummer. Wenn du magst, rufe mich an. Ich wünsche dir noch einen schönen Abend«, sagte ich und wusste da bereits, dass er es nicht tun würde. Das Gespräch war beendet.

Langsam, den Blick immer noch auf mein Handy gerichtet, ging ich nach unten. Toni wartete und war gespannt, was ich zu sagen hatte.

»Er scheint nicht derjenige zu sein, der bestimmt, wo es langgeht. Es ist mit Sicherheit sein Anwalt, der die Fäden in der Hand hält. Erst haben wir ganz normal gesprochen, Toni. Doch dann habe ich gefragt, wie es nun weitergehen soll. Er meinte, dass er noch einmal mit seinem Anwalt sprechen will und ich dann von ihnen höre«, seufzte ich.

»Was hat er denn dazu gesagt, dass du Pypa kennengelernt hast?«

»Nichts, er meinte nur, er besäße nicht so viel Geld, wie Pypa behauptet. Er war ziemlich sauer, dass Pypa diese immense Summe genannt hat.«

»Sag mal, wenn er sich so mit dir unterhalten hat, dann weiß er vermutlich noch gar nichts von dem Artikel in der *Neuen Post*.«

»Stimmt«, fiel es mir wie Schuppen von den Augen. »Wer weiß, ob er überhaupt davon erfährt. Ich sage ja, die Fäden im Hintergrund spinnt wahrscheinlich der Anwalt. Ich fürchte, ich muss einfach abwarten, was passieren wird.«

Wir sprachen noch lange, bevor ich schließlich erschöpft ins Bett fiel. Doch erst tief in der Nacht sank ich in einen unruhigen Schlaf.

***

Die nächsten Wochen vergingen wie im Flug. Wir verbrachten viel Zeit mit der Planung unseres Umzugs zurück in die Heimat. Tief im Inneren hatte ich mir gewünscht, dass Bence sich noch einmal melden würde, aber das hatte er nicht getan. Wir zählten die Tage, bis es zurück nach Hause gehen würde. Toni wurde schon ungeduldig in seiner Firma erwartet, aber für mich gestaltete sich die Arbeitssuche schwieriger. Wenigstens hatte ich ein ärztliches Attest, wonach es für meine psychische Situation besser sei, Bayern zu verlassen. Damit konnte ich der Sperrung des Arbeitslosengeldes entgehen. In der letzten Zeit hatte ich mich nur noch zur Arbeit gequält.

Einige Wochen zuvor waren wir in den Norden gereist, und das Beste daran war, dass wir den Besuch gleichzeitig für eine Hausbesichtigung nutzen konnten. Es war eine schöne Gelegenheit gewesen, alte Freunde zu treffen, und auch das Haus, das wir uns angesehen hatten, sagte uns sofort zu. Den Zuschlag dafür erhielten wir nur einen Tag später. Ich war begeistert und konnte nicht glauben, dass es nun genauso reibungslos klappen würde, wieder zurückzukommen, wie damals, als wir nach Bayern gezogen waren.

Aus dem Vorsatz, im Süden einen Neuanfang zu starten, war jedoch nichts geworden, denn meine Geschichte hatte mich auch hier immer wieder eingeholt. Das Bundesverfassungsgericht hatte auch nach so langer Zeit nichts von sich hören lassen und die Unterlassungsklage hing noch in der Luft. Hinzu kamen die Differenzen mit Pypa und Priska und auch das Telefonat mit Bence. All dies hatte mich nicht wirklich zur Ruhe kommen lassen. *Ich muss mich wohl erst einmal damit abfinden, dass diese Geschichte zu mir und meinem Leben gehört und ich sie nicht einfach so verdrängen kann,* dachte ich, während ich die ersten Kisten packte und unsere Sachen verstaute.

✳✳✳

»Wir haben euch da runtergebracht und wir holen euch auch wieder nach Hause«, hatte Willi lachend gesagt und sein Vorhaben auch in die Tat umgesetzt.

Ausgerechnet an einem Freitag, dem Dreizehnten ging es zurück in die Heimat. Es regnete wie verrückt, aber in meinem Herzen schien die Sonne. Willi und Andreas waren bereits auf dem Weg, als wir den Lkw abholten und zurück zu unserem Haus fuhren, das erneut dem Lager einer Spedition glich. Überall standen Kartons und abgebaute Möbelstücke, doch auch dieser Umzug war bis ins kleinste Detail geplant. Als Willi und Andreas mit dem Transporter eintrafen, begannen wir beide Fahrzeuge zu beladen.

Nachdem wir am späten Abend endlich alles verstaut hatten, gingen wir gemeinsam in ein Restaurant. Andreas wollte unbedingt eine Haxe essen, die tatsächlich nur in Bayern wirklich gut schmeckt. Er war so verliebt in diese Dinger, dass er dafür bis ans Ende der Welt gefahren wäre. *Es war ja auch durchaus nicht alles schlecht hier,* dachte ich, als ich mit den Männern im Brauhaus saß. Bayern bietet Kultur und hervorragende Ausflugsmöglichkeiten, aber zum Leben für einen Fischkopf wie mich ist es wohl nichts. Wir tranken zum Abschied noch eine Maß Bier und fuhren dann völlig erschöpft nach Hause, wo wir fast unverzüglich auf unsere provisorischen Betten fielen.

Nach einer Stulle im Stehen und einem Pott Kaffee fuhren die Männer am nächsten Morgen los. Ich stand in der Haustür und winkte ihnen hinterher.

»Bis nachher im schönen Norden, und fahrt vorsichtig!«, rief ich voller Vorfreude darauf, bald wieder in meiner Heimat zu sein.

Nun stand ich wieder in einem leeren Haus und ließ unseren Aufenthalt in Bayern Revue passieren. *Es sollte wohl nicht sein,* seufzte ich. Wegzulaufen, war nicht die richtige Lösung gewesen. Ich packte die restlichen Kleinigkeiten in mein Auto, putzte die Spuren des Umzuges weg und wartete unruhig auf die Dame von der Hausverwaltung, die die Hausübergabe mit mir zusammen durchführen sollte.

Zum Glück gab es keine Probleme, sodass ich mich kurz danach in mein Auto setzte und Gas gab.

Nach acht Stunden auf der Autobahn fuhr ich die Einfahrt unseres neuen Zuhauses hoch und sah die Girlande, die unsere Freunde an den Carport angebracht hatten. ›Herzlich willkommen‹ stand in bunten Buchstaben da geschrieben. Mir liefen vor Rührung Tränen übers Gesicht.

Rasch leerten wir den Lkw aus und legten anschließend die Wurst, die unsere Freunde besorgt hatten, auf den Grill, um mit ihnen den Tag ausklingen zu lassen. Ich war überglücklich, ich war endlich wieder zuhause angekommen.

21

Alles ist nur eine Frage der Zeit

Es ging uns gut im Norden, wo wir mittlerweile schon wieder ein Jahr lebten. Es fühlte sich an, als wären wir nie weggewesen. Die Erfahrungen der letzten Jahre hatten Toni und mich nur noch enger zusammengeschweißt.

Wenn Toni abends von der Arbeit kam, rauchten wir gemeinsam im Garten eine Zigarette und tauschten uns darüber aus, was tagsüber geschehen war.

So auch heute, doch an diesem Abend nahm er mich plötzlich in den Arm und sah mich auf eine Art und Weise an, die ich nicht einordnen konnte. Er räusperte sich und es war ihm anzusehen, dass er etwas sagen wollte, was ihm offensichtlich sehr schwerfiel. Erwartungsvoll sah ich ihn an. Was passierte da gerade?

Nur zögerlich kamen ihm die Worte über die Lippen:

»Willst du mich heiraten?«

Sein Gesicht war hochrot geworden, während er die Frage gestellt hatte, und verlegen wartete er auf eine Antwort von mir. Toni wusste über meine Erfahrungen Bescheid, die ich mit Männern gemacht hatte, und auch darüber, dass ich mir geschworen hatte, nie wieder zu heiraten. Doch Toni war etwas Besonderes. Er war ein aufrichtiger, ehrlicher Mensch, und er hatte die ganzen vier Jahre fest an meiner Seite gestanden, sich nie beklagt und mir immer den Rücken gestärkt. Ich hatte den Mann, den ich mir immer gewünscht hatte, und so sagte ich schließlich mit leiser Stimme:

»Warum bist du mir nicht schon früher über den Weg gelaufen? Ja, ich will!«

Schon ein paar Wochen später, an einem sonnigen Tag im Oktober 2014, war es dann so weit. Unsere Hochzeit wurde im kleinen familiären Kreis und mit den engsten Freunden gefeiert. Tonis Mutter war überglücklich und auch seine Schwester sowie seine Tochter und meine Söhne freuten sich ungemein für uns. Zu Tonis Freude hatte ich beschlossen, seinen Namen anzunehmen. *Wie sollte ich denn auch sonst heißen*, dachte ich, er war schließlich meine Familie.

***

Der Herbst war für mich fast so schnell vorbei, wie er gekommen war. Die Sonne stand nicht mehr so hoch am Himmel, die Tage wurden kürzer und die Menschen verkrochen sich wieder mehr und mehr in ihren Häusern. Ich mochte diese Jahreszeit nicht und konnte ihr nichts Gutes abgewinnen, vor allem, weil mir mein Rheuma während der kalten und feuchten Tage noch mehr zu schaffen machte als sonst.

Doch nicht nur die Jahreszeit erwies sich als ausgesprochen trüb. Es gab immer noch keine Entscheidung in puncto Verfassungsbeschwerde, und ich begann langsam, aber sicher am deutschen Rechtssystem zu zweifeln. Ich überlegte mir, dass es wohl nicht schaden könne, dort anzurufen und sich zu erkundigen, wie es um die Beschwerde stand.

Ich nahm den Telefonhörer in die Hand, wählte die Nummer und wartete, bis schließlich jemand den Hörer abhob. Man unterrichtete mich darüber, dass die Angelegenheit noch unbearbeitet im Dezernat liege, was eine Welle der Entrüstung in mir auslöste. Fast drei Jahre, und sie hatten es noch nicht einmal geschafft, sie zu bearbeiten? Zähneknirschend bedankte ich mich trotzdem für die Auskunft, rief postwendend bei meiner Anwältin an und bat sie, eine Fortführung des Verfahrens zu erwirken.

Ich hatte schon damit gerechnet, dass Eicks Antwort darauf nicht lange auf sich warten lassen würde. Er griff zu seiner altbewährten Taktik und schrieb mehrere Seiten nieder, in denen er mich erneut persönlich diffamierte. Ich war das ja schon gewohnt, dennoch tat es immer wieder von Neuem weh, all diese unschönen Dinge über mich zu lesen. Alles in allem beschrieb er mich als gestörte Person, vor der die Familie Horváth geschützt werden müsse, er übersah dabei aber geflissentlich, dass es in dem Verfahren nicht darum ging, sondern einzig und allein um die Klärung meines Rechtsanspruches. Trotzdem war das vielleicht genau meine Chance, damit sich endlich jemand mit der vorliegenden Verfassungsbeschwerde auseinandersetzen würde. Dank meiner Ungeduld gab ich ein paar Wochen später erneut die Stichworte ›Bundesverfassungsgericht‹ und ›Entscheidungen‹ in die Suchmaschine ein.

Was ich dort las, versetzte mir einen weiteren Stich. Es ging hier um eine Verfassungsbeschwerde in einem Vaterschaftsfeststellungsverfahren aus dem Jahr 2014. Ein Fall aus 2014 war also bereits abgeschlossen worden, während Bences Verfassungsbeschwerde dagegen ungefähr drei Jahre lang unbearbeitet dort lag. Was sollte das denn nun? Rasend vor Wut eilte ich die Treppe zum Büro hinauf, griff mir den Aktenordner und suchte die Telefonnummer des Sachbearbeiters heraus, der mit der Verfassungsbeschwerde von Bence betraut war. Ohne lange nachzudenken, wählte ich die Nummer und wartete gespannt, bis der Hörer abgenommen wurde. Innerlich kochend bemühte ich mich, ruhig und möglichst sachlich meine Frage zu stellen. Vielleicht noch in diesem Monat, spätestens aber Anfang des nächsten Jahres solle eine Entscheidung getroffen werden, teilte mir der freundliche Herr mit. Doch versprechen könne er natürlich nichts. Ich bedankte mich und legte auf. Schnell eilte ich die Treppe hinunter und rief Toni an. Fast drei Jahre war es her – drei lange Jahre hatte ich warten müssen. Jetzt würde ich die letzten Monate auch noch überstehen.

Natürlich fiel es mir furchtbar schwer, einfach dazusitzen und abzuwarten. Einen Monat nach dem letzten Telefonat rief ich daher erneut beim Bundesverfassungsgericht an. Beim zweiten Versuch erreichte ich endlich den zuständigen Sachbearbeiter und nannte ihm das Aktenzeichen. Ich hörte, wie er etwas auf seiner Computertastatur tippte, sich räusperte und dann den erlösenden Satz aussprach: »Die Verfassungsbeschwerde wurde mit Beschluss vom 29. November 2014 abgelehnt!«

»Sagen Sie das bitte noch mal«, entfuhr es mir und ich ließ mich auf das Sofa fallen. »Ist es auch das richtige Aktenzeichen?«

»Ja, definitiv«, erwiderte der Beamte. »Es geht um Herrn Bence Horváth. Der Beschluss ist am 10. Dezember an die Anwaltskanzlei Eick und Partner ergangen.«

Ich brachte gerade noch ein heiseres »Dankeschön« über die Lippen und drückte den roten Knopf an meinem Telefon. Unfähig, auch nur eine Bewegung zu machen, saß ich da. Vollkommen leer stand ich auf, holte meine Zigaretten aus der Küche und ging hinüber in die Garage. Ich steckte mir einen Glimmstängel an und blies runde Kringel in die Luft. Ich konnte es immer noch nicht fassen. Mein Kopf fühlte sich an wie ein Luftballon, aus dem man gerade auf einen Schlag sämtliche Luft herausgelassen hatte. Wie ein Roboter ging ich zurück ins Haus und wunderte mich über mich selbst. Das war nicht ich, denn normalerweise hätte ich je nach Stimmung Freudentänze vollführt oder Weinkrämpfe bekommen, manchmal auch beides gleichzeitig. Doch jetzt hatte ich das Gefühl, als unbeteiligte Zuschauerin neben mir selbst zu stehen.

Herr Eick wusste also vom Beschluss und natürlich hatte er uns nicht informiert. Ob Bence erst noch seine Niederlage verarbeiten musste?

Ich rief Toni an, der aber wohl gerade auf einer Probefahrt war, weshalb ich nur seine Mailbox erreichte. Dann wählte ich Frau Zieglers Nummer. Noch bevor sie fragen konnte, worum es ging, berichtete ich ihr vom Beschluss des Bundesverfassungsgerichtes und merkte, wie auch meiner Anwältin nun ein Stein vom Herzen fiel.

»Das werde ich heute Abend gebührend feiern, Frau Ziegler, und ich werde auf uns und unsere erfolgreiche Zusammenarbeit anstoßen.«

Frau Ziegler freute sich mit mir und versprach, sofort ein Schreiben an das Gericht zu schicken, um mitzuteilen, dass bereits am 29. November ein Beschluss ergangen und die Verfassungsbeschwerde nicht angenommen worden war. Auch Herr Eick bekam sein Fett weg, denn Frau Ziegler teilte dem Gericht charmant wie immer, aber auch unzweideutig ihren Unmut darüber mit, dass er es nicht für nötig befunden hatte, uns oder das Gericht über den Ausgang der Verfassungsbeschwerde zu informieren.

Nachdem ich mehrere Male vergeblich versucht hatte, Toni zu erreichen, hatte ich endlich Glück. Toni war außer sich vor Freude und fand es schade, dass ich immer dann, wenn sich gravierende Geschehnisse abspielten, gerade allein war. Doch dieses Mal war es ja zum Glück etwas Gutes gewesen. Ich hatte einen klaren Sieg errungen und nun war es wirklich nur noch eine Frage der Zeit, bis mein Vater und sein hochbezahlter Anwalt einsehen mussten, dass ihr intrigantes Spiel verloren war.

Und tatsächlich, nach nur vier Wochen erhielt ich eine E-Mail von meiner Rechtsanwältin. Gespannt öffnete ich sie und las, dass das Gericht dem Gutachter, der bereits im Jahr 2012 damit betraut worden war, Bence zum Aderlass zu bitten, erneut den Auftrag erteilt hatte. Damals war das Gesundheitsamt am Wörthersee mit der Blutentnahme beauftragt worden, doch Bence war dort nie erschienen. Nun hatte er keine andere Wahl, als einer Blutentnahme zuzustimmen. Der Tonfall des Antwortschreibens seines Anwalts war eindeutig anders als der aller vorangegangenen. Es schien fast so, als habe Herr Eick einen Verweis vom Gericht bekommen oder sich nun endlich eingestanden, dass er nichts mehr ausrichten konnte. Das Bundesverfassungsgericht war die höchste richterliche Instanz. Wer dort verlor, hatte verloren.

Trotz des scheinbaren Einlenkens hatte ich auch weiterhin Angst, dass Bence sich noch irgendetwas einfallen lassen könnte, um seinen Hals aus der Schlinge zu ziehen. Deshalb machte ich vorsichtshalber von meinem Recht Gebrauch, die Blutentnahme von einem neutralen Beobachter bezeugen zu lassen. Ich suchte mir einen Rechtsanwalt in Österreich und beauftragte ihn, die Blutentnahme, die am 2. März 2015 stattfinden sollte, zu bezeugen.

Sehnsüchtig sah ich diesem Tag entgegen, kaum fähig, an irgendetwas anderes zu denken. Die Blutentnahme bestimmte in dieser Zeit mein Leben, denn nur nach der Auswertung des Bluttests würde ich den Beweis in meinen Händen halten, dass ich Bence Horváths Tochter war.

***

Endlich war der Tag gekommen. Ich war früh aufgewacht und konnte es nicht erwarten, bis die Zeiger der großen Küchenuhr auf zehn Uhr standen. Ungeduldig lief ich in der Küche umher. Ich hatte vor drei Wochen aufgehört zu rauchen, doch allen guten Vorsätzen zum Trotz brauchte ich dank meiner Nervosität nun dringend eine Zigarette. Meine Anspannung war schier unerträglich, mein Körper schrie regelrecht nach Nikotin. Ich brach meinen Vorsatz, stieg in mein Auto und steuerte auf den nächstgelegenen Supermarkt zu, um mir ein Päckchen Zigaretten zu kaufen.

Zu Hause stellte ich mich an mein Küchenfenster und dachte an Bence. Es hätte alles so einfach sein können. Das war es aber nicht gewesen. Mein Puls hämmerte in meinem Kopf, mein Magen zog sich fortwährend zusammen und sendete elektrisierende Signale. *Beruhige dich*, ermahnte ich mich.

Der Zeiger stand auf zehn! Ist er da, ist er nicht da? Nur zu gern hätte ich Mäuschen gespielt und beobachtet, wie ihm sein Blut aus der Vene gezogen wurde. Irgendwie hoffte ich ein wenig schadenfroh, dass ihn ein dickes Hämatom noch ein wenig länger an diesen Tag erinnern möge.

Mit dem österreichischen Rechtsanwalt hatte ich besprochen, dass er sich direkt nach der Entnahme bei mir melden sollte. Der Zeiger wanderte unaufhaltsam vorwärts, doch mein Telefon schwieg stoisch. Verflixtes Ding. Meine Geduld wurde weniger und weniger, bis ich schließlich nach zweieinhalb Stunden entnervt den Hörer selbst in die Hand nahm. Ich erreichte den Anwalt, der mir mitteilte, dass der Termin nicht stattgefunden hatte. Bence habe den Termin auf den nächsten Tag verlegt, mit der Begründung, dass er sich am zweiten März noch im Ausland aufhalten würde.

Typisch!, schnaubte ich. *Es muss wohl immer nach seiner Nase gehen! Selbst einen gerichtlich angeordneten Termin hält er nicht ein. Der Herr brauchte wohl immer eine Extra-Wurst.* Ich stockte und hielt inne. Was, wenn es wieder nur eine Ausrede war? Konnte es sein, dass er erneut etwas im Schilde führte? Wollte er vielleicht den Test manipulieren? Nein, eigentlich war das nicht möglich. Durch die Anwesenheit des Rechtsanwalts war zumindest gewährleistet, dass er nicht jemand anderen zur Blutabnahme schicken konnte. Außerdem galten dort strenge Regeln. Er würde zumindest einen Pass mit amtlichem Foto dabeihaben müssen, und den zu manipulieren, traute ich nicht einmal Bence zu.

Toni und ich verbrachten den Abend in großer Anspannung, und auch die darauffolgende Nacht war wenig erholsam. Nachdem Toni sich am nächsten Morgen auf den Weg zur Arbeit gemacht hatte – natürlich nicht, ohne mich noch einmal fest zu drücken und mir zu versichern, dass es bestimmt heute endlich so weit sein würde –, versuchte ich erneut, meine Nervosität und meine Gedanken in den Griff zu bekommen.

Erwartungsgemäß gelang es mir nicht wirklich.

Neuer Tag, gleiche Prozedur. Das hieß für mich: wieder warten, bis es zehn Uhr war, wieder auf den alles erlösenden Anruf des Rechtsanwalts hoffen, der mir mitteilen würde, dass Bence sich der Blutuntersuchung gestellt hatte. Ich konnte mich auf nichts konzentrieren. Der Kaffee aus meiner Lieblingstasse schmeckte metallisch und meine Finger zitterten, während ich nervös auf den Küchentisch trommelte, bis ich mich darauf verlegte, wie ein gefangener Tiger in meiner Wohnung auf- und abzulaufen und das Telefon anzustarren.

Los, du verflixtes Ding, nun klingle endlich!, befahl ich ihm stumm, doch das Telefon scherte sich natürlich nicht im Geringsten um meine Beschwörungen. Die Angst, dass Bence sich irgendwie aus der Affäre ziehen könnte, war immens. Trotzdem, ich musste es irgendwie schaffen, die Zeit bis zum erlösenden Anruf zu überstehen. Es war bereits zwölf Uhr durch, und immer noch hatte sich nichts getan. Um dreizehn Uhr versuchte ich etwas zu essen, gab dieses Vorhaben jedoch schnell wieder auf, denn mein Magen befand, dass Essen gerade so gar nicht das war, was er brauchte. Die Zeiger drehten sich und die Minuten wurden zu Stunden.

Nachmittags klingelte endlich mein Telefon. Der österreichische Anwalt war am Apparat und informierte mich, dass dieses Mal alles glatt gelaufen sei. Bence war mit seiner Gattin zur Blutentnahme erschienen und hatte sich freiwillig in die Vene stechen lassen.

Ich sog den Atem hart ein, als er mir erzählte, dass er die Blutröhrchen sogar selbst beschriftet und eingetütet hatte. Danach habe die Amtsärztin die Tüte versiegelt und an sich genommen.

Unfähig, mich zu bewegen, stand ich einfach nur da. Bis das, was mir gerade mitgeteilt worden war, in meinem Bewusstsein ankam, dauerte es eine halbe Ewigkeit. Nun hieß es wieder warten, warten auf das Ergebnis.

***

Zwölf Tage zwischen Hoffen und Bangen hatten mir das Leben erneut schwergemacht. Ich zweifelte an mir und an meinem Aussehen. Ich zweifelte an den Leitlinien der Deutschen Gesellschaft für Abstammungsbegutachtung und ich zweifelte an der Richtigkeit der Blutabnahme. Ich stellte alles und jeden infrage und wusste nicht, wie ich die Zeit bis zum erlösenden Anruf meiner Rechtsanwältin überstehen sollte.

Toni erkannte mich nicht wieder. Wir hatten die letzten Jahre gemeinsam gelitten und gehofft, doch nun war ein Punkt erreicht, an dem auch mein herzensguter Ehemann nicht mehr wusste, wie er mich noch hätte trösten können. Meine Stimmung wurde unerträglich. Mein Kopf schien nur noch aus Watte zu bestehen und meine Ungeduld ließ einfach nicht zu, auch nur noch einen Tag zu warten. Ich rief meine Anwältin an, doch sie war gerade auf einem Auswärtstermin und konnte erst am nächsten Tag nach der Post schauen. Sie versprach mir aber, sich sofort zu melden, sobald sie etwas vom Gericht gehört hatte.

So wie wir es immer machten, verabschiedete ich Toni am nächsten Morgen an der Haustür, gab ihm einen Kuss, wünschte ihm einen schönen Tag und zog die Haustür ins Schloss. Ich wollte gerade unter die Dusche springen, als mein Handy zu klingeln begann. Auf dem Display sah ich die Nummer meiner Rechtsanwältin blinken. Mein ganzer Körper begann zu beben und nach kurzem Zögern nahm ich das Gespräch an.

»Guten Morgen, Frau Aichinger, bitte entschuldigen Sie, dass ich so früh am Morgen anrufe, aber ich habe schon meine Post vor mir liegen und ich kann mir gut vorstellen, dass Sie gern das Ergebnis so schnell wie möglich haben möchten, damit diese Ungewissheit ein Ende hat.«

»Das Ergebnis ist da!«, entfuhr es mir.

Ich stand in der Küche, setzte mich sicherheitshalber auf einen Stuhl und kramte nebenbei eine Zigarette aus der Schachtel, während ich vergeblich nach einem Feuerzeug suchte.

»Und?«, fragte ich verhalten in die Muschel.

»Ich mache es kurz: Bence Horváth ist Ihr Vater!«

Meine Mundwinkel zuckten unkontrolliert, und weil ich keinen Ton herausbrachte, las mir Frau Ziegler den letzten Absatz des Gutachtens vor:

»»Die statistischen Analysen liefern eine A-posteriori-Vaterschaftswahrscheinlichkeit von größer als 99,99999 Prozent. Es ist mithin davon auszugehen, dass die Vaterschaft von Herrn Bence Horváth zu Frau Sophie Aichinger praktisch erwiesen ist.‹«

Ich war immer noch nicht imstande zu sprechen, doch immerhin war es mir mittlerweile gelungen, meinen Körper davon zu überzeugen, wieder nach Luft zu schnappen, denn in den letzten Sekunden hatte ich vergessen zu atmen.

»Sind Sie noch da?«, fragte Frau Ziegler besorgt.

»Ja, entschuldigen Sie bitte«, räusperte ich mich, »ich war gerade von meinen Gefühlen vollkommen überwältigt. Ich habe es immer gespürt, aber ich hatte auch fürchterliche Angst, dass er das Ergebnis noch manipulieren könnte.«

»Die hatte ich ehrlich gesagt auch, und jetzt bin ich sehr erleichtert«, erwiderte sie.

Wir besprachen, dass sie das Gutachten an mich übersenden würde, dann bedankte ich mich und legte rasch den Hörer auf.

Ich wollte allein sein. Auf einmal fühlte ich mich ausgelaugt. Ausgelaugt vom Kampf, der sich über so viele Jahre hingezogen hatte. Am liebsten wäre ich auf der Stelle eingeschlafen, doch mein Unterbewusstsein hätte es sowieso nicht zugelassen. Daher saß ich einfach eine Weile in der Küche und starrte die Wanduhr an, deren Zeiger sich nun nicht mehr drängend, sondern eher beruhigend Minute für Minute weiterdrehten. Ich hatte recht gehabt, all die Jahre. Bence Horváth war mein Vater. Es gab nichts mehr zu leugnen. Der Test sagte alles. Ich hatte zwar immer noch keinen liebenden Vater, aber dafür hatte ich nun die Gewissheit, vom wem ich abstammte und wo meine Wurzeln lagen.

Nachdenklich saß ich noch eine Zeit lang einfach so da, lachte leise auf, als ich daran dachte, dass es nun nichts mehr gab, was mir meine Kräfte rauben würde. Keinen Kampf, nur Gewissheit. Was würde ich wohl mit der neugewonnenen Freiheit anfangen? Etwas Gutes, beschloss ich.

Ich griff zum Hörer und rief Toni an. Ich hatte mich mittlerweile so weit gesammelt, dass ich ihm die Nachricht überbringen konnte. Er war außer sich vor Freude und wäre gern gleich zu mir gekommen. Wir würden das Feiern am Abend nachholen, sagte ich ihm. *Das Feiern*, dachte ich, nachdem ich den Hörer zurück auf die Gabel gelegt hatte.

Ja, ich hatte gewonnen. Ich hatte die Gewissheit. Doch eigentlich wäre alles, was ich mir immer erträumt hatte, ein Gespräch gewesen, ein Gespräch mit meinem Vater! Das hatte ich nicht bekommen.

Epilog

Hinter mir liegt eine lange Strecke meines Lebens, die vom Fehlen richtiger Eltern und der damit verbundenen Sicherheit und Geborgenheit geprägt war. Immer habe ich gespürt, dass ich unerwünscht war. Ich war das Kind eines anderen. Aus Berichten einiger Kuckuckskinder weiß ich, dass das unerwünschte Kind nicht ruhen kann, bis es die Gewissheit hat, woher es kommt. Es will wissen, wer der Vater ist; die Suche nach den eigenen Wurzeln überlagert alles. So war es auch bei mir. Die Suche war nicht einfach. Aber es war richtig, diesen Weg zu gehen. Am Ende dieses Weges wurde mein damaliges Gefühl bestätigt, dieses Irgendetwas-stimmt-nicht-Gefühl. Ich fühle keine Fremdheit mehr in mir und kann endlich sagen, wer ich bin. Viele Zweifel und Ängste sind damit verflogen. Ich darf mein Recht als Tochter in Anspruch nehmen und Bence meinen Vater nennen.

Die Chance, dass dadurch doch noch irgendwie ein Weg zu einer Versöhnung geebnet werden kann, ist jedoch sehr gering. Dafür sind unsere Sichtweisen viel zu unterschiedlich. Mein Vater möchte immer noch, dass ich vorab auf mein Erbe verzichte, und hat mir erneut einen Vertrag unterbreitet, den ich unterschreiben soll. Auch wenn der darin angebotene Betrag beträchtlich ist, so ist dieser Vertrag doch wiederum mit den bekannten Forderungen seinerseits verbunden. Eine davon ist: nicht mehr öffentlich über mein Schicksal zu sprechen. Manche Menschen werden nicht verstehen, dass man eine so hohe Abfindung ausschlagen kann, nur weil man vielleicht eine Stillschweigeklausel unterschreiben müsste. Aber nach über zwanzig Jahren, in denen ich dafür gekämpft habe, zu erfahren, wer mein biologischer Vater ist, halte ich seit Kurzem zum ersten Mal den unumstößlichen Beweis für Bence Horváths Vaterschaft in den Händen. Es ist unheimlich befreiend, dies nun amtlich bestätigt zu wissen und darüber sprechen zu können, und auch darüber, wie lange mein Kampf dafür gedauert hat, wie unglaublich hart und nerven-aufreibend er war und was *meine* Familie und ich dafür investieren und erdulden mussten. Diese Möglichkeit möchte ich auf gar keinen Fall aufgeben.

Für mich ist es der endgültige Abschluss eines jahrelangen Prozes-ses. Seitdem kann ich positiv in die Zukunft blicken. Ich bin glück-lich verheiratet und habe die Vergangenheit hinter mir gelassen. Mei-ne Geschichte gehört zu meinem Leben, aber sie bestimmt es nicht mehr.

Mein Blick fällt auf die Kringel, die ich wie so oft ganz unbewusst in Richtung Zimmerdecke puste, und ich stelle fest, sie sind kreis-rund, genauso perfekt wie damals vor vielen Jahren, als ich so be-schwingt zum Standesamt gefahren war, ohne zu ahnen, dass gleich gewissermaßen mein zweites Leben anfangen würde. Ja, so ist es. Der Kreis hat sich geschlossen.

Danksagung

»Verschiebe die Dankbarkeit nie!« (Albert Schweitzer)

Ich finde es schön, dass du mein Buch gelesen hast. Dafür danke ich dir, liebe Leserin, lieber Leser. Meine Geschichte habe ich einfach so drauflos geschrieben. Ich brauchte mich nicht in die Protagonistin hineinzuversetzen, denn die bin ich selbst. Ohne die Hilfe von vielen lieben Menschen wäre jedoch kein Buch daraus entstanden.

Beginnen möchte ich, auch wenn wir heute keinen Kontakt mehr haben, mit meiner Tante Karla. Ohne ihre Enthüllung hätte ich vielleicht nie erfahren, wer mein Vater ist. Ich bin dir zu tiefem Dank verpflichtet, liebe Tante Karla.

Mein Sohn Noah half mir auf die Sprünge, ja nötigte mich regelrecht, mich noch einmal mit dem ›Vertrag der Unmoral‹ auseinanderzusetzen. Vielen Dank für deine Ermutigung und dafür, dass du mich wachgerüttelt und an meine Verantwortung auch für eure Identität erinnert hast, lieber Noah.

Mein Dank geht auch an meine Söhne Jonas und Finn. Sie und Noah haben mich weinen sehen und meine Tränen getrocknet. Und als sie alt genug waren, haben sie mich verteidigt und mir den Rücken gestärkt. Vielen Dank auch an euch für eure Zuwendung, euren Trost, eure Liebe, Jonas, Noah und Finn.

Lieber Toni, auf der Suche nach Wahrheit und Identität hast du meinen Weg gekreuzt. Du hast alles hautnah miterlebt. Die Gefühlsregungen und -schwankungen, die mich begleiteten. Meine tiefe Ohnmacht, meinen unendlichen Schmerz. Immer warst du an meiner Seite. Nie habe ich von dir gehört, dass es dir zu viel wird oder dass du es nicht mehr aushältst. Du bist mit mir durch dick und dünn gegangen – treu, liebevoll und zuverlässig. Nie hast du geklagt und warst stets mein Fels in der Brandung. Ich danke dir für deine nimmermüde Zuwendung und deine bedingungslose Liebe.

Nur durch die Journalistin Irene Peschel habe ich die Kraft und den Mut aufbringen können, Nein zu sagen. Ohne sie wäre es mir nicht möglich gewesen, meine Suche fortzuführen und mich den unglaublichen Machenschaften meines biologischen Vaters zu stellen und zu widersetzen. Liebe Irene, ich danke dir für deine wertvolle Arbeit und deine Unterstützung.

Mein Dank gilt insbesondere auch meiner Rechtsanwältin, Frau Babette Ziegler, die mich immer wieder auf den Boden der Tatsachen zurückgeholt hat. Die mir stets zur Seite stand und mich immer wieder ermutigte. Ja, die sogar meinen Fall weiterhin betreute, nachdem sie von Norddeutschland in den Süden gezogen war. Ich danke Ihnen, Frau Ziegler, für Ihr offenes Ohr und Ihre exzellente juristische Vertretung.

Marlene, wir haben uns aus den Augen verloren. Dennoch denke ich viel an dich und deinen Beistand. Ich konnte dich zu jeder Zeit anrufen, du hast mir geduldig zugehört und mir den Rücken gestärkt. Ich danke dir für deine Geduld.

Liebe Charlotte. Du, die ihre Wurzeln auch nicht kennt, hast meine Gefühlswelt am besten verstanden, hast mich aufgefangen und getröstet. Wir durften bei dir wundervolle Tage verbringen und dich kennenlernen. Ich danke dir aus tiefstem Herzen für dein Verständnis und deine Gastfreundschaft.

Abschließend geht mein Dank an ein weiteres Kuckuckskind und einen eigentlich völlig außenstehenden Menschen, die mich auf ganz unterschiedliche Weise ebenfalls nach Kräften unterstützt haben, dieses Buch zu schreiben.

Über die Autorin

Sophie Christina Aichinger, die unter Pseudonym schreibt, ist gelernte Krankenschwester, glücklich verheiratet, Mutter dreier Söhne und Großmutter eines fünfjährigen Enkelsohnes. Ihre Heimat ist ein kleiner Ort in der Nähe von Bremen, wo sie bis heute mit ihrem Ehemann Toni lebt.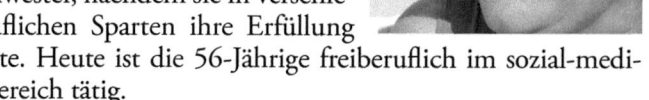

1995 begann sie ihre Ausbildung zur Krankenschwester, nachdem sie in verschiedenen beruflichen Sparten ihre Erfüllung gesucht hatte. Heute ist die 56-Jährige freiberuflich im sozial-medizinischen Bereich tätig.

Ihre Hobbys sind Cabrio und Motorrad fahren, ihr Garten sowie Einrichten und Dekorieren.